国家社会科学基金项目(19CTJ006)
国家社会科学基金项目(22BTJ047)
浙江省一流学科A类(浙江财经大学统计学)
浙江省域现代化监测与评价实验室

——

联合资助

石 薇◎著

# 生态文明背景下自然资源资产负债表编制方法与应用研究

中国财经出版传媒集团
经济科学出版社
Economic Science Press

**图书在版编目（CIP）数据**

生态文明背景下自然资源资产负债表编制方法与应用
研究 / 石薇著 . —北京：经济科学出版社，2022. 11
ISBN 978 – 7 – 5218 – 4335 – 4

Ⅰ . ①生… Ⅱ . ①石… Ⅲ . ①自然资源 – 国有资产 –
资金平衡表 – 编制 – 研究 – 中国 Ⅳ . ①F231. 1

中国版本图书馆 CIP 数据核字（2022）第 219697 号

责任编辑：张　燕
责任校对：杨　海
责任印制：邱　天

**生态文明背景下自然资源资产负债表编制方法与应用研究**
石　薇　著
经济科学出版社出版、发行　新华书店经销
社址：北京市海淀区阜成路甲 28 号　邮编：100142
总编部电话：010 – 88191217　发行部电话：010 – 88191522
网址：www. esp. com. cn
电子邮箱：esp@ esp. com. cn
天猫网店：经济科学出版社旗舰店
网址：http：//jjkxcbs. tmall. com
固安华明印业有限公司印装
710 × 1000　16 开　19. 25 印张　300000 字
2023 年 3 月第 1 版　2023 年 3 月第 1 次印刷
ISBN 978 – 7 – 5218 – 4335 – 4　定价：98. 00 元
（图书出现印装问题，本社负责调换。电话：010 – 88191510）
（版权所有　侵权必究　打击盗版　举报热线：010 – 88191661
QQ：2242791300　营销中心电话：010 – 88191537
电子邮箱：dbts@ esp. com. cn）

# 前　言

　　自然资源是人类社会生存和发展的物质基础与能量源泉。改革开放以来，资源消耗和环境污染已逐渐成为制约我国经济社会可持续发展的重要因素之一。如何采用科学的手段来计量和监测自然资源的存量和利用情况，以确保人与自然的和谐可持续发展，既是深入践行"绿水青山就是金山银山"发展理念的关键内容，也是加快推动生态文明建设面临的重大问题，更是统筹推进中国特色社会主义事业"五位一体"总体布局的重要环节。而解决这一问题的主要途径就是编制自然资源资产负债表。

　　然而，对于编制自然资源资产负债表，国内外尚无现成的编制经验可供借鉴。一方面，就编制理论而言，国外研究未曾提及自然资源资产负债表，致使学术界对自然资源资产负债表核心要素的范畴以及自然资源资产负债表的编制形式存在较大争议；另一方面，就编制实践而言，试点研究由于核算理论的限制，大多未曾涉及自然资源负债项目，并且在自然资源资产的核算范围、分类标准、指标口径等方面，也均存在较大差异。此外，自然资源的种类繁多，性质各异，现有研究往往顾此失彼，无法制定一个统一的自然资源资产负债表编制框架，以对不同性质自然资源的资产负债情况进行核算。因此，在推进生态文明建设的关键节点，探讨自然资源资产负债表的编制方法，无疑具有重大意义。

　　本书基于现有研究成果，以资产负债表理论为核心，以统计学、会计学、环境经济学、水文科学、林学等相关理论为指导，按照"理论阐述→方法设计→中国实践"的逻辑思路，对自然资源资产负债表要素概念、编制基础、表式设计等基础问题进行深入探讨，建立了一个较为完整的自然资源资产负债表编制一般方法体系，进而开展水资源、林木资源、土地资源和矿产资源主题下的中国自然资源资产负债表编制方法研究，提出一套适合我国国情的自然资源资产负债编制方法，并进行实际的编制实践。

本书的研究内容共包括四个部分。

第一部分为总论部分，内容涵盖第一章到第三章。本部分首先对项目的研究背景、研究现状、研究目标、研究内容、研究思路等问题做了基本介绍；其次，探讨了自然资源资产负债表的基本问题，如相关概念、方法基础，以及自然资源的估价方法；最后，总结了自然资源资产负债表编制的国际经验，例如加拿大的自然资源核算经验、澳大利亚的水资源核算经验以及欧洲国家的森林资源核算经验。

第二部分和第三部分为本书的研究主体。其中，第二部分为中国自然资源资产负债表编制方法研究，是本书研究的理论部分，内容涵盖第四章到第八章。由于不同类型的自然资源之间存在着巨大的属性差异，很难编制完全统一的自然资源资产负债表，因此本部分先探讨了自然资源资产负债表编制的一般方法，然后再根据水资源、林木资源、土地资源、矿产资源的不同属性，探讨具体主题下自然资源资产负债表的编制方法。

第三部分为中国自然资源资产负债表编制实践研究，是本书研究的实践部分，内容涵盖第九章到第十二章。本部分根据前面构建的自然资源资产负债表编制方法，分别编制了中国水资源资产负债表、中国林木资源资产负债表、中国土地资源资产负债表以及中国矿产资源资产负债表。

第四部分为政策建议和研究结论，内容涵盖第十三章。本部分提出了自然资源资产负债表编制的若干政策建议，概括了全书的研究结论，并对未来研究进行展望。

本书的创新点主要体现在如下三个方面。

第一，系统性地构建了自然资源资产负债表编制的一般方法体系。本书基于"客观存在的自然资源"和"进入经济体系的自然资源"两个角度，创新性地设计了两个层次的自然资源资产负债表。第一个层次的自然资源资产负债表可以看作自然资源资产存量及其变动表；第二个层次的自然资源资产负债表才是真正意义上的资产负债表。

第二，基于构建的自然资源资产负债表编制一般方法体系，结合自然资源的不同特征，提出了不同主题下自然资源负债临界值的确认方法，进而探索了水资源、林木资源、土地资源和矿产资源这四类自然资源的资产负债表编制方法。例如，基于水循环的"自然—社会"二元模式，提出了水资源负债的确认方法；再如，基于林木资源的经济、生态和社会三方面价值，提出了林木资源负债的确认方法。

第三，基于构建的自然资源资产负债表编制方法体系，探索性地编制了中国水资源资产负债表、中国林木资源资产负债表、中国土地资源资产负债表以及中国矿产资源资产负债表。

本书的出版得到国家社会科学基金项目"生态文明背景下自然资源资产负债表编制研究"（项目批准号：19CTJ006）、国家社会科学基金项目"'两山'理论背景下生态产品价值核算及实现路径研究"（项目批准号：22BTJ047）、浙江省一流学科 A 类（浙江财经大学统计学）、浙江省域现代化监测与评价实验室联合资助，特此致谢！

石　薇

2022 年 11 月

# 目　　录

## 第一部分　总论

## 第二部分　中国自然资源资产负债表编制方法研究

## 第三部分　中国自然资源资产负债表编制实践研究

# 第四部分　政策建议和研究结论

# 总　　论

# 第一章 绪 论

## 第一节 研究背景与研究意义

### 一、研究背景

#### (一) 政策背景

针对我国现代化进程中暴露出的各种资源环境问题，2013 年 5 月，习近平总书记在十八届中央政治局第六次集体学习时指出，要正确处理好经济发展同生态环境保护的关系，牢固树立保护生态环境就是保护生产力、改善生态环境就是发展生产力的理念，更加自觉地推动绿色发展、循环发展、低碳发展，决不以牺牲环境为代价去换取一时的经济增长。[①] 2013 年 11 月，党的十八届三中全会通过的《中共中央关于全面深化改革若干重大问题的决定》（以下简称《决定》）创新性地提出了"编制自然资源资产负债表"的战略构想，指明了"探索编制自然资源资产负债表，对领导干部实行自然资源资产离任审计，建立生态环境损害终身追究制"的工作新方向。2015 年 3 月，中央政治局审议通过的《关于加快推进生态文明建设的意见》又进一步做出以"自然资源资产负债表"等重大制度为突破口，深化生态文明体制改革的重大决策。同年 11 月，国务院印发了《编制自然资源资产负债表试点方案》（以下

---

[①] 资料来源：人民网，http://tv.pcople.com.cn/n/2013/0524/c141029 - 21608729.html。

简称《试点方案》）；12 月，国家统计局等 8 部门联合发布了《自然资源资产负债表试编制度（编制指南）》（以下简称《编制指南》），标志着自然资源资产负债表编制的试点研究工作正式启动。

《试点方案》根据自然资源的代表性及有关工作基础，选取内蒙古自治区呼伦贝尔市、浙江省湖州市、湖南省娄底市、贵州省赤水市、陕西省延安市、北京市怀柔区、天津市蓟县和河北省等八个地区开展编制自然资源资产负债表试点工作。目前，深圳市大鹏新区、内蒙古全区及分盟市、浙江省湖州市、河北省承德市、海南省三亚市等部分地市已初步完成了自然资源资产负债表的编制工作（杨艳昭等，2017；封志明等，2017；闫慧敏等，2017）。对比国家《试点方案》《编制指南》同部分省区的试点资料，可以发现，试点地区对自然资源负债的理解莫衷一是，而《试点方案》和《编制指南》也尚未提出明确的自然资源负债内涵；《试点方案》《编制指南》同各地试点制度和编制方法在核算范围、分类标准、指标口径和数据来源等方面均存在较大差异。以深圳市大鹏新区编制的林业资源相关账户为例，深圳市大鹏新区按"林地"进行统计，计算单位为"公顷"或"万株/公顷"，而《编制指南》则按"林木"进行统计，计算单位为"千立方米""立方米/公顷"。同时，二者在林木的划分标准上也存在较大差异。而这些差异则会导致各地之间的核算数据缺乏可比性、难以推广与复制等问题。

为了有效地解决上述问题，2018 年 4 月 10 日，自然资源部正式挂牌。作为统一管理山水林田湖草等全民所有自然资源资产的部门，自然资源部整合了原国土资源部、原国家海洋局、原国家测绘地理信息局、国家发展和改革委员会、住房和城乡建设部、水利部、农业部和原国家林业局的相关职责。同时，国家林业和草原局也由自然资源部管理。这宣告我国自然资源管理进入了统一管理新时代，为统一核算奠定了基础。除了对机构进行改革，以满足对自然资源的统一管理和核算需求以外，我国也在大力推进相关制度的建设和改革。在 2019 年 1 月习近平总书记主持召开的中央全面深化改革委员会第六次会议上，审议通过了《关于统筹推进自然资源资产产权制度改革的指导意见》（以下简称《意见》），针对部分自然资源核算范围、分类方法不清晰，甚至出现交叉统计的问题，提出了"三个统一"，即统一自然资源分类标准、统一自然资源调查监测评价制度、统一组织实施全国自然资源调查。同时，要建立"两个制度、一个机制"，即建立自然资源资产核算评价制度、自然资源动态监测制度，以及自然资源调查监测评价信息发布和共享机制。为了建立起《意见》中明确提出的"归属清晰、权责明确、保护严格、流转顺畅、监管有效的自然资源资产产权制度"，同时确保能够对自然资源进行合理的开发和利用，亟需一套统一的、完善的自然资源资产负债表编制体系。

### （二）理论背景

与政策层面的企足而待相对应的是，目前，资产负债表这一核算工具尚未应用到资源环境核算领域，理论层面的自然资源资产负债表编制框架尚未形成，自然资源资产负债表的编制在我国乃至世界范围内都是一个崭新的课题。相比自然资源核算而言，自然资源资产负债表更有助于核算数据的集约化，并体现数据之间的勾稽关系，有利于评价各地区的自然资源资产和自然资源负债水平。与其他资产负债表相比，自然资源资产负债表则更加偏重于"摸清资源家底"和领导干部"自然资源资产离任审计"的"功能性"。

虽然各国就自然资源核算的方法探索早已展开，也有环境经济核算体系（system of environmental-economic accounting，SEEA）、国民经济核算体系（system of national accounts，SNA）等较为成熟的方法理论可资借鉴，但这些理论研究仅在林木资源、水资源等单项自然资源的核算方法上有所突破，并未形成系统完整的自然资源资产负债表编制方法体系。

自党中央提出探索编制自然资源资产负债表以来，国内学术界便开始对自然资源资产负债表的编制问题进行研究。其研究思路主要围绕自然资源资产负债表编制的基本理论与方法展开，内容涉及自然资源资产负债表的编制主体、计量范围、相关概念和可能路径等多个方面。已有研究为进一步探索自然资源资产负债表编制方法提供了思路与借鉴，但在自然资源资产负债表要素界定、自然资源负债的计量以及自然资源资产负债表的基本表式设计等方面还存在诸多不足，具体体现在：（1）对自然资源资产的界定大多借鉴会计学和统计学中资产的定义，不能满足自然资源资产负债表的编制目的；（2）自然资源负债的认定标准较为模糊，未能体现出不同类别自然资源在负债认定中的差异，从而在实际应用中缺乏可操作性；（3）对自然资源编制主体的阐述不够明确，并且自然资源资产负债表的表式设计未能体现资产和负债的确认逻辑。自然资源资产负债表的编制方法仍有待进一步研究。

## 二、研究意义

### （一）理论意义

（1）有助于丰富国家资产负债表编制内容。自然资源既是人类生存和发展的物质基础，也是社会财富产生的物质源泉。然而，作为衡量一国财富的国家资产负债表并未将其全部纳入。探索编制自然资源资产负债表，确认自然资源资产和自然资源负债，有助于将自然资源纳入资产负债表核算体系，丰富国家资产负债表的编制内容。

（2）有助于完善国民经济核算体系。现行的国民经济核算体系是以 GDP 为主要指标的。长期以来，自然资源作为非生产性资产被排除在 GDP 的核算范围以外，从而造成部分地区只顾经济发展，不顾资源环境消耗的尴尬局面。虽然环境经济核算体系能够在很大程度上反映经济与资源环境的相互作用关系，但其仍无法体现经济发展的资源环境代价。编制自然资源资产负债表有助于弥补现行国民经济核算体系的已有不足，进一步完善国民经济核算体系。

### （二）现实意义

（1）有助于摸清自然资源资产"家底"。自然资源资产负债表可以客观地呈现我国自然资源存量，真实地衡量我国自然资源财富。编制自然资源资产负债表是在生态文明建设背景下的一项制度创新，目前已在实践方面进行了大力的探索，迫切需要理论研究给予系统的指导。课题研究能够为各地区的自然资源资产负债表编制实践提供一定的理论指导和技术支撑，为国家和各级政府摸清自然资源"家底"提供方法支持。

（2）有助于扭转政府政绩观，落实领导干部离任审计制度。自然资源资产负债表能够明确自然资源资产的所有权及管理者责任，倒逼形成有效的自然资源管理体系，将自然资源的利用、消耗和再生状况纳入政府的考核体系，建立领导干部生态环境损害终身追究制。这有利于彻底破除和扭转经济发展"唯 GDP 论"的历史政绩观，形成"全面、协调、可持续发展的"政绩观，为全面落实领导干部自然资源资产离任审计提供量化依据和决策参考。

（3）有助于落实生态文明制度建设。自然资源资产负债表作为一项重要的基础性制度建设，能够明确政府和市场各自作为自然资源提供者和使用者的责任与义务，这无疑是国家建立生态文明制度，健全自然资源资产管理体制，从而建设美丽中国的战略需求所在。

## 第二节　研究现状与研究评价

### 一、资源环境核算研究现状

自然资源不仅是经济发展的物质基础，还是人类赖以生存的环境因素。随着人类社会的不断进步和科学技术的飞速发展，特别是第一次工业革命以来，人类对自然资源的开发和利用能力不断提高，虽然极大地促进了农业和工业的发展，并为人类带来了巨大的社会财富，但同时也引起了许多环境问题，如土地荒漠化、森林植被破坏、生物多样性锐减、水环境污染、雾霾肆虐……有研究显示，在印度尼西亚经济崩溃的前几年，高速增长的 GDP 中大约有一半都来自自然资源的消耗（Repetto，2007）。而在近一百年中，在全世界范围内已经出现了数十起由环境污染造成的重大公害事件，例如马斯河谷烟雾事件、洛杉矶光化学烟雾事件、水俣病事件。人类对自然资源的超额利用使正常的资源环境遭受破坏，资源耗竭和环境退化问题直接影响着人类的生存和进一步发展。

在此背景下，从 20 世纪 70 年代起，学者们开始探索经济发展"质量"的测度方法，以替代对"数量"的测度（Bartelmus，1987），其思路主要是通过对已有核算体系或核算指标（主要是 GDP）的部分扩充或修改，阐释经济、社会、资源和环境之间的相互关系，并建立一套包含资源环境的国民财富账户（Bartelmus，1987；Serafy，1997；Wackernagel et al.，1999；Alfsen and Greaker，2007；Dasgupta，2009；Hamilton and Ruta，2009；Kubiszewski et al.，2013；Obst and Vardon，2014）。埃利斯和费希尔（Ellis and Fisher，1986）将环境视为生产过程的投入，并探讨环境的估价方法。塞拉芬（Serafy，1997）提出，应将国民经济核算体系"绿色化"，以保证收入的可持续性，进而保证生态的可持续性。博伊德（Boyd，2006）则认为，将 GDP "绿色化"意味着自然资源的价值与市场经济处于同等地位，但目前，绿色 GDP 核算方法还未明确，仍存在诸多问题。史密斯（Smith，2007）从理论和实践两个方面对 2003 版 SEEA 进行了探讨，认为环境与经济核算能够有效防止现有统计核算体系的不完善对公共政策所产生的影响。与此同时，各国也积极展开实践，开发本国的环境经济核算账户（Sekot，2007；Edens and Graveland，2014）。随后，博克斯塔尔（Bockstael，2006）将环境经济的核算范围从单项自然资源扩展到了生态系统，并尝试建立生态系统与人类福祉的关系。欧洲环境署在 SEEA 的指导下，实施了土地使用项目和生态系统核算项目（Weber，2007），并建立了欧洲生态系统资本核算的实验框架。同时，诸多学者也逐渐扩展了环境经济的研究范围，开始对生态系统展开核算（Heal，2000；Farber and Costanza，2002；Hein et al.，2006；Fisher and Turner，2008；Ansink et al.，2008；Balmford et al.，2011；Hermes et al.，2018；Tanner et al.，2019；Acharya et al.，2019；石薇等，2021）。

随着各国学者们对资源环境核算研究的不断深入，逐渐出现了研究资源环境的两个视角：一是从宏观视角，旨在将资源环境纳入国民经济核算体系，并着眼于经济与资源环境的可持续发展，以修正传统国民经济核算体系无法体现资源环境因素的缺陷；二是从微观视角，旨在解决环境污染的外部性问题，并着眼于企业的可持续发展，以明确微观主体的环境责任。

**（一）宏观视角的演变**

从 20 世纪 80 年代起，联合国、各国政府以及一些非政府组织便致力于从宏观视角，研究如何将资源环境因素纳入国民经济核算体系，以体现资源环境的存量及其与经济活动之间的关系。其中，影响较大的成果主要有三项：一是荷兰统计局于 1994 年提出的"包含环境账户的国民经济核算矩阵"（national accounting matrix including environmental accounts，NAMEA），该矩阵主要是通过引入两个描述环境状况的账户——环境物质账户和环境主体账户，对标准的国民经济核算矩阵进行扩展（向书坚，2001）；二是菲律宾提出的"环境与自然资源核算项目"（environment and natural resources accounting project，ENRAP），该项目将自然环境作为一个生产性经济部门，并采用大量的虚拟技术以测度环境服务的价值（向书坚和张俊霞，2005）；三是联合国等提出的 SEEA，该体系部分扩展了传统国民经济核算体系的核算范围，将资源环境因素纳入其中。在这三项主要成果中，影响程度最大并被世界各国所普遍采用的要属联合国组织等提出的 SEEA。

**1. 环境与经济核算研究演变**

20 世纪 70 年代中期，美国国家经济分析局首次以卫星账户的形式对国民经济核算体系进行了补充，并在原有经济账户的基础上增加了污染控制账户，这便是环境经济核算体系的雏形。1982 年，联合国环境规划署（United Nations Environment Programme，UNEP）发布了建立环境账户的指导方针，这为世界各国建立环境和经济核算账户提供了参考。1987 年，联合国环境规划署和世界银行（World Bank，WB）成立了名为"把环境与资源问题纳入发展战略之中"的一个课题组，并随之开展有关"环境核算与 SNA"的相关研究。1989 年，联合国统计署（United Nations Statistics Division，UNSD）、UNEP、WB、经济合作与发展组织（Organization for Economic Co-operation and Development，OECD）、联合国欧洲经济委员会（the United Nations Economic Commission for Europe，ECE）和国际货币基金组织（International Monetary Fund，IMF）成立了一项综合性的国际合作研究项目，专门对环境经济综合核算问题进行研究，并于 1992 年完成了两项研究成果，分别是"环境卫星账户的 SNA 框架"和"环境经济综合核算的 SNA 框架"（张建华，2002）。

随着 1993 年国民经济核算体系修订版的发布，联合国统计署顺势推出了 SEEA1993。SEEA1993 将环境和经济综合核算领域多年来的研究成果整合到一起，并初步确定了环境和经济核算的基本框架、基本方法以及基本核算内容，提出了绿色国内生产总值的计算方法。从那时开始，联合国等机构在各国实践的基础上，不断对 SEEA 进行完善，并先后推出了 SEEA2000、SEEA2003、SEEA2012（中心框架）以及 SEEA2012（实验性生态系统）[①]，为进一步规范各国环境和经济综合核算体系提供参考。其中，SEEA2012（中心框架）是针对传统国民经济核算体系在资源环境这一核算领域所做的巨大补充，是第一部资源环境核算的国际统计准则（UN et al.，2014）。SEEA2012（中心框架）扩展了 SNA 的经济资产范围，并确立了环境作为资产的基础性地位，设置了矿产和能源资源、土地资源、土壤资源、木材资源、水生资源、其他生物资源、水资源七组环境资产账户，以及两组主要反映环境活动的账户。其中，环境活动是指那些为了降低或消除环境压力，以及有效利用自然资源的经济活动，主要包括环境保护活动和资源管理活动（何静，2014）。为了维持与 SNA 的一致性，SEEA2012（中心框架）并未打破 SNA 的生产范围，并沿用了 SNA 的经济生产概念。SEEA2012（中心框架）的核心内容由实物流量核算、价值流量核算以及环境资产存量及其变化核算三个部分构成。其中，实物流量核算主要通过对物质和能源的实物流量进行核算，以描述经济同环境之间的相互关系；价值流量核算主要通过对经济体内发生的与资源环境有关交易的价值量进行核算，显示交易的规模和结构关系；环境资产存量及其变化核算通过对核算主体所拥有的资源环境存量进行核算，体现核算主体所拥有的资源环境资产总量、构成及变化原因（高敏雪，2015）。由此，SEEA2012（中心框架）构建了两条环境和经济之间的相对逻辑线索。第一条是经济体系对资源环境的利用，主要表现为资源环境和经济之间的两类实物流，分别是以自然资源为代表的各种自然投入从环境进入经济体系，以及在经济活动中产生的各种残余物从经济体系流出到环境中。前者体现环境的资源功能，后者体现环境的收纳功能。第二条逻辑线索是经济体系对资源环境的维护，大体包括自然资源管理和环境保护两方面内容

---

① System of Environmental-Economic Accounting 2012：Central Framework，简称 SEEA2012（中心框架），System of Environmental-Economic Accounting 2012：Experimental Ecosystem Accounting，简称 SEEA2012（实验性生态系统）。

（高敏雪，2012）。

**2. 环境与经济核算各国实践**

在 SEEA 发展的同时，许多国家都根据本国的具体环境主体和基本国情，开展了环境与经济方面的核算实践。

加拿大构建的自然资源存量账户主要体现地下资产、林木资产和土地资产的存量情况，可以用实物量和价值量两种形式表示。其中，地下资产账户主要体现原油、天然气及其副产品、天然沥青、煤、金属、碳酸钾等地下资产的经济可采储量的实物量和价值量状况，林木资产账户仅包括那些可供开采且用于生产的非储备性林木。由于土地资源在总量上是恒定的，一种土地类型的增加意味着另一种类型的减少，因而加拿大采用转移矩阵来描述各类土地之间的变化情况（吴优、李锁强和任宝莹，2007）。

挪威则根据自然资源的再生性，将自然资源分为物质资源和环境资源。物质资源大多是经济生产的投入，包括矿产资源、生物资源和流动资源等。环境资源主要提供服务，包括空气、土地和水等。挪威针对物质资源构建了存量账户、交易账户和消费账户三类核算账户。针对环境资源构建了环境资源账户，主要显示环境资源在期初、期末的状态和质量情况，以及环境资源的状态和质量在核算期间的变化原因。在森林资源、土地资源、能源资源、水资源、渔业资源和矿产资源等不同核算主体上，挪威都构建了较为系统的实物量核算框架（Alfsen et al.，1987）。

英国编制了自然环境白皮书，将自然资源价值纳入环境账户，并从 2011 年开始将自然资本加入环境核算账户中，且计划在 2020 年完成本国的自然资本账户研究工作（ONS，2015）。虽然英国目前已初步完成林地账户、农田账户、淡水账户、海洋账户等生态栖息地账户的研究工作，但尚未将其加入国家资产负债表中。在核算内容上，英国率先对各项生态系统进行了核算，并将生态系统的核算内容纳入自然资本账户以及资源环境核算之中。

德国基于 SEEA 的基本理论和原则，根据人类活动同资源环境之间的相互影响和制约关系，设计了由环境压力、环境状态和环境反应三个部分所组成的基本核算框架。该框架的三个部分由不同的账户、指标和数据得来。其中，环境压力主要反映经济活动对资源环境造成的影响，环境状态主要反映环境的总体状况，环境反应则主要体现为避免或减轻环境损害人们所采取的行动（吴优，2005）。同时，德国还提出了环境综合指数的概念，其内容涵盖气候、大气、水、土地、能源和原材料六个方面，以综合反映德国环境保护情况的发展趋势（王金南等，2009）。

澳大利亚编制了世界上第一个综合性的水会计标准。该准则依据财务会计的基本理论，基于水量分配中产生的债权债务关系，针对不同的水报告主体，对水资产和水负债分别进行核算。其编制的水资产和水负债表依托完善的水权制度，不仅能描述水报告主体水资产的增减变化，还能够反映该主体对于水的权利义务关系（WASB，2012）。

除此以外，美国麻省理工学院还提出了"生态需求指标"，以定量测算并反映经济增长对资源环境的压力（王金南等，2009）；菲律宾将环境视为独立的生产性经济部门，并涵盖所有具有经济意义的环境和非环境的投入与产出（向书坚和黄志新，2005）；欧盟提出了"尊重环境的可持续增长"这一目标，并强调在所有政策的制定过程中，都需要考虑环境问题（Pearce，2000）；荷兰将生产和消费都分为一般和环保两项，着眼于经济体系对环境的影响，设计了环境物质账户和环境主题账户（向书坚和黄志新，2005）。

在实证研究方面，弗里德曼和斯塔尔（Friedman and Stahl，2001）估算了瑞典森林的死亡率；阿特金森和贡德梅达（Atkinson and Gundimeda，2006）探讨了森林资源核算中的一些关键问题，并估算了印度的森林资源财富；贡德梅达等（Gundimeda et al.，2007）应用 SEEA 的估价方法计算了印度的森林资源价值，并将森林创造价值的能力归功于木材生产、碳储存、薪柴的使用以及非木材林产品的收获四个部分；马里等（Mali et al.，2012）以印度锡金为例，探讨了林业部门对经济的贡献程度，并为森林资源核算的改进提出了建议；贝特曼等（Bateman et al.，2013）以英国为例，说明土地利用变化对农业生产以及温室气体的排放和封存、游憩和野生物种的多样性都有重要意义；雷默等（Remme et al.，2015）采用了与 SNA 相一致的估价方法，对荷兰林堡省的生态系统服务价值进行了实证研究；韦森特等（Vicente et al.，2016）阐述了如何以西班牙水资源部门的 SIMPA、ASTER 和 SIMGES

模型为依据，建立西班牙杜罗河流域的水环境经济核算体系；佩德罗 – 蒙松兹等（Pedro-Monzonís et al.，2016）使用 Aquatool 决策支持系统为水供给使用表和水资产账户提供数据，并对西班牙伊比利亚半岛南部的贝莱斯河流域进行实证研究；杜塔等（Dutta et al.，2017）介绍了澳大利亚水资源评价河流系统模型在澳大利亚水核算中的应用；刘端等（Liu et al.，2020）通过计算汝源县稻鱼共养生态系统服务的价值，证明了传统生态农业的生命力。

就我国而言，国家统计局于 2002 年对国民经济核算体系进行了部分修改，并在原有核算账户的基础上增加了自然资源的实物核算卫星账户，包括水资源、土地资源、矿产资源和森林资源的实物量核算表。2004 年 3 月，国家统计局与国家环保总局共同召开了绿色 GDP 核算工作研讨会，并正式启动了"综合环境与经济核算（绿色 GDP）研究"项目。该项目提出了《中国环境经济核算体系框架》和《中国资源环境经济核算体系框架》两个框架，为中国资源环境经济核算提供了方法和方向。同时，国内相关领域的专家学者也为我国环境和经济核算的理论研究工作起到了重要的推动作用。雷明（1998）以"资源—经济投入产出核算"的分析框架为基础，通过对能源生产和消费的特别考虑，设计出"能源—资源—经济—环境综合"投入产出表。雷明（1999，2000）在 SEEA1993 的基础上，初步设计了中国环境经济核算体系的整体框架。杨缅昆（2002）、刘树和许秋起（2002）、杨缅昆（2003）、宋旭光（2003）对 SEEA2003 中经过环境因素调整后的国内产出（environmentally adjusted domestic product，EDP）的核算思路和核算理论展开了深入的探讨。高敏雪（2005，2006）通过对环境和经济核算国际研究进展及其与 SNA 关系的阐述，以及对 SEEA 核算过程中所涉及的理论框架、基本概念、核算范围和核算方法等进行的探讨，为国内开展环境和经济综合核算提供了一般性的思路与方法。向书坚（2006）提出了 SEEA2003 需要进一步研究的 27 个问题。杨缅昆（2006a，2006b）论证了资源价值的理论基础，并就环境和经济核算框架下的环境退化价值和资源耗减价值核算的有关理论问题进行了探讨。向书坚和张俊霞（2005）、向书坚和黄志新（2005）将 SEEA 体系同 ENRAP 和 NAMEA 进行了比较分析。邓俊和甘泓（2008）、甘泓和高敏雪（2008）、邓俊等（2009）研究了综合环境经济核算在水资源主题上的具体应用，并阐述了我国开展水资源核算所面临的主要问题。李金华（2009）通过对 SEEA 的深入解读，较为完整地设计了中国环境经济核算体系（CSEEA）的基本范式。甘泓等（2012）和秦长海等（2012）对水资源的价值内涵进行了探讨，并对水资源的定价理论和实践情况进行了研究。高敏雪（2015，2020）、施发启（2022）分别介绍了国际第一部环境经济核算统计标准《环境经济核算体系 2012——中心框架》，以及《环境经济核算体系——生态系统核算》。除此之外，王永瑜（2006）、裴辉儒（2007）、徐渤海（2012）、王海洋（2013）、刘茜（2017）等也都对环境经济核算的相关理论及其在中国的应用进行了系统的梳理和研究。

### （二）微观视角的发展

从微观视角对资源环境问题进行研究始于对污染的会计核算问题的关注。环境会计作为反映和监督企业中与环境有关的经济活动的工具，由此被纳入会计范畴。自 1987 年《我们共同的未来》发表以后，可持续发展的理念深入人心，这不仅体现在宏观领域，还体现在微观领域。1989 年，一些大型企业开始将环境问题视为企业所面临的第一大挑战，并着手编制年度环境特别费用预算，力图解决环境保护问题。1990 年，由罗布·格雷出版的《绿色会计：Pearce 之后的会计职业界》被视为环境会计研究的一个里程碑，标志着环境会计已成为全球学术界关注的一个中心议题（周守华和陶春华，2012）。1991 年的一次全球范围的企业调查显示，各国普遍加强了对环境问题的关注，在所调查的企业中，86% 的企业都能够提供与环境有关的资料，但这些资料往往以定性为主，较少涉及定量方面（朱学义，1999）。因而无法根据其公布的环境资料来评估公司的环境绩效，也无法衡量这些环境活动对公司财务状况造成的影响。

1996 年，美国注册会计师协会（American Institute of Certified Public Accountants，AICPA）会计标准执行委员会发布了《环境负债补偿状况报告》，提出了企业进行环境披露的基本原则（许家林，2009）。1998 年，联合国国际会计和报告准则政府间专家工作组第 15 次会议在日内瓦举行。会议以环境会计和报告为主体，并讨论通过了《环境会计和报告的立场公告》，这是国际上第一份关于环境会计和报告的系统完整的国际指南（陈毓圭，1998）。此外，美国财务会计准则委员会（Financial Accounting Standards Board，FASB）、美国国家环境保护局（U. S. Environmental Protection Agency，USEPA）、加拿大特许会计师协会（Chartered Accountants of Canada，CICA）等机构组织都开展了环境资产、环境负债等环境会计的相关研究工作。随着学者们对环境会计研究的不断深入，逐步形成环境会计研究的"可持续发展视角""外部性""信息披露""成本管理""行为科学"等五大视角，这五大视角分别从不同角度对环境会计的基本概念、分类、计量和披露等问题进行探讨，力图使环境会计既能够反映环境因素对经济主体财务业绩的影响，又能够反映经济活动对环境造成的影响（耿建新和房巧玲，2004）。

葛家澍和李若山（1992）首次将"环境会计"的概念引入我国。徐泓（1998）从环境会计的基本理论、环境资产会计、环境费用会计、环境效益会计、环境会计报告五个方面阐述了环境会计的相关基本理论以及环境资产、环境费用、环境成本等的核算方法。2001年1月，中国会计学会成立了环境会计专业委员会，并于当年11月召开了第一次学术研讨会，该会议围绕环境会计进行了激烈的讨论（苑昕茹，2013）。肖序（2002）则从核算和管理两个视角，对环境成本进行了深入的探讨。除此以外，还有肖序和周志方（2012）、耿建新和唐洁珑（2016）、魏蓝（2022）等学者均从会计核算的角度，对环境会计的基本问题进行了探讨，内容涉及环境资产、环境负债、环境成本、环境效益等环境会计的基本要素，以及环境会计的目标、原则、假设和披露等方面。

## 二、自然资源资产负债表研究现状

### （一）自然资源资产负债表编制方法研究

自党的十八届三中全会提出了"自然资源资产负债表"的概念以来，国内一些学者便开始从微观视角和宏观视角，以会计学和统计学作为自然资源资产负债表编制的方法论基础，借鉴其核心理念与基本原则，在深入研究企业资产负债表、国家资产负债表与自然资源资产负债表在基本概念、核算内容等方面存在的异同之处的基础之上，结合企业资产负债表和国家资产负债表的编制经验，对自然资源资产负债表的基本概念、核算框架和编制方法等内容进行了初步的探讨。目前，自然资源资产负债表编制方法的研究主要集中在以下五个方面。

### 1. 理论基础和数据基础

学者们普遍认为自然资源资产和负债的确认及价值化的主要依据是可持续发展理论、产权理论、外部性理论和稀缺理论等，分歧在于自然资源资产负债表的编制应基于宏观视角还是微观视角。基于宏观视角，胡文龙和史丹（2015）、黄溶冰和赵谦（2015）、封志明等（2015）认为，自然资源资产负债表的编制应基于自然资源的所有权视角，并以国民经济核算体系和环境经济核算体系为依托；基于微观视角，王姝娥和程文琪（2014）、肖序等（2015）等、盛明泉和姚智毅（2017）、王湛等（2021）认为，自然资源资产负债表的编制应基于自然资源的使用权视角，并以会计学和环境会计为基础。除此以外，还有王俊杰（2022）采用生态足迹的方法来定义土地资产、权益和负债。针对编制自然资源资产负债表所需的大量基础数据，江东等（2017）提出了建设资源环境基础数据库来整合和自动调用自然资源基础数据的方法。

### 2. 自然资源资产负债表要素范畴

目前，学术界呈现出的不同的自然资源资产负债表编制思路，主要是基于对自然资源资产和资源资产负债这两个自然资源资产负债表核心要素的不同理解。学者们对自然资源资产负债表核心要素的理解主要是基于两个视角。基于微观视角，学者们主要以会计学为基础，重点研究了自然资源资产负债表核心要素的确认和计量。高志辉（2015）采用现金流动制对自然资源资产负债表要素进行计量，旨在提高自然资源资产负债表编制的可操作性；乔晓楠（2015）从资源会计和环境会计两个角度，探讨了自然资源资产、自然资源负债和自然资源净资产的内涵，并研究了三者在当期和跨期两个维度上的平衡关系；耿建新和王晓琪（2014）、黄溶冰和赵谦（2015）从离任审计角度，探讨了自然资源资产负债表的功能与运用方法。

基于宏观视角，学者们对自然资源资产负债表的编制进行了更为深入的研究。部分学者从国内外已有的核算经验入手，着重探讨了自然资源核算和国家资产负债表对自然资源资产负债表的编制启示，阐述了自然资源资产负债表的编制难点，并提出了自然资源资产负债表编制的框架设想、基本概念、核算范围以及可能的编制路径（封志明等，2014；陈玥等，2015；封志明、杨艳昭和陈玥，2015）。胡文龙和史丹（2015）利用资产负债表这一核算工具，构建了中国自然资源资产负债表框架体系。杨海龙、杨艳昭和封志明（2015）从自然资源资产的产权制度着手，探讨了编制自然资源资产负债表所需的制度基础。向书坚和郑瑞坤（2015，2016）分别对自然资源资产和自然资源负债的范畴展开了深入细致的探讨。高敏雪（2016）将自然资源实体与围绕管理所形成的自然资源使用权益分开，提出一套包含三层架构的自然资源核算体系，并最终在自然资源开采权益的基础上界定了自然资源负债，设计了自然资源资产负债。李金华（2016）以 SNA 和 SEEA 为理论基础，设计了自然资源资产负债表的描述型一般表式和分析型一般表式，并对中国自然资源资产负债表编制的理论基础、核心概念、一般表式及应注意解决的重要问题等进行了探讨。杨世忠等（2020）对我国自然资源资产负债核算的方法逻辑进行了探讨，并构建了自然资源资产负债表编制的系统框架。

### 3. 自然资源资产负债表估价方法

如何能够将自然资源的价值更好地以货币的形式表现出来，是当前学术界面临的一大难题。一方面，大部分自然资源不能在市场上自由交易，也不存在可观察的交易市场；另一方面，资源环境具有外部性和公共物品的属性，若强行按照市场估价原则为这些自然资源估价会出现市场失效（Daily et al.，2000）。目前，自然资源的价值化方法主要基于三种思路：一是依据适当的价值理论为自然资源确定合理的价格，主要有影子价格法、李金昌定价模型以及边际机会成本法（Pearce and Markandy，1987；李金昌，1993；史丹和胡文龙，2015）；二是基于市场价值的估价方法，主要是以市场价格为基础为自然资源定价，主要有净现值法和直接市场法（Farber et al.，2002；杨缅昆，2006；王永瑜，2009；Barbier，2010；Obst，Hein and Edens，2016）；三是基于替代市场的估价方法，主要是根据模拟或假想的市场为自然资源定价，主要有显示性偏好法和陈述性偏好法（De Groot et al.，2012；Hein et al.，2015；Allen，2016；石薇等，2021）。

**4. 自然资源资产负债表表式设计**

目前，学者们主要参照 SNA 和 SEEA 中资产负债表的基本结构，围绕我国自然资源资产负债表的编制目的，结合国内外已有的实践经验（WASB，2012a；WASB，2012b），设计自然资源资产负债表的基本表式。例如，蒋洪强、王金南和吴文俊（2014）针对环境容量、环境质量以及生态系统三大核算系统，利用实物量和价值量相结合的计量模式，构建了生态环境资产负债表的核算框架；李金华（2016）设计了自然资源资产负债表描述型一般表式和分析型一般表式；高敏雪（2016）提出一套包含三层架构的自然资源核算体系并在自然资源开采权益的基础上设计出自然资源资产负债表；杨艳昭等（2017）确立了由资产、负债与资产负债差额构成的自然资源资产负债表基本表式和由总表—分类表—扩展表以及辅助表构成的自然资源资产负债表报表体系。

**5. 不同主题下的自然资源资产负债表编制探索**

自然资源涵盖范围广泛，且资源禀赋各异，分类编制自然资源资产负债表是构建自然资源资产负债核算体系的有效途径。从个别自然资源入手，甘泓等（2014）、贾玲等（2017a；2017b）、宋晓谕等（2018）、汪劲松和石薇（Wang and Shi，2021）阐述了水资源资产负债表的研究背景和所具有的现实意义，总结归纳了当前国内外相关研究与实践现状，分析了水资源资产负债表编制的会计核算思路和统计核算思路，并以此对水资源负债进行了深入的探讨。薛智超等（2015）和刘尚睿等（2020）分别以湖州市和 A 县为例，对自然资源资产的核算与管理方法进行了探讨。张茹倩等（2022）和李鹏辉等（2022）构建了基于生态足迹的土地资源资产核算体系。季曦和刘洋轩（2016）、施镓等（2021）分别提出了矿产和煤炭资源资产负债表的编制框架。朱婷等（2017）、石薇等（2018）和张志涛等（2018）探讨了林木资源资产和林木资源负债的概念内涵，并构建了相应的核算框架。刘欣超等（2016）则建立了由资产分类核算子表、资产负债评估总表和资产管理成效评估表组成的草原资源资产负债评估报表系统。

**（二）自然资源资产负债表编制应用研究**

从各地的自然资源资产负债表编制实践上看，浙江省湖州市（闫慧敏等，2017）、河北省承德市（杨艳昭等，2017）、深圳市大鹏新区和宝安区、贵州省赤水市和荔波县、内蒙古赤峰市和呼伦贝尔市等地已先行开展了自然资源资产负债表的编制研究工作。除此以外，不少学者也进行了自然资源资产负债表的实践探索。例如，刘欣超等（2016）在内蒙古陈巴尔虎旗和四子王旗开展了草原资源资产负债评估的实践研究；张颖和潘静（2016）编制了中国 2008～2013 年森林资源资产负债表；焦志倩等（2018）编制了湖北省十堰市竹溪县的自然资源资产负债表；闫慧敏等（2017）、杨艳昭等（2017）、宋军花（2021）则分别以湖州市和承德市为例，阐述了自然资源资产负债表编制实践中的"湖州模式""承德模式"和"安吉模式"。

### 三、研究评价

自然资源资产负债表是党的十八届三中全会提出的全新概念。国际上关于自然资源资产负债表的研究主要围绕自然资源的核算方法展开，以 SEEA 为主要依据，内容主要涉及自然资源的实物量核算方法、价值量核算方法以及核算账户的设计等。从实物量的核算范围上看，SEEA2012（中心框架）无疑最大限度地扩展了环境资产的范围，将其不限于经济资产。但从价值量的核算方法上看，由于其生产范围仍限于 SNA 的经济生产，因此纳入价值核算的自然资源范围仍需维持在 SNA 经济资产范围内，仅限于那些能够为所有者带来经济利益的部分。从资源环境的纳入方式上看，ENRAP 和 SEEA 都试图对传统的国民经济核算账户进行扩展，以更好地反映经济活动同资源环境之间的关系。SEEA 为了保持与 SNA 的一致性，沿用了 SNA 对生产部门的定义，因而未能将一些有价值的资产和服务纳入其核算范围。ENRAP 则将自然环境视为独立的生产部门，并测度了环境服务的价值。

从已有理论研究成果来看，自然资源资产负债表编制理论仍未形成。尽管已初步形成了几种认可度较高的自然资源资产负债表编制框架，但总体上看，理论研究仍较为匮乏，学者们对自然资源资产和负债的界定与核算、自然资源资产与负债的价值化方法、自然资源资产负债表的表式设计等一系列关键问题仍存在较大争议，有待进一步深入研究。部分学者以会计学和环境会计为基础，以微观视角的负债和环境负债为依据，对自然资源负债进行了界定。然而，会计学以衡量企业经营活动成果为目的，以会计学理论为基础界定的自然资源负债只能反映核算主体的财务状况，并不能体现其发展过程中所付出的资源环境代价，不符合我国自然资源资产负债表的编制初衷。目前，对于应将哪些自然资源纳入核算范围，如何界定资产、负债和净资产三大资产负债表核心要素，如何计量实物量和价值量形式的自然资源资产，以及如何设计一套合理的报表体系等一系列问题，学术界并未形成统一标准。总体看来，编制自然资源资产负债表面临着许多困难和问题，具体表现在以下四个方面：一是就已有核算经验而言，在资产负债核算中，非金融资产并不存在对应的负债项，而现有核算理论也往往仅将自然资源视为资产，因此，对自然资源负债的界定面临理论难点；二是不同种类自然资源的性质差异较大，面对不同的自然资源核算主题，往往要采取不同的自然资源负债确认方法，如何根据自然资源负债的定义，分别确认水资源、林木资源、土地资源和矿产资源的负债；三是如何根据我国自然资源资产负债表的编制要求以及自然资源的性质，科学地设计自然资源资产负债表；四是编制自然资源资产负债表需要大量细分数据，而这些数据在公开发布的各类年鉴和报告中较难获得。

从已有实践研究成果来看，虽然国家层面的自然资源资产负债表研究工作业已展开，既有部分学者进行了自然资源资产负债表的编制实践，也有部分地区已初步完成了自然资源资产负债表的试点编制工作，但从试点地区的编制情况来看，各试点地区在自然资源资产负债表的要素概念、核算范围、分类标准、指标口径、数据来源和表式设计等方面均存在较大差异，这些差异则会导致各地之间的核算数据缺乏可比性，从而引起核算方法难以推广与复制等问题。学者的编制实践大多只涉及资产，而不涉及负债项。

## 第三节　研究目标与研究内容

### 一、研究目标

探索编制自然资源资产负债表是党的十八届三中全会做出的重大决定，也是国家健全自然资源资产管理制度的重要内容。本书的研究目标是：基于自然资源的可持续发展视角，探讨、阐述自然资源资产负债表编制的基本问题，介绍、总结并评价代表性国家已有的自然资源核算实践，为我国自然资源资产负债表的编制提供经验借鉴；建立一个较为完整的自然资源资产负债表编制方法体系，开展中国自然资源资产负债表编制方法的创新研究，进而提出一套适合我国国情的自然资源资产负债表编制方法；采用构建的自然资源资产负债表编制方法，编制我国的自然资源资产负债表。具体来看，全书共围绕以下三个子目标进行。

第一，探讨自然资源资产负债表基本问题，阐述代表性国家已有的自然资源核算实践。着重阐述了自然资源资产负债表的相关概念及自然资源的估价方法，并对自然资源资产负债表编制的方法论基础和理论基础进行具体阐释；探讨了一些代表性国家的自然资源核算实践，为进一步拓展我国自然资源资产负债表的编制方法奠定基础。

第二，构建编制自然资源资产负债表的一般方法体系，开展中国自然资源资产负债表编制方法的创新研究。通过对"客观存在的自然资源"和"进入经济体系的自然资源"的科学阐释，在两个层次上探索编制自然资源资产负债表。一方面，借鉴国外自然资源核算方法，着重对国外先进经验进行科学的调整和改进；另一方面，根据水资源、林木资源、土地资源和矿产资源的不同特征，构建符合自然资源特点的不同主题下的自然资源资产负债表编制方法。

第三，开展中国自然资源资产负债表编制方法的应用研究。根据已经构建的自然资源资产负债表编制体系，编制我国水资源资产负债表、林木资源资产负债表、土地资源资产负债表以及矿产资源资产负债表。

## 二、研究内容

本书基于现有研究成果，以资产负债表理论为核心，以统计学、会计学、环境经济学、水文科学、林学等相关理论为指导，按照"理论阐述→方法设计→中国实践"的逻辑思路，对自然资源资产负债表相关概念、编制基础、估价方法、国际经验等问题进行了深入探讨，建立了一个较为完整的自然资源资产负债表编制一般方法体系，进而开展了水资源、林木资源、土地资源、矿产资源主题下的中国自然资源资产负债表编制方法研究，提出一套适合我国国情的自然资源资产负债表编制方法，并进行实际的编制。为此，项目主要围绕自然资源资产负债表的编制方法和应用实践展开研究，主要内容包括四个部分。

第一部分为总论，包括第一章到第三章的全部内容。

第一章为绪论，介绍了项目的研究背景和研究意义、研究现状与研究评价、研究目标和研究内容、研究思路和研究方法、创新点与研究不足。

第二章为自然资源资产负债表基本问题，本章探讨了自然资源资产负债表相关概念，阐述了自然资源资产负债表编制的方法基础，以及自然资源的估价方法。

第三章为自然资源资产负债表编制国际经验归纳，本章归纳了自然资源资产负债表编制的国际经验，例如加拿大的自然资源核算经验、澳大利亚的水资源核算经验以及欧洲国家的森林资源核算经验。

第二部分为中国自然资源资产负债表编制方法研究，是本书研究的理论基础，包括第四章到第八章的全部内容。由于水资源、林木资源、土地资源、矿产资源等不同类型的自然资源之间存在着巨大的属性差异，很难编制完全统一的自然资源资产负债表。因此，本书先探讨了自然资源资产负债表的基本理论和一般表式，然后再根据每类自然资源的属性，探讨具体主题下自然资源资产负债表的编制方法。

第四章为自然资源资产负债表编制一般方法体系研究。本章构建了自然资源资产负债表编制的一般方法体系并为后续水资源、林木资源和土地资源的资产负债表编制提供了一般性的方法论指导。本章首先阐述了自然资源资产负债表编制的相关问题，区分了核算主体和编制主体，界定了自然资源资产的核算范围和分类方法，并重点对自然资源负债确认的理论依据进行了深入探讨。其次，针对"客观存在的自然资源"，设计了自然资源资产存量表和自然资源资产存量变动表；针对"进入经济体系的自然资源"，设计了静态形式的自然资源资产负债表和动态形式的自然资源资产负债表。前者可以看作自然资源资产存量及其变动表，后者才是真正意义上的资产负债表，两个层次的自然资源资产负债表之间存在着相互依存和勾稽关系。

第五章为水资源资产负债表编制方法研究，是水资源主题下的自然资源资产负债表编制方法研究。本章首先立足于二元水循环模式，并结合水循环过程中社会水循环对自然水循环产生的外部性影响，阐明了水资源资产和水资源负债确认的理论依据和理论逻辑。其次，根据水资源负债产生的不同环节，分别探讨了基于取水过程和基于排水过程的水资源负债确认方法。最后，针对"客观存在的水资源"，设计了水资源资产存量及其变动表；针对"进入经济体系的自然资源"，设计了基于取水过程的水资源资产负债表以及基于排水过程的水资源资产负债表。

第六章为林木资源资产负债表编制方法研究，是林木资源主题下的自然资源资产负债表编制方法研究。本章首先基于自然资源资产负债表的编制框架，界定了林木资源的相关概念；其次，基于可持续发展理念，着重探讨了仅考虑经济价值以及加入非经济价值影响下的林木资源负债的确认方法；最后，根据林木资源资产的两个层次，设计了两个层次的林木资源资产负债表。

第七章为土地资源资产负债表编制方法研究，是土地资源主题下的中国自然资源资产负债表编制方法研究。本章先界定了土地资源的相关概念，并根据土地提供空间的功能与作为生产要素投入的功能，将土地资源分为土地和土壤两个部分分别进行核算。针对土地资源，设计了土地资源资产存量变动表以及土地资源资产价值量表；针对土壤资源，设计了土壤资源资产面积表、土壤资源资产物量表以及土壤资源资产质量表。

第八章为矿产资源资产负债表编制方法研究，是矿产资源主题下的中国自然资源资产负债表编制方法研究。本章首先梳理了矿产资源的概念，并界定了矿产资源资产和矿产资源负债；其次，构建了矿产资源资产负债表体系，由一张主表（矿产资源资产负债表）以及三张子表（第一层次矿产资源实物量表、第二层次矿产资源实物量表和矿产资源价值量表）构成。

第三部分为中国自然资源资产负债表编制实践研究。本部分是本书研究的实践部分，包括第九章到第十二章的全部内容。

第九章为中国水资源资产负债表编制实践研究，是水资源主题下的中国自然资源资产负债表编制应用研究。本章首先介绍了中国水资源的基本情况，包括水资源量、降水量、供水量与耗水量情况，其次编制了实物量形式的中国水资源资产存量变动表（2018～2020年），并对该表的编制方法进行了详细说明，最后编制了价值量形式的中国水资源资产存量变动表（2018～2020年）。

第十章为中国林木资源资产负债表编制实践研究，是林木资源主题下的中国自然资源资产负债表编制应用研究。本章首先介绍了中国林木资源的基本情况，包括林木蓄积和林地面积，然后编制了2008年、2013年和2018年中国林木资源资产存量表、林木资源资产存量变动表，以及2008年、2013年和2018年中国林木资源资产负债表。

第十一章为中国土地资源资产负债表编制实践研究，是土地资源主题下的中国自然资源资产负债表编制应用研究。本章首先介绍了中国土地资源的基本情况，编制了实物量形式的土地资源资产存量及其变动表，以及价值量形式的土地资源资产存量表。对于实物量表，区分土地和土壤，分别编制了土地资源资产负债表和土壤资源资产负债表。前者主要包括2000年、2005年、2010年、2015年以及2020年我国土地资源资产存量表、2000～2020年土地资源资产存量变动表以及2000～2005年、2005～2010年、2010～2015年、2015～2020年、2000～2020年土地利用转移矩阵，后者主要包括土壤资源资产面积表以及土壤资源资产质地分布表。

　　第十二章为中国矿产资源资产负债表编制实践研究，是矿产资源主题下的中国自然资源资产负债表编制应用研究。本章首先介绍了中国矿产资源的基本情况，包括能源矿产和油气矿产、金属矿产以及非金属矿产，然后编制了中国矿产资源资产负债表，包括中国矿产资源实物量表、中国矿产资源价值量表，以及中国矿产资源资产负债表。

　　第四部分为政策建议和研究结论，包括本书的第十三章。本部分提出了自然资源资产负债表编制的若干政策建议，概括了全书的研究结论，并对未来研究进行展望。

# 第四节　研究思路与研究方法

## 一、研究思路

　　本书基于环境经济综合核算体系，以资产负债表为核心，结合统计学、会计学、环境经济学相关理论，按照"理论阐述→方法设计→中国实践"的逻辑思路，对自然资源资产负债表的编制方法和应用展开系统研究，构建了一个相对完整的分析框架。具体的研究思路如图 1 - 1 所示。

## 二、研究方法

　　本书围绕编制自然资源资产负债表这一目的，以统计学和会计学相关理论知识为指导，结合资源经济学、生态经济学、环境会计、水文科学、林学等相关理论，采用文献研究法、系统分析法、定性分析和定量分析相结合、动态分析和静态分析相结合等多种研究方法，确保了研究的科学性和系统性。具体来说，共有以下四种研究方法。

### 1. 文献研究法

　　本书围绕编制自然资源资产负债表这一目的，收集了大量的国内外相关

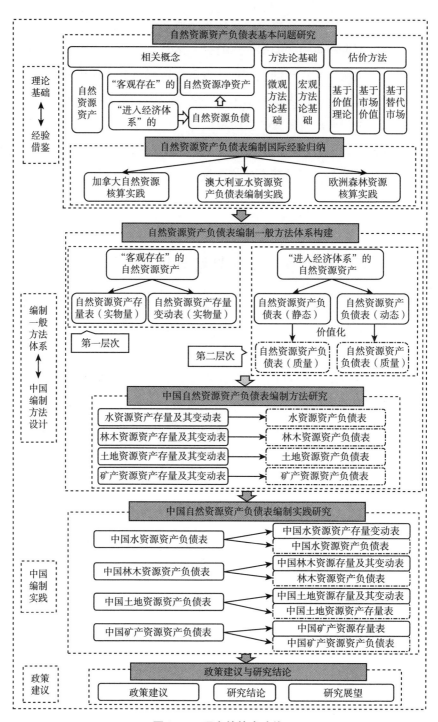

**图 1-1 研究的技术路线**

文献，以求对自然资源资产负债表的提出背景、研究现状、理论基础等问题
有一个全面而系统的了解。

**2. 系统分析法**

编制自然资源资产负债表是一项系统工程，既涉及自然资源资产负债表
相关的基本理论问题，又涉及具体主题下的自然资源实践。探索编制自然资
源资产负债表，要将其放在自然资源管理乃至可持续发展的大背景下进行。
从采用的基本理论上看，既涉及统计学和会计学，也涉及经济学、林学、水
文科学等相关领域。要将这些问题都分析清楚，必须采用系统分析方法来理
清思路。

**3. 定性分析和定量分析相结合**

本书在分析自然资源的相关概念和分类时，主要采用定性分析法。同时，
本书也大量运用了定量分析法。例如，在建立自然资源的估价模型、确认自
然资源负债临界值，以及编制中国自然资源资产负债表上，都采用了定量分
析法。

**4. 动态分析和静态分析相结合**

本书编制的自然资源资产负债表，既包括静态形式，也包括动态形式，
采用动态分析和静态分析相结合的方法。

# 第五节 创新点与研究不足

## 一、创新点

本书基于现有的研究成果，以资产负债表理论为核心，以统计学、会计
学、环境经济学、水文科学、林学等相关理论为指导，按照"理论阐述→方
法设计→中国实践"的逻辑思路，对自然资源资产负债表要素概念、编制基
础、估价方法等基础问题进行了深入探讨，对国外代表性国家已有的自然资
源核算经验进行评述，建立了一个较为完整的自然资源资产负债表编制方法

体系。进而着眼于不同的自然资源主题，开展了水资源、林木资源、土地资源和矿产的专题性研究，提出一套适合我国国情的自然资源资产负债表编制方法，并进行了实际的编制实践。本书的创新之处主要体现在以下方面。

本书基于上述构建的自然资源资产负债表编制一般方法体系，创新性地探索了水资源、林木资源、土地资源和矿产资源这四类自然资源的资产负债表的编制方法。本书根据自然资源的不同特征，提出了不同主题下自然资源负债临界值的确认方法。首先，基于水循环的"自然—社会"二元模式，提出了水资源负债的确认方法；其次，基于林木资源的经济、生态和社会三方面价值，提出了林木资源负债的确认方法。

（1）构建了自然资源资产负债表编制的一般方法体系。本书基于"客观存在的自然资源"和"进入经济体系的自然资源"两个角度，创新性地设计了两个层次的自然资源资产负债表。第一个层次的自然资源资产负债表可以看作自然资源资产存量及其变动表；第二个层次的自然资源资产负债表才是真正意义上的资产负债表。

（2）系统性地构建了中国自然资源资产负债表编制方法体系。首先，根据自然资源的不同特征，创新性地提出了不同主题下自然资源负债临界值的确认方法：①基于水循环的"自然—社会"二元模式，提出了水资源负债的确认方法。水资源负债是一种关于水量水质的联合负债，其负债产生于取水环节和排水环节。基于取水环节，确定数量形式的水资源负债，其负债临界值为在保证流域河流健康的条件下，流域可以开发的最大水资源量；基于排水环节，确定质量形式的负债，其负债临界值为核算区域所允许的各类污染物的最大排放量。②基于林木资源的经济、生态和社会三方面价值，提出了林木资源负债的确认方法。林木资源负债为维持林木资源可持续发展的林木最大开采量，本书采用加入非经济价值影响的林木资源最优采伐模型来确认林木资源的负债临界值。

其次，探索了水资源、林木资源、土地资源和矿产资源这四类自然资源的资产负债表的表式设计方法：①根据水资源负债产生的原因，设计了基于取水权的水资源资产负债表以及基于排水权的水资源资产负债表。②分别针对土地提供空间的能力以及作为要素投入的功能，设计了土地资源资产负债表和土壤资源资产负债表。

（3）基于构建的中国自然资源资产负债表编制体系，探索性地编制了中国自然资源资产负债表，主要包括水资源资产负债表、林木资源资产负债表、土地资源资产负债表以及矿产资源资产负债表。

## 二、研究不足

编制自然资源资产负债表是落实领导干部自然资源资产离任审计，进一步深化生态文明体制改革的重要一环。探索自然资源资产负债表的编制方法，需要融合统计学、会计学、环境经济学、水文科学、林学等学科的相关知识。虽然本书试图从理论研究、方法设计和实践探索三个角度，构建一个相对完整的自然资源资产负债表编制框架，但受制于多种客观因素，本书的研究仍属于探索性研究，还存在若干不尽如人意的地方，有待进一步提高和完善。具体来看，本书的不足主要体现在以下两大方面。

### （一）方法设计方面

第一，本书对各类自然资源负债临界值的探讨仅作为计算负债临界值的一般性方法，具体在实践时还应根据实际情况对模型进行相应调整。例如，本书中所用的林木资源负债临界值确认模型只适用于单一树种的法正林。但在实际中，单一树种的法正林并不常见，需要根据森林的具体特征和形态对该模型进行适当调整。

第二，本书虽然试图探讨了质量上的自然资源负债的确认方法，并尝试将其以自然资源资产负债表的形式列示出来，但污染不仅包括点源污染，还包括非点源污染。相对于点源污染而言，非点源污染难以准确估计，因而在确认质量形式的自然资源负债时未考虑非点源污染的影响。同时，由于污染物的排放量为逆向指标，因此质量上的自然资源负债只有在超过负债临界值时才予以确认，但本书并未对此时的自然资源资产做进一步探讨。

第三，由于自然资源种类繁多，而笔者的知识储备和学术能力有限，无法对每种类型自然资源资产负债表的编制方法进行探讨，故本书仅选取了具有重要生态功能和经济价值的自然资源——水资源、林木资源、土地资源和矿产资源，进行探索编制。

### （二）实践探索方面

本书仅根据能够公开获取的数据编制了中国自然资源资产负债表，编制的内容并不完整。例如，在水资源资产负债表的编制中，仅编制了数量形式的资产负债表，没有编制质量形式的资产负债表；在林木资源资产负债表的编制中，由于无法获得林木的砍伐原因，无法确认林木资源负债，因而在林木资源资产负债表中缺乏负债数据。

# 第二章　自然资源资产负债表基本问题

## 第一节　自然资源资产负债表相关概念

### 一、自然资源的内涵和分类

#### （一）自然资源的内涵和外延

自然资源是人类赖以生存的物质基础和前提条件。李金昌（1999）认为，自然资源是在一定的经济技术条件下，自然界中对人类有用的物质和能量。《辞海》从使用的角度，将自然资源定义为天然存在的自然物，如土地资源、矿产资源、水利资源、生物资源、气候资源等，并认为自然资源是生产的原料来源和布局场所（张景华，2008）。伯格斯特龙和兰德尔（Bergstrom and Randall，2015）将自然资源视为人们发现的具有有用性和有价值的东西。《大英百科全书》认为，自然资源是人类可以利用的自然生成物，以及生成这些成分的环境功能（安晓明，2004）。而根据联合国环境规划署，自然资源则是在一定的时间和条件下，能够产生经济效益，从而使人类当前和未来福利得以提高的自然因素和条件（李文华，2016）。由此可见，自然资源的概念繁多，我们很难断定哪种定义方法是最科学和准确的，也很难将自然资源的具体种类和范围进行一一列举。因此，本书从自然资源的本质属性入手来把握其内涵。通过对不同概念内涵的归纳，我们发现自然资源具有三大基本属性，即自然生成的"自然属性"、为人类利用并带来利益的"收益属性"，以及随着科学技术进步而不断丰富扩充的"发展属性"。其中，"自然属性"是指自然资源是自然生成的，并强调自然资源生产依靠的是自然规律而并非人力。但实际上，"自然因素"可能并非是主导自然资源生长的唯一因素，例如人工林和人工培育的动植物。这些自然资源的生长虽涉及人为因素的参与，但却与人为的生产有很大的不同。不同之处主要在于：自然资源的形成和生长主要依靠自然规律，而人工投入只起到辅助作用，并不是自然资源生长的主要原因。离开了自然规律，自然资源就无法生长。"收益属性"强调自然资源对人类有用的主观判断标准，指明其能够被人类利用，这种收益既指经济上的利益，也指社会效益和生态利益。"发展属性"则强调自然资源是一个相对的概念，它的内涵和外延会随着人类社会的整体发展和进步而不断丰富和拓展。只有从自然资源的三大属性出发，才能够明晰自然资源的内涵，进而为辨明自然资源提供科学的判断依据。根据以上所述，本书将自然资源的内涵概括为：在一定的经济技术条件下，能够为人类利用并具有价值的自然生成物。

对于自然资源的外延，学者们尚存在一定分歧，主要在于是否将环境和生态系统视为自然资源的一部分，并由此产生了自然资源的广义说，即自然资源也包括环境因素及生态系统（Bergstrom and Randall，2015；肖继辉和张沁琳，2018）。而对于狭义的自然资源，我国《宪法》则采用枚举法对其进行界定。《宪法》第九条规定："矿藏、水流、森林、山岭、草原、荒地、滩涂等自然资源，都属于国家所有，即全民所有"（刘灿，2009）。SNA2008 和SEEA2012（中心框架）对自然资源的界定也是基于狭义的自然资源（EC et al.，2009；UN et al.，2014a）。由此可见，自然资源的概念是由几个相互联系、密切相关而又有所区别的概念组成的多层次的范畴体系，具有广义和狭义之分。广义的自然资源包括自然环境和生态系统，而狭义的自然资源则是指自然环境和生态系统的单项组成部分。本书中的自然资源指的是狭义的自然资源。

就狭义的自然资源而言，SNA2008 认为其仅包括那些所有权已经确立并得到有效实施，且具有经济价值的土地、水、非培育性生物资源和矿藏等，不包括培育性生物资源及其在制品；SEEA2012（中心框架）虽拓宽了 SNA

对资产的限制，但却仍遵循 SNA 的基本思路，认为培育性生物资源不属于自然资源的范畴，自然资源包括所有的天然生物资源、矿物和能源资源、土壤资源以及水资源。显然，培育性生物资源具有上述自然资源的三大基本属性，也符合本书对自然资源的定义。因此，本书认为培育性生物资源也属于自然资源的范畴，应一同纳入自然资源的核算范围。

综上所述，自然资源共包括三个部分：第一部分为纳入国民经济核算体系，属于生产资产的培育性生物资源及其在制品，即各种人工培育的生物资产；第二部分为纳入国民经济核算体系，属于非生产资产的自然资源，包括土地资源、矿产和能源资源、非培育性生物资源以及水资源；第三部分为国民经济核算范围之外的自然资源。在这三部分自然资源中，前两部分属于经济资产，最后一部分未被纳入经济资产的核算范围。

### （二）自然资源的分类

自然资源种类繁多，范围广泛，可根据不同标准对其进行分类。一般来看，有如下四种分类方法：第一，可以根据是否具有储存性，将自然资源分为储存性资源和流动性资源（施志源，2014）。前者主要指那些在短时间内供给相对稳定的矿藏资源和土地资源，后者主要指那些在短时间内能够自然更新的自然资源，主要包括水资源、大气资源、太阳能资源、动植物资源和风能等。第二，可以根据是否具有再生能力，将自然资源划分为恒定资源、可再生资源和不可再生资源三种类型。其中，恒定资源主要是指那些因大量存在于自然界中而取之不尽、用之不竭的自然资源，主要包括风能、太阳能等气候资源；可再生资源主要是指那些在条件适宜的情况下能够自我更新和恢复的自然资源，主要包括各种生物资源；不可再生资源是指那些因不具备再生能力，进而会随着人类的开发利用而逐渐耗尽的自然资源。第三，可以按照在地球圈层的分布范围，将自然资源分为气候资源、生物资源、土地资源、水资源以及矿产资源五个类别。这五个类别也可以进行细分，如土地资源可以进一步划分为耕地资源、林地资源和草地资源等，气候资源可以分为风能、太阳能等。第四，可以按照固有属性的不同，将自然资源分为耗竭性自然资源和非耗竭性自然资源。其中，耗竭性自然资源又包括可更新的自然资源和不可更新的自然资源两种；非耗竭性自然资源又包括恒定性自然资源和亚恒定性自然资源两种（孙金华和陆桂华，2007）。

## 二、自然资源资产负债表

从字面上看，自然资源资产负债表是由"资产负债表"加上前缀"自然资源"所形成的。作为一种会计学工具，资产负债表常用于反映被核算主体在某一时点资产、负债的总量及结构状况。企业资产负债表和国家资产负债表是资产负债表较为常见的两种形式。其中，国家资产负债表基于统计核算视角，以国家为核算主体，对核算主体范围内特定时点所有经济部门的资产和负债进行分类列示，进而分别加总，以展现一个国家（地区）的"家底"。企业资产负债表基于会计核算视角，反映企业在某一时点的财务状况，体现资产与负债、所有者权益之间的恒等关系。有学者认为，凭借自然资源资产负债表同企业资产负债表和国家资产负债表之间的关系，自然资源资产负债表应是一种用于核算自然资源存量、形似企业资产负债表的价值计量表格；也有学者认为，自然资源资产负债表是一组名为"自然资源"的资产总账账户，属于国家资产负债表的一部分，并受到国家资产负债表的统驭和控制（耿建新等，2015）。

自然资源资产负债表与企业资产负债表或国家资产负债表并不相同。《中共中央关于全面深化改革若干重大问题的决定》和《编制自然资源资产负债表试点方案》指出，编制自然资源资产负债表主要有两个层面的目的：第一个层面是要能够反映自然资源在核算期期初、期末的存量水平，以摸清自然资源"家底"；第二个层面是能够反映自然资源在核算期的变化量，以显示经济发展的资源环境代价，并以此作为依据对领导干部实行自然资源资产离任审计，进而建立生态环境损害责任终身追究制。因此，企业资产负债表和国家资产负债表反映的是企业、国家等权利主体的财务状况，而自然资源资产负债表更强调使用资产负债表这一核算工具来反映自然资源的存量及变动情况。由此可以认为，自然资源资产负债表是一种利用会计平衡原理，以国家或地区所拥有的自然资源存量作为考察对象，反映某一特定时点上相关责任主体的自然资源资产和自然资源负债总规模及结构状况，旨在评价责任主体生态建设成效的报表（刘明辉和孙冀萍，2016）。通过自然资源资产负债表，我们不仅能够摸清我国的自然资源"家底"，了解各经济主体对自然资源资产的占有、使用、消耗、恢复和增值情况，还能探究自然资源存量变化背后的经济活动过程和资源管理过程。

### 三、资产负债表要素范畴

#### （一）会计学视角下的资产范畴

美国财务会计准则委员会（Financial Accounting Standards Board，FASB）认为，资产是最为核心的会计要素概念，而负债、所有者权益等概念都是其衍生出来的。在资产概念提出的一百多年间，人们对资产的认识主要经历了资产的成本观、未来经济利益观、权利观以及经济资源观等观点（成小云和任咏川，2010），这些观点无一不受制于当时的客观历史条件以及人们认识的局限性。不同国家对资产的理解各有差异，但是为了方便国际对比，人们往往倾向于使用一些国际上较为认可的定义。目前，国际和各国的财务报告准则中所采用的观点主要有资产的"未来经济利益观""权利观""经济资源观""综合的资产观"四种。

**1. 资产的"未来经济利益观"**

持有"未来经济利益观"的主要有美国和澳大利亚。FASB 在《财务会计概念公告》（Statements of Financial Accounting Concepts，SFAC）中将资产界定为：由于过去的交易或事项而使特定主体获得或控制的可能的未来经济利益。从中可以看出，资产界定的要义共有三点：一是可能的未来经济利益；二是获得或控制；三是过去的交易或事项（FASB，2008）。因此，"未来的经济利益"才是资产的本质，资产的定义主要集中在主体所拥有的未来经济利益上（葛家澍，2004）。澳大利亚也持有类似观点。

**2. 资产的"权利观"**

英国会计准则委员会（Accounting Standards Board，ASB）在《财务报告原则公告》（Statement of Principles for Financial Reporting，SP）中将资产定义

为：过去的交易或事项产生，由主体控制的对未来经济利益的权利或其他权益（ASB，1999）。ASB 强调，资产不同于"资产项"（item of property），资产是从资产项中获得的部分或全部获取未来经济利益的权利或其他权益。ASB 虽不否认"未来经济利益"的重要性，但却不认为资产就等同于"未来经济利益"。资产应是对未来经济利益的权利或其他权益。资产的本质是获得未来经济利益的能力。因此，对资产的控制实质上是对获得未来经济利益的权利或其他权益的控制，同时也能够限制其他人获得这些利益。

"权利或其他权益"常常是指对资产项的法定所有权。如果主体拥有该资产的所有权，就有权利得到与所有权有关的所有未来经济利益，如通过使用、处置、租赁等得到的利益。然而，其他合法权利也可以形成资产，例如租赁资产的使用权、专利的使用权以及商标的使用权等。从本质上讲，权利是一个法律概念。"由主体控制"包含两层含义：第一层含义是主体能够控制的从权利或其他权益中产生的未来经济利益；第二层含义是主体能够阻止或限制其他人获得该未来经济利益。因此，任何一项对未来经济利益的权利或其他权益只能出现在一个主体的财务报表中，因为权利只能被一个主体直接控制。但是，同一个资产项却可以出现在不同实体的财务报表中。

### 3. 资产的"经济资源观"

国际会计准则理事会（International Accounting Standards Board，IASB）于 2001 年发布了《概念框架》，用于指导国际及各国会计准则的制定及基本理论的完善。其中，IASB 对资产的定义沿用其前身 IASC 于 1989 年发布的《财务报表编制和列报框架》，认为资产是过去事项所形成的资源，该资源由主体控制并且预期会导致经济利益流入主体。加拿大特许会计师协会（CICA）与 IASB 的观点基本一致，认为资产是由主体控制并且预期会给企业带来经济利益的经济资源（葛家澍和杜兴强，2005）。可见，IASB 和 CICA 一致认为资产是一种经济资源。

政府部门会计核算的国际准则《国际公共部门会计准则 2017》（以下简称 IPSAS2017）将资产定义为：由于过去事项而由主体控制的资源。其中，资源是具有服务潜能或能够产生经济利益的物，实体形式并不是资源的必要条件（IPSASB，2017）。考虑到公共部门的目标不是创造经济利益，而是提供各项公共服务，IPSAS2017 并不将"利益"局限于经济利益，还包括服务潜能。服务潜能和产生经济利益的能力来源于资源本身或这些资源的使用权。其中，服务潜能是一种提供服务的能力，这种能力有助于实现主体目标，例如休闲娱乐和国防安全都属于政府部门提供的服务。

**4. 综合的资产观**

IASB 认为，虽然现行定义在指导各国会计准则的制定中发挥了巨大作用，但其对资产的界定并不清晰。首先，现行定义过分强调未来经济利益的流入和流出，而非现时存在的经济资源；其次，现行定义对"预期"并没有一个清晰的衡量标准，容易给人一种模棱两可的感觉。无论是"服务的潜能"，还是"未来的经济利益"，都是经济资源的特征，未来的经济利益并不等同于经济资源，资源也未必都能够转化为未来的经济利益（葛家澍，2005；葛家澍，2006；葛家澍，2009）。因此，IASB（2015）对资产的概念进行了修订，并于 2015 年 5 月公布了其最新研究成果——《财务报告概念框架（征求意见稿）2015》（以下简称《概念框架 2015》）。该框架完善了资产的概念，提出资产要具备产生经济利益的能力，是一项经济资源。经济资源是该标的物能够产生经济利益的权利，而非标的物本身。从原则上讲，经济资源是权利的集合，主体的每一项权利都可以视为一种单独的资产，但为了核算方便，常常将相近的权利合并为一种资产。因此，来源于所有权的任何权利集合都可以视作一项单独的资产，如使用权、处置权和担保权，或是它们的组合。制度经济学将产权与产权的客观对象，即财产或物加以区分，认为一组产权常附着于一项物品或劳务的理论也为"权利观"提供了理论基础。

出于以上原因，IASB 建议将资产定义为：由过去事项形成的并由主体控制的现时经济资源，其中，经济资源是一项能够产生潜在经济利益的权利。IASB 至少向我们传递了两种信息：（1）资产是一项权利，该权利能够产生潜在的经济利益；（2）"控制"与否在于主体是否拥有权利或者某种特别的权益。因此，我们可以将 IASB 的《概念框架 2015》看作"权利观"与"经济资源观"的结合。葛家澍教授也曾经有过相似的看法，一方面，他认为资产指的是经济资源，经济资源具有稀缺性；另一方面，除大气、海洋等为人类所共享或主权尚未归属外，稀缺的资源都是有产权的，从会计学的观点看，资产是一个产权的概念（葛家澍，2005；葛家澍和杜兴强，2005）。除此之外，会计核算还要求资产的确认和计量要以货币作为计量尺度。

由此可见，从"未来经济利益观"到"权利观""经济资源观"，再到"综合的资产观"，资产的含义历经了各国专家学者的发展与完善，逐渐显示了它的本质属性。一方面，资产是经济资源，而经济资源是可以产生经济利益的权利，从而资产是可以产生经济利益的权利；另一方面，对于实物而言，资产并非是该标的物本身，而是该标的物能够产生经济利益的权利。通常，在所有权和收益权不分离的情况下，可以粗略地将该标的物视为一项资产；而当所有权和收益权分离的时候，资产就指能够为权利所有者产生经济利益的权利。

### （二）统计学视角下的资产范畴

联合国统计委员会及其相关机构曾向世界各国推荐过四大核算体系，用来指导世界各国的社会经济核算和资源环境核算。其中，与自然资源资产负债表编制有关的两大体系分别是 SNA 和 SEEA。

SNA 主要核算经济活动，其核算范围内的所有资产都被限定为经济资产。1993 版 SNA 将资产定义为某个或某些单位拥有的实体，其所有者会因对它们的持有或在一段时间内的使用而获取经济利益（Eurostat et al.，1993）。2008 版 SNA 对资产的定义做了重大的修订，认为资产是一种价值储备，用于反映经济所有者在一定时期内通过持有或使用该实体而产生的一次性经济利益或连续性经济利益，是价值从一个核算期向另一个核算期结转的载体。没有所有权归属或因体积庞大而无法实施有效控制的资产不在 SNA 的核算范围中，例如空气和生态系统（European Communities et al.，2009）。

SEEA2012（中心框架）从生物物理学角度定义了环境资产，认为环境资产是地球上自然产生的、构成生物物理环境的生命和非生命的组成部分，并可以为人类提供利益（United Nations et al.，2014a）。SEEA2012 扩大了资产的核算范围，使其不限于经济资产，囊括所有具有价值并可以测量的环境实体。相比较而言，SNA 中的资产是根据"价值"来定义的，这种"价值"局限于提供收入或可以转化为货币的一定数量的财富。SEEA 认定的价值可以分为两大类，分别是使用价值和非使用价值。其中，使用价值包括直接使用价值、间接使用价值、选择价值和馈赠价值，非使用价值包括存在价值。选择价值、馈赠价值和存在价值的认定有效拓展了 SEEA 的资产范围，除了经济资产以外，还包括那些被认为具有公共产品性质而没有市场价格的自然资源等。在核算手段上，SNA 通常只进行价值量核算；而 SEEA 既包括实物量核算，也包括价值量核算。

**（三）会计学视角下的负债范畴**

由于国家层面的资产负债核算中只包含金融负债，不存在非金融负债，以下我们将只讨论会计学视角下的负债范畴。尽管各大会计核算体系对资产范畴的认识有所差别，但对负债的认识却是相对一致的。会计学视角下的负债产生于不同经济主体之间，债权人和债务人对称存在。负债被定义为由过去交易或事项产生的，由主体承担的转移经济资源的现时义务。首先，负债是一种现时义务，也就是在财务报告日存在的义务；其次，负债会导致经济利益流出，但该流出并不需要可靠确定，流出的可能性也不需要达到一定的下限；最后，负债必须能够用货币计量（IASB，2015）。负债可以分为两大类：一类是金融负债；另一类是非金融负债。金融负债显示了相互借贷金融工具所体现的债务关系；非金融负债则是指企业在经营过程中因除金融工具外的其他事项所承担的负债，主要包括应付职工薪酬、应交税费、专项应付款等。

**四、自然资源资产负债表要素范畴**

**（一）自然资源资产**

对"自然资源资产"和"自然资源负债"这两个自然资源资产负债表核

心要素的理解，学者们尚未达成共识。由以上对资产负债表要素的探讨可知，无论是以企业核算为主的微观核算体系，还是以国民经济核算为主的宏观核算体系，资产负债核算中的资产范围都限于经济资产。其中，基于企业部门等微观核算主体，资产界定的要义在于"拥有或控制""以货币计量"以及"给企业带来经济利益"；基于国家等宏观核算主体，资产界定的要义在于"所有权""有效控制"以及"能够产生预期收益"（向书坚和郑瑞坤，2015）。自然资源与其他资产负债核算项目不同，它具有一定的特殊性。我国宪法规定，自然资源归国家和集体所有，国家和集体等宏观核算主体是自然资源的所有权主体。然而，在法律的授权下，自然人、法人及其他微观核算主体则可以成为自然资源使用权的相关权利主体。宏观权利主体基于自然资源所有权角度，将属于经济资产的自然资源实体纳入资产中有形资产的核算范围；微观权利主体基于自然资源使用权角度，将获得的自然资源使用权与商誉、专利权等一并纳入资产中无形资产的核算范围。由此可见，微观视角和宏观视角下的自然资源资产核算范围并不相同。

基于会计学等微观视角，王姝娥和程文琪（2014）从企业会计的现金流角度，认为自然资源资产由两部分构成：一部分是资源量，用来反映企业拥有或消耗的资源数量，以及消耗资源损害环境需要承担的责任；另一部分是企业为获得并达到可获取状态的资源需要发生的环境成本支出等。肖序、王玉和周志方（2015）、盛明泉和姚智毅（2017）认为，自然资源资产是国家和政府拥有或控制，在现行情况下可取得或可探明存量的、能够用货币计量的，并且在开发使用过程中能够给政府带来经济利益流入的自然资源，以及那些在自然资源的使用过程中能够给政府带来经济流入的经济事项。主要由自然资源资产账户和现金收入资产项目账户两大类账户构成。高志辉（2015）基于现金流动制，认为自然资源资产是同时满足"拥有或控制""以货币计量""带来经济利益"的自然资源，并以该项自然资源给政府带来的收益作为其资产价值。

基于统计学等宏观视角，大多数学者都赞成将自然资源视为资产纳入资产负债表中，但对于应将哪些自然资源确认为自然资源资产，却持有不同的观点。陈艳利、弓锐和赵红云（2015）认为，自然资源资产的确认应基于宏观资产的确认标准，并满足"所有权""有效控制"以及"能够产生预期收益"三项条件。基于此，他们将自然资源资产定义为，由国家授权的各级人民政府及其所属部门或单位，通过法定授权或交易所形成的，由政府或其他社会主体管理、使用或者控制的，且预期能够给各权益主体带来经济效益或生态效益的，由国家所有的稀缺性自然资源。武音茜（2014）则根据摸清"家底"的自然资源资产负债表编制要求，认为自然资源资产负债表中的自然资源应囊括构成整个生态系统的所有自然资源，也就是在我国国土范围内，国家和集体具有所有权的全部自然资源。还有学者将产权作为判断自然资源资产的标准之一，认为自然资源资产是指天然存在、有使用价值、产权明确、可提高人类当前和未来福利的自然环境因素的总和（胡文龙和史丹，2015）。也有学者并未明确界定自然资源资产的范围，只是将自然资源视作资产（黄溶冰和赵谦，2015；封志明、杨艳昭和陈玥，2015）。

由此可见，微观视角下的自然资源资产负债表编制主体往往限于企业和政府，而自然资源资产的核算范围更是受到经济资产的限制，需要同时满足"拥有或控制""以货币计量"以及"给企业带来经济利益"三项条件。其核算往往以价值量为目标，纳入核算范围的自然资源资产既包括自然资源实体本身，又包括与自然资源有关的无形资产权利，还包括其他与自然资源有关的能给企业带来经济利益的经济资源。因此，若基于该视角编制自然资源资产负债表，会存在以下问题：第一，微观视角下的自然资源资产负债表大多核算企业或政府的现金流，将其推广至国家层面可能并不合适；第二，自然资源资产中既包括自然资源及其无形资产的所有权账户，也包括现金收入类账户，前者是存量的概念，后者是流量的概念，将这两类账户进行加总会出现严重的不匹配问题。因此，多数学者认为，从宏观角度对自然资源资产进行界定可能更为合适。

基于宏观视角对自然资源资产的界定方式有多种，其中较为主流的方式有两种：一是满足经济资产的限制要求，并满足"所有权""有效控制"以及"能够产生预期收益"三项限制条件；二是跳出经济资产的框架限制，囊括我国领土范围内的所有自然资源实体。那么，什么样的自然资源资产的界定方式较适用于我国目前自然资源资产负债表的编制工作呢？《试点方案》

虽未对自然资源资产进行过多注解，但却提出了摸清自然资源资产"家底"的编制要求。根据这一要求，大多数学者认为，自然资源资产应为宏观视角下的自然资源实体，但其核算范围要跳出经济资产的框架限制，囊括我国领土范围内的所有自然资源实体。这就意味着判断自然资源是否属于资产，仅取决于核算主体是否拥有"所有权"，无须考虑其他限制条件。但是，如若将全部的自然资源实体都视为自然资源资产，就无法界定相应的负债。一方面，就已有核算经验而言，在宏观视角的资产负债核算中，非金融资产不存在对应的负债项；另一方面，就已有核算理论而言，资产和负债均是对资产负债表报告主体经济活动的描述，只有纳入经济活动范围的自然资源才有可能存在自然资源负债。因此，部分学者提出，自然资源资产负债表中的自然资源资产应基于宏观视角，并满足经济资产的确认条件。

综合来看，自然资源资产的界定应基于宏观视角，并包含两个层次：第一个层次的自然资源资产不受经济资产的限制，只需满足"所有权"，以便能够摸清我国的自然资源"家底"；第二个层次的自然资源资产要受经济资产的限制，满足"所有权""有效控制"以及"能够产生预期收益"，以便能够反映各经济主体对自然资源资产的占有、使用、消耗、恢复和增值活动。为了简便，我们称第一个层次的自然资源为客观存在的自然资源，第二个层次的自然资源为进入经济体系的自然资源（石薇和徐蔼婷，2017）。

## （二）自然资源负债

基于企业部门等微观核算主体，负债界定的要义在于"现时义务""货币计量""预期导致经济利益流出"。王姝娥和程文琪（2014）认为，企业的自然资源负债是为取得和消耗资源应付而未付的购买成本、环境成本以及环境责任权支出。基于政府主体视角，自然资源负债是指社会生产活动对自然资源的过度消耗致使环境破坏后所需承担的资源恢复和环境治理费用，是会导致经济利益流出的现时义务，包括应付资源维护款、应付生态环境治理款和应付补贴款等（肖序、王玉和周志方，2015；高志辉，2015）。

基于国家等宏观核算主体，目前尚没有可借鉴的非金融负债定义。耿建新、胡天雨和刘祝君（2015）依据 SNA2008 和 SEEA2012 的现行规定，以及会计学的负债定义和目前的技术水平，认为暂不能确认自然资源负债，并认为 SEEA2012 提出的设置功能账户的思路要优于确认自然资源负债的主张。但是，大多数学者还是认为，应对自然资源负债进行确认。前面我们提到，自然资源资产的界定可基于两个层次，第一个层次的自然资源资产不存在相应的负债对应项，只有第二个层次的资产才有可能存在负债对应项。但是，第二个层次的自然资源负债是什么，学者们尚未达成一致意见。

　　以政府为核算主体，张友棠、刘帅和卢楠（2014）认为，自然资源负债是政府过去决策所引起的，因开发自然资源而导致的现有自然资源净损失，也即恢复原有生态的价值补偿。黄溶冰和赵谦（2015）则将其看作因政府管理或人类活动不当而造成的自然资源资产功能下降。这种下降主要指质量下降，包括资源耗减和环境退化两个方面。也有学者未对核算主体进行限制，认为自然资源负债就是核算主体以往的经营活动、意外事故或预期可能会发生的事项等导致的自然资源净损失，以及对环境和生态造成的影响，包括资源耗减、环境损害和生态破坏三个方面（封志明、杨艳昭和陈玥，2015）。史丹和胡文龙（2015）则认为，自然资源负债就是生态责任主体在某一时点上应承担的环境责任，该环境责任是人类在开发利用自然资源过程中应承担的现时义务，该义务的履行会导致自然资源资产的减少或需要以其他资产或劳务等形式进行偿还弥补。

　　对以上观点进行总结可以发现，多数学者认为，自然资源负债是核算主体所引起的自然资源耗减或质量下降，以及对环境和生态造成影响所需承担的现时义务。但若我们将自然资源视作资产，那么自然资源的耗减则应作为资产的减项处理，不该视为负债（高敏雪，2016）。而在造成自然资源耗减的众多原因中，既包括合理的开采和消耗，也包括可以避免的非合理损失。合理的自然资源开采和消耗并不会导致环境的污染和破坏，应将自然资源的合理消耗和非合理损失进行区分，只将权益主体过去的不当行为造成的、预期会导致自然资源在开发和使用时造成的损失以及为弥补损失付出代价的现时义务视为自然资源负债（陈艳利、弓锐和赵红云，2015）。对于环境治理负债，肖序、王玉和周志方（2015）则认为可以通过当期政府的环保支出来反映。但环保支出只能反映政府为治理环境发生的实际支出，并不能显示其治理的成效，因而用环保支出作为环境治理负债的方法可能并不准确。

根据《试点方案》，自然资源资产负债表编制的主要目标之一是"推进生态文明建设、有效保护和永续利用自然资源"，并与"资源环境生态红线管控、自然资源资产产权和用途管制、领导干部自然资源资产离任审计、生态环境损害责任追究等重大制度"相衔接。基于此，自然资源负债也应基于宏观视角，部分学者认为，可持续发展理念是自然资源负债范围界定的应有之意（高敏雪，2016），应以是否能够保持可持续发展作为自然资源资产和自然资源负债范围的界定依据。那么，应将自然资源的"过度消耗"确认为自然资源负债。由此，自然资源负债的确认问题就可转换为自然资源"过度消耗"的确认问题。综上所述，本书将自然资源负债定义为由于核算主体对自然资源的过度消耗而导致的一种现时义务。该义务既可以是法定义务，也可以是推定义务。

### （三）自然资源净资产

自然资源净资产为自然资源资产负债表的平衡项，遵从"自然资源资产 − 自然资源负债 = 自然资源净资产"的平衡关系，用于反映"自然资源资产"和"自然资源负债"的差额。本书采用"自然资源净资产"这个称谓，主要是为了便于将自然资源资产负债表融入国家资产负债表中，因此沿袭了国家资产负债表的编制习惯。在国家资产负债表中，由于经济体内的机构单位众多，难以辨别投入生产中经济资源的具体归属（罗栋燊，2017），故并未采用"所有者权益"这一称谓，而是通过计算"资产负债差额"，以"净资产"的形式体现资产负债表的平衡关系。

自然资源资产负债表中的"净资产"略有不同。自然资源资产负债表的编制目的之一是要有助于建立生态环境损害责任终身追究制，并以此来限制各级政府的行为，使各级政府在行动上更加利于实现可持续发展这一目的。因此，可以从自然资源净资产的变化角度，对自然资源净资产进行分解，将"自然资源净资产"分为"上期自然资源净资产"和"本期留存收益"两个部分。两个部分的作用如图 2 − 1 所示。

**图 2－1 自然资源净资产构成**

例如，某地在政府领导换届时，自然资源净资产为 $X_0$。换届后第一年、第二年、第三年、第四年、第五年末自然资源净资产分别为 $X_1$、$X_2$、$X_3$、$X_4$、$X_5$，则五年的自然资源净资产变化值分别为：$X_1 - X_0$、$X_2 - X_1$、$X_3 - X_2$、$X_4 - X_3$、$X_5 - X_4$，如果在第三年末计算自然资源净资产，则上期自然资源净资产数值为 $X_0$，本期留存收益值为 $(X_1 - X_0) + (X_2 - X_1) + (X_3 - X_2) = X_3 - X_0$。总体来看，自然资源净资产不仅能够准确体现核算主体的自然资源"家底"，还能真实反映进入经济体系的自然资源存量及其变动情况。

# 第二节 自然资源资产负债表编制方法论基础

自然资源资产负债表的编制处在以下两条线索延伸后的交叉点上，这两条线索分别构成了自然资源资产负债表编制的微观方法论基础和宏观方法论基础。第一条线索是微观核算方法的演变和延伸，第二条线索是宏观核算方法的演变和延伸。

## 一、微观方法论基础

会计学和环境会计是伴随人类社会的生产实践与经济管理的客观需要而产生和发展的，它们为编制自然资源资产负债表提供了坚实的微观方法论基础。

### （一）会计学

会计学为自然资源资产负债表的编制提供了基本框架、基本方法和基本核算关系，主要体现在以下三点。

第一，会计学为自然资源资产负债表的编制提供了基本框架。会计学提出了资产负债表这一核算工具，而资产负债表正是理解自然资源资产负债表基本内容框架的基础，后者在很大程度上是在前者的基础上衍生出来的。企业资产负债表以货币为计量单位，着重于对"存量"的核算，反映企业在某一时点的财务状况。自然资源资产负债表对此进行了应用和推广，一方面反映了自然资源资产的"家底"，显示其"存量"状况；另一方面也体现了某一时期自然资源的变化情况，显示其"流量"状况。

第二，会计学为自然资源资产负债表的编制提供了基本方法。一方面，会计学的估价理论为自然资源资产负债表提供了基本的价值量核算方法；另一方面，会计假设为自然资源资产负债表编制的前提假设提供了基本的思路和借鉴。会计估价主要涉及对资产价值的评估，有主观估价方法和客观估价方法两大类。尽管已有的众多会计估价方法仍不能满足自然资源的估价需求，却为其提供了基本的估价思路。

第三，会计学为自然资源资产负债表的编制提供了基本核算关系。会计学明确了资产负债表的核算对象是资产、负债和所有者权益这三项资产负债表要素，并利用会计平衡原则，提出了"资产 ＝ 负债 ＋ 所有者权益"这一会计恒等式，以资产栏反映企业资产总额及其结构，负债栏反映企业负债总额及其构成，以所有者权益记录企业投资者对企业净资产的所有权。在列示方法上，资产负债表左方登记资产，右方登记负债及所有者权益。

### （二）环境会计

环境会计作为反映和监督与环境有关的经济活动的工具，最早于 20 世纪 70 年代被纳入会计学范畴。其目的在于克服传统会计的局限性，在核算企业生产经营成本及收益的同时，能够将因企业生产经营活动造成的环境污染成本予以内部化（胡婷婷，2014）。1987 年联合国世界环境与发展委员会的报告《我们共同的未来》和 1992 年召开的"联合国环境与发展会议"，使环境会计得到越来越多的重视和关注。此后，学者们对环境会计展开了深入的研究与探讨，认为环境会计可以衡量并披露报告企业等各类组织的经营行为对区域内自然环境产生的影响（USEPA，1995），具体途径是通过对传统经济业绩计量方法的调整，以反映企业及其经营者环境受托责任的履行情况（李心合、汪艳和陈波，2002）；或是通过对物流及现金流的确认、分配和分析，反映环境问题对企业财务状况的影响（Peskin and Angeles，2001）。随着学者们对环境会计研究的不断深入，形成了三种环境会计的理论研究视角，分别是成本管理视角、外部性视角和可持续发展视角（周守华和陶春华，2012）。成本管理视角下的环境会计侧重于企业内部信息的使用和环境成本的控制，旨在使管理者认识到环境对企业财务状况产生的影响，并希望实现企业的利润最大化；外部性视角试图通过环境会计核算方法将企业负外部性所导致的环境问题予以内部化，以达到资源的最优配置；可持续发展视角则关注于提供企业可持续发展的相关信息，以及企业为实现可持续发展所做的贡献。

国外对环境会计的研究主要以实证研究为主，他们大多基于经济视角或财务视角，探讨环境事项及相关信息披露所引起的经济后果，而环境因素只是学者们进行理论研究的变量。国内学者的研究则大多停留在理论层面，通过建立一套独立于财务会计之外的企业环境会计体系，着重研究了环境会计的对象、假设、目标、概念、要素及计量方法等（许家林，2004；袁广达，2010；肖序和郑玲，2011）。环境会计通过对环境资产、环境负债和环境成本等核算要素的确认和计量，将环境业绩同企业财务业绩联系起来。其中，环境资产被认为是由过去与环境相关的交易或事项形成的，能够用货币计量的，且由企业拥有或控制的资源，该资源能够为企业带来利益。环境资产既可以是自然资源，也可以是人工资源，符合企业资本化条件的环境成本也可以被确认为环境资产。环境资产为企业带来的利益既可以是经济利益，也可以是社会利益。环境负债是指企业发生的，符合负债确认标准的与环境成本相关的现时义务。环境负债以企业生产经营活动产生的污染排放对环境和人类的健康造成破坏或危害为前提，是一种补偿费用（王立彦和蒋洪强，2014），主要包括因生产和生活消耗导致资源耗减形成的净损失，以及因对资源环境不合理耗用或缺乏有效保护措施甚至人为污染和破坏等导致的环境降级净损失（罗素清，2014），具体可分为环境修复义务、环境罚款义务和环境赔偿义务（李静江，2003）。环境成本则是因企业管理活动对环境造成影响而必须付出的措施成本，以及因执行企业环境目标必须付出的其他成本，可分为自然资源耗减费用、维持自然资源基本存量费用、生态资源降级费用以及生态资源保护费。

目前，学术界对环境负债的计量问题尚存争议。其主要原因在于，环境负债的计量不能完全依赖经济学中的劳动价值论，还要依赖边际效用理论，该理论涉及边际成本、机会成本、替代成本等多个概念，主要有维护成本法、意愿支付法、市场行为法、非市场行为法等多种计量方法。这些计量方法大多属于估算方法，在计量时没有那么准确，且不能直接确定归属于企业的环境负债价值（耿建新和唐洁珑，2016）。

## 二、宏观方法论基础

联合国统计委员会等机构曾向世界各国推荐过四大核算体系，用来指导世界各国的社会经济核算和资源环境核算。其中，涉及自然资源的核算体系有两个，一个是国民账户体系，另一个是环境经济核算体系，它们构成了自然资源资产负债表编制的宏观方法论基础。

### （一）国民账户体系

SNA 作为指导各国进行国民经济核算最为权威的纲领性统计文件，最初发布于 1953 年，随后历经不断地修订和完善丰富，先后形成了四个版本，分别是 1953 版 SNA、1968 版 SNA、1993 版 SNA 和现如今广泛使用的 2008 版 SNA。早在 1993 版 SNA 中，就有过关于自然资源资产核算问题的论述，而 2008 版 SNA 更是对自然资源资产的核算进行了极大地丰富和完善（李金华，2016）。2008 版 SNA 在第十章"资本账户"、第十二章"资产其他变化账户"以及第十三章"资产负债表"中均提到了自然资源的核算问题。其中，第十章"资本账户"界定了自然资源资产的概念及核算范围；第十二章"资产其他变化账户"论述了自然资源进入和退出资产范围的可能方式与途径；第十三章"资产负债表"则阐明了被纳入资产账户及资产负债表中的自然资源估价原则。

从核算内容上看，2008 版 SNA 主要包括存量核算和流量核算两部分核算内容，前者的核算对象为拥有的资产，后者的核算对象为发生的经济活动。SNA 中的所有资产均为经济资产，成为经济资产必须同时具备两个条件：一是所有权已经确立并得到有效实施；二是能够为所有者带来经济利益。基于该认定准则，SNA 将两类自然资源纳入资产的核算范围：一类被称为"培育性生物资源及其在制品"，即自然生长和繁殖都在机构单位负责、控制和管理下的生物资源，这类生物资源的生长和消耗能体现在 SNA 的资本账户中；另一类被称为"自然资源"，即所有权已经确立并得到有效实施，具有经济价值的土地、水资源、非培育性生物资源和矿藏等，这类自然资源的生长、发现和耗减均被计入 SNA 的资产物量其他变化账户中。从以上自然资源的核算逻辑中我们可以看到，2008 版 SNA 一方面将后一类自然资源纳入了经济资产存量核算，另一方面又将其归类为非生产资产，不承认其在生产中所起到的作用，也不将其耗减作为中间投入，而是作为其他物量变化处理，由此导致了生产资产与非生产资产在处理方式上的不对称，引起了自然资源在经济活动过程之外的"体外循环"（高敏雪，2006）。并且，大多数的自然资源并未被纳入 SNA 的资产存量核算范围中。

SNA 中的资产负债核算主要包括存量核算和存量变化核算两个部分。前者侧重于对核算主体在某一时点拥有的经济资产规模及结构进行核算；后者侧重于对核算主体在两个时点之间的资产负债变动情况进行核算，并着重记录资产和负债的变动原因及结果。存量核算与变化核算具有"期初存量 + 当期变化量 = 期末存量"的动态平衡关系。

### （二）环境经济核算体系

SEEA 最初是作为 SNA 的卫星账户出现在人们视野中的。后经过 1993 版 SEEA、2000 版 SEEA、2003 版 SEEA 的修订与完善，SEEA2012（中心框架）在环境经济核算的概念、定义和方法上都迈出了一大步，被确认为环境经济核算的第一个国际统计准则。SEEA2012（中心框架）在为世界各国提供通用的环境经济核算方法的同时，也拓宽了国民经济的核算领域。

SEEA 对 SNA 的核算范围进行了有限制的拓展（Martin and Mongruel，

2015），拓展主要体现在经济资产和经济活动的核算范围上，限制则主要体现在其对经济生产概念的沿用（Peskin and Angeles，2001）。我们先来看SEEA2012（中心框架）对经济资产核算范围的扩展。SEEA2012（中心框架）首先从生物物理学角度定义了环境资产，认为环境资产是地球上自然产生的、构成生物物理环境的生命和非生命的组成部分，能够为人类提供利益。环境资产一方面囊括了 SNA 核算范围内的两类自然资源，另一方面将资产的核算范围拓展到了原来未曾纳入经济资产范围中的那部分环境资产，即那些所有权不明，不能给所有者带来经济利益的资源环境要素。值得一提的是，SEEA2012（中心框架）只是将自然资源视为环境资产的一部分，认为其包括所有的天然生物资源、矿物和能源资源、土壤资源以及水资源，但不包括培育性的生物资源和土地。SEEA 对经济活动范围的拓展具体体现在，将资源环境的消耗和经济活动产出的废弃物分别作为经济生产的投入和生产的"副产品"予以核算，以体现经济过程与资源环境之间的直接联系；同时，建立环境保护账户和资源管理账户，以识别那些与环境活动有关的交易。但是在经济投入层面，SEEA 并没有将经济生产过程中对资源环境的消耗作为经济产出的成本予以扣除；而在经济产出方面，也未将各种没有人类参与的资源环境要素增加作为产出予以计量，因而 SEEA 并未对 SNA 的生产范围予以扩展。由上文可知，为了保持与 SNA 的一致性，SEEA 对资产范围的扩展只限于非生产资产，并不涉及生产资产，并且 SEEA 并未从根本上改变 SNA 的经济生产范围，它只是对经济生产的投入概念进行了部分扩展，这样的扩展仍然是有限制的。

## 第三节　自然资源估价方法

完整的自然资源资产负债表应由实物量和价值量两种形式共同构成，而将实物量转换为价值量的难点则在于对自然资源的估价。如何能够将自然资源的价值更好地以货币的形式表现出来，是当前学术界面临的一大难题。一方面，大部分自然资源不能在市场上自由交易，也不存在可观察的交易市场；

另一方面，资源环境具有外部性和公共物品的属性，若强行按照市场估价原则为这些自然资源估价会出现市场失效。因此，除了市场价值之外，学者们还发明了许多非市场价值评估方法。

本节对现有的自然资源估价方法进行了系统的梳理和研究，以探寻如何能够将自然资源的价值更好地以货币的形式反映出来，一方面有助于编制货币形式的自然资源资产负债表，为相关政策的制定提供可靠的依据；另一方面有助于进一步深化公众对自然资源价值的认识，从而增强公众对自然资源的保护意识。目前，对自然资源估价主要有两种思路：第一种是采用基于市场价值的估价方法，以市场价格为基础为自然资源定价，主要有净现值法和直接市场法；第二种是采用基于替代市场的估价方法，主要是根据模拟或假想的市场为自然资源定价，主要有显示性偏好法和陈述性偏好法。

## 一、基于市场价值的估价方法

马歇尔从市场供需均衡的角度，将商品的交换价值视为价值，从而创立了均衡价格论。马歇尔认为，价值是指交换价值或价格。价格不能仅由市场中的一方确定，而应取决于供给和需求共同作用下的均衡价格。马歇尔基于边际效用递减规律，得到商品的需求价格，并认为商品的需求价格与需求量成反比；基于生产费用递增规律，得到商品的供给价格，认为商品的供给价格与供给量成正比。价值正是供求双方均达到均衡时的价格，也即购买者的需求量刚好等于生产者的售卖量时的价格。在此价格上，市场处于供需均衡状态，因此该价格也被称为"均衡价格"，也就是商品的价值。均衡价格论只认可价格的存在，却不认可有不同于价格的价值的存在。

这种价值确定方法在市场体系的微观核算和宏观核算中占据了主导地位，会计核算、国民经济核算无一不以市场价值作为其价值确认的主要依据。就SNA 而言，当不存在市场交易时，有两种估计交换价值的方法。第一种方法是使用相同或相似项目的交换价值，此方法适用于该项目在相同环境下有足够的交易数量的情况；第二种方法是基于生产成本估算交换价值，该方法适用于对公共服务的测度。

在资产负债核算中，资产的价格要能够反映该资产在资产负债表日的现期价格，也就是在资产负债表日的资产获得价格。最理想的资产价格是可观测到的市场价格；当没有可观测到的市场价格时，则需要假定市场存在，并按照该资产在资产负债表日的可能获得价格进行估算。SNA 介绍了处理这种情况的两种方法，一种是减记重置成本法，另一种是净现值法（EC et al.，2009）。减记重置成本法较为适合估算固定资产的价值，其计算思路为：资产在任意时点的价格都等于相同新资产的现行获得价格减去累计折旧。本部分主要介绍净现值法，并对其他一些基于市场价值的方法进行简单介绍。

## （一）净现值法

净现值法将存量与流量联系起来，通过流量价值来对存量价值进行估算，是资源价值评估中使用最为普遍的方法，受到 SEEA 和世界银行的推荐（World Bank，2011）。其基本思想是：通过选择适当的折现率，将被评估资产的未来预期净收益流折现到估价时点并累加，该累加值就是该资产在该时点的价值。净现值的计算公式可以表示为：

$$V_P = \frac{R_1}{(1 + i_1)} + \frac{R_2}{(1 + i_1)(1 + i_2)} + \cdots + \frac{R_n}{(1 + i_1)(1 + i_2)\cdots(1 + i_n)}$$

$$(2 - 1)$$

其中，$V_P$ 为被评估资产的净现值，$R_n(i = 1, 2, \cdots, n)$ 为该资产在第 $n$ 期的预期净收益，对自然资源而言就是资源租金。$i_n(i = 1, 2, \cdots, n)$ 为每期的折现率。在实际应用时，通常假设每期的折现率相同，净现值公式则可以写作：

$$V_P = \sum_{t=1}^{n} \frac{R_t}{(1 + i)^t}$$

$$(2 - 2)$$

一般来说，若每期的预期净收益和折现率都相等，则净现值的公式可以写作：

$$V_P = \frac{R}{i}$$

$$(2 - 3)$$

根据以上公式，自然资源的价值主要取决于三个方面：一是预期收益，

也就是资源租金 $R_n$；二是折现率；三是预期资产寿命。资源租金是资产的使用者在减去所有成本及正常回报后的剩余价值，即归于自然资源资产的那部分收益。目前，主要有三种方法用于估算资源租金，分别是剩余价值法（也称残值法）、占有法和访问定价法，其中最常用的是剩余价值法。剩余价值法的基本思路是：企业的营业盈余由生产资产的收益和自然资源资产的收益共同构成，因此，可用营业盈余反映自然资源资产生产市场产品的回报。其计算方法是：用经过税收和补贴调整的总营业盈余减去生产资产的使用成本，就能得到自然资源资产的收益。其中，生产资产的使用成本由两部分组成，分别是生产资产的固定资本消耗以及生产资产的正常资本回报。占有法利用向自然资源所有者支付的实际款项来估算资源租金。在许多国家，政府都是合法的自然资源资产所有者，有权收缴他们所拥有的自然资源因开采而产生的全部资源租金。资源租金的收缴，一般有收费、税收和特许权使用费等形式。但政府在设定税费的时候，也可能会考虑一些其他因素，比如鼓励开采行业的投资和就业。因此在使用该方法时，应将政府的这些动机予以考虑。访问定价法基于这样一个前提，政府通过颁发许可证和配额制度限制对自然资源的使用，当许可证可以不受控制地进行自由交易时，就可以用权利的市场价格估计相关资产的价值。该方法的理论依据是，在自由交易的市场，权利的价值应该等于获得的未来收益价值。这三种资源租金估算方法中，后两种方法易受国家制度的影响。同时，对于资源租金法而言，若扣除其他形式资本贡献后的剩余部分的价值很低，甚至为负，可能就不适用该方法。

　　折现率反映了一种时间偏好，表明资产的所有者更愿意在当下获得收入。确定折现率主要有三种方法：一是比照行业的平均报酬率，将行业的平均报酬率作为折现率；二是将资源企业生产资产的资本报酬视为获取该生产资产的融资成本，并以其发行债券的利息率或发行股票的报酬率作为折现率；三是将投资于生产资本的机会成本作为折现率，一种可行的方法是将建立在政府长期债券利息基础上的利息率作为资本的机会成本（张宏亮，2007）。通常，相对于整个社会而言，个人和企业倾向于享有更高的时间偏好，因此有更高的折现率。但为了确保估价与市场的一致性，建议以市场为基础的折现率等于假定的资产收益率。从各国的应用实践上看，在目前应用较为广泛的对矿产和能源的价值核算中，选择的折现率基本上是4%左右（石薇和李金昌，2017）。

净现值法有两种特殊形式，分别是净租法和使用者成本备抵法（王永瑜，2009）。

**1. 净租法**

净租法适用于总量有限的不可再生的自然资源，其主要依据是霍特林模型假定，该假定的内容为：当资源稀缺时，不可再生资源的租金会以折现率大小的速度增加，也即：

$$R_t = R_0 (1 + r)^t \qquad (2-4)$$

将式（2-4）代入式（2-2），计算可得：

$$V_P = \sum_{t=1}^{n} \frac{R_t}{(1 + i)^t} = \sum_{t=1}^{n} \frac{R_0 (1 + r)^t}{(1 + i)^t} = n \times R_0 \qquad (2-5)$$

式（2-5）即为净租法的计算公式。根据净租法，不可再生自然资源的存量价值就等于基年的资源租金 $R_0$ 与该资源可开采年限 $n$ 的乘积，每年的资源耗减价值恰好为 $R_0$。

**2. 使用者成本备抵法**

使用者成本备抵法用于计算资源的耗减价值。该方法认为，由资本产生的毛所得应由两部分构成，一部分为真实所得，另一部分为开采耗竭性资源资产所得。若要满足可持续发展的要求，资源的开采者应将其在有限时间内开采耗竭性资源资产的所得部分用于投资，并利用投资得到持续所得，该持续所得才是真实所得。假设 $R$ 为每年的毛所得，该所得为一常数，$r$ 为利率水平，$X$ 为每年真实所得，则永续真实所得的现值为：

$$V_0 = \sum_{t=1}^{\infty} \frac{X}{(1 + r)^t} = \frac{X}{r} \qquad (2-6)$$

在有限的耗竭性资源的开采期（$T$）内，每年毛所得的净值为：

$$W_0 = \sum_{t=1}^{T} \frac{R}{(1 + r)^t} = \frac{R}{r} \left[ 1 - \frac{1}{(1 + r)^T} \right] \qquad (2-7)$$

令此二者相等，则可得出：

$$X = R - \frac{R}{(1+r)^T} \qquad\qquad (2-8)$$

使用者成本，也就是自然资源的耗减价值就等于毛所得和真实所得之差，也即：

$$R - X = \frac{R}{(1+r)^T} \qquad\qquad (2-9)$$

由此可知，净租法和使用者成本备抵法的基础都是净现值法。若资源租金会随着折现率的增长而增长且每年的折现率保持不变，净现值法则能够简化为净租法；若资源租金在任何时间都保持不变，净现值法就可以简化为使用者成本备抵法（王永瑜，2006）。

### （二）直接市场法

直接市场法是以市场价格为基础对资源环境价值进行评价的方法。主要有生产率变动法、恢复费用法、人力资本法、防护支出法、生产函数法和机会成本法等（Barbier，2000；Nasi et al. ，2002；Farber et al. ，2002；冯俊，2009；Barbier，2010）。

生产率变动法将资源环境视作一种生产要素，认为如果人类活动导致资源环境的质量下降，就降低了资源环境的服务功能，可以将这种情况看作环境资产的生产率下降，其直接表现是：在其他条件不变的情况下，最终导致产出量下降。该方法以下降的产出量的市场价值来估算资源环境变化的影响结果。恢复费用法则通过估算资源环境被破坏后，将其恢复到原状所需要支付的费用来评估资源环境价值。人力资本法的研究假设是，环境质量的变化会对人的健康产生影响，因而可以通过估算环境污染对人体健康造成的损害价值来估计环境污染的价值。防护支出法的思路是，获取个人或企业为减少或消除环境的有害影响而愿意承担的费用数据资料，并以该值作为环境价值的最低估计。生产函数法将自然资源作为生产的一种投入，并根据自然资源对生产过程的贡献程度，以及产成品在市场上的交易价格来估计自然资源的价格（Ellis and Fisher，1986）。机会成本法认为，资源环境有多种用途，倘若我们选择了其中的一种用途，便放弃了对资源环境的其他使用机会，故而该方法把失去的使用机会中所能够获得的最大收益称为该资源的机会使用成本。

## 二、基于替代市场的估价方法

### （一）显示性偏好法

显示性偏好法又称替代市场法。该方法依赖于这样一个前提：某些非市场价值可能间接反映在消费者支出、销售商品和服务的价格以及某些市场活动的生产力上（Bishop，1999）。因此，该方法主要通过观察到的行为和市场现有的信息，来估计人们对资源环境表现出的偏好，并对其进行价值估算。主要有旅行成本法和享乐价格法两种（Mathur and Sachdeva，2003；De Groot et al.，2012；Bockstael and Mcconnell，2006）。

旅行成本法常被用来评价公园、水库、海滩等娱乐场所的价值。通常认为，旅游景点的门票是较低甚至免费的，而游客从游憩中获得的效益往往大于门票价值。使用旅行成本法需要估算总体的支付意愿，该方法通过抽样调查获得旅游者游览的费用支出数据，包括交通费和门票费等任何与游览有关的费用，并以此推出一条游憩的需求曲线，求出"游憩商品"的消费者剩余，并以此作为低价格或无价格的游憩价值。

享乐价格法主要用于分析环境质量如何影响人们为市场产品或资产所支付的价格。该方法隐含着这样一种假设：生态环境的变化会影响资产的未来收益，在其他因素不变的情况下，资产的价格变化是由生态环境的质量变化引起的。从而，在其他因素不变的条件下，由生态环境质量变化所引起的资产价值的变化就是因生态环境质量改善所得到的收益，或者是因生态环境质量下降所得到的损失。该方法常用于评价大气污染、自然景观等方法对资产价格的影响。该方法需要大量的资产特性数据和生态环境信息，计算结果的可靠程度也主要取决于这些数据和资料的完整性及准确性。

### （二）陈述性偏好法

陈述性偏好法又称假想市场法。该方法主要通过问卷调查的形式，在人们并没有进行实际支付或交易的情况下，通过询问受访者一系列问题，以得到有关其偏好的信息。陈述性偏好法大多基于效用最大化理论，主要有条件价值法和选择实验法两种方法（Carlsson et al.，2010；Bateman et al.，2011；Pittini，2011；Allen，2016）。

条件价值法也称或有价值法。该方法通过调查来估计人们对某种自然资源的支付意愿（willingness to pay，WTP），或是对某种自然资源损失可接受的赔偿意愿（willingness to accept，WTA），并以 WTP 或 WTA 来估计自然资源的经济价值。该方法将 WTP 或 WTA 看作对与环境潜在变化相关的福利变化的货币量度，适用于那些缺乏市场价值的自然资源价值评估，并且被认为是唯一可用于衡量自然资源非使用价值的评估方法。但是，采用该方法的准确度在很大程度上取决于调查方案的设计、被调查对象的态度等诸多因素，可信度较低，并且，该方法需要较大的样本容量来保证调查结果的准确性（张志强、徐中民和程国栋，2001）。

选择实验法的基本思想是，给定一个假设的市场环境，利用问卷调查的形式，让受访者在几个备选选项之间进行选择，从而得到人们对特定资源环境的偏好（樊辉和赵敏娟，2013）。问卷的选项是由该资源环境的一系列属性及不同状态所组成。选择实验法需要精心设计选项，并且这些选项要有助于揭示各种可能的影响因素。随后，构造选择的随机效用函数，将选择问题转化为效用的比较问题，并采用效用最大化来体现受访者对所选集合中最优方案的选择，进而达到估计模型整体参数的目的。相比条件价值法，选择实验法的可信度有所提高。

条件价值法和选择实验法的差别主要在于：前者通常直接询问受访者对资源环境的支付意愿或受偿意愿，以获取价值的直接表达；后者则需要受访者在不同的备选选项之间进行权衡并作出选择，间接推断受访者对资源环境的估价。两者均基于需求曲线测度了消费者的支付意愿，该支付意愿中包括消费者剩余，是基于福利经济理论的估价方法（Hein et al.，2015）。将这两种方法应用于与 SNA 相一致的核算账户的前提是，所有人都将最终支付他们所愿意支付的最大数额。但这无疑是模拟市场中的一个很强的假设（Campos and Caparrós，2006）。交换价值才是与 SNA 相一致的价值核算方法，能够保证核算账户的一致性，方便与国民经济核算信息进行综合和对比（Obst，Hein and Edens，2016）。

# 第三章 自然资源资产负债表编制 国际经验归纳

## 第一节 加拿大自然资源核算实践

加拿大以 SEEA2012（中心框架）和 SEEA2012（实验性生态系统核算）为参考，对本国的环境经济核算体系进行改进。在加拿大的环境经济核算中，自然资源资产（石油、天然气、矿产、木材和土地）存量及其变化的核算是资产账户编制的重点内容。这些账户使用实物量和价值量单位记录资产存量信息，形成了对加拿大自然资源财富估计的基础，进而，这些自然资源财富也被纳入年度和季度的加拿大国家资产负债表中。通过国家资产负债表，加拿大能够监测自然资源对国家财富的贡献，并掌握在短期内能够使用的可再生和不可再生资源的数量。

### 一、加拿大自然资源核算的主要内容

加拿大的自然资源资产账户不仅记录了诸如能源资源（如天然气）、金属资源（如铜）、矿物资源（如钾）、木材资源等常见于各国国家资产负债表中的价值量信息，还记录了包括土地资源、水资源、海洋资源等其他资源的情况。加拿大对自然资源的核算主要包括两部分内容：一是自然资源的实物量核算；二是自然资源的价值量核算。

在自然资源的实物量核算方面，加拿大的水资源实物量资产账户主要记

录环境中的淡水资源量，包括淡水资源存量和淡水资源流量，并包含能够体现可再生淡水存量的指标，如水产量情况。产水量是对进入溪流和河流的淡水径流的估计，并能够提供加拿大可再生淡水资源存量的信息。土地资源实物量账户显示了关于土地利用和土地覆盖的相关信息。加拿大将土地信息共分为五个层次：第一个层次是土地区位，也就是土地的空间定位。土地区位信息可根据全国行政区划、生态分区和统计分区三种地图模式得到。第二个层次是土地覆被，即根据土地外表的植被进行分类。第三个层次是土地利用，即根据土地的用途进行区分。第四个层次是土地潜力，也即描述该片土地关于气候、地理、地形和土壤等物理属性特征。第五个层次是土地价值，通过计量土地的货币价值，将其融入国家资产负债表中（Statisitcs Canada，2006；耿建新等，2018）。土地资源的属性决定了土地资源账户不必每年都进行编制，因此加拿大对土地信息的修正与更新是随着人口与农业普查一起，每五年一次进行的。

在自然资源的价值量核算方面，加拿大在国家资产负债表中列示了部分自然资源的价值，包括能源、矿产、木材和土地存量的一部分，它们是那些可以行使所有权的自然资源，所有者可以从中获得经济利益。它们符合SNA2008中对经济资产的界定标准，被称为"非金融非生产性资产"。这些自然资源的价值都是以市场价值为基础计算的。目前，在土地资源资产价值量核算中，仅记录那些改良过的土地价值，例如商业用地、农业用地以及住宅用地价值，并将此部分价值计入国家资产负债表中。除此以外，大部分土地都被排除在价值量核算之外，例如所有的共有森林和公园（Statisitcs Canada，2006）。就能源和矿产而言，加拿大的能源和矿产价值量核算也只核算那些已知总储量中高度确定的部分，以及现在可以进行经济开采的部分（通常称为"经济可采"储量）。就木材而言，能进行估价的部分是那些可采伐的、具有商业价值的部分。

综合来说，价值量核算是加拿大在编制自然资源核算账户时面临的突出难点。目前所采取的做法是，先计算符合SNA2008中定义的经济资产的那部分自然资源的价值。即便如此，价值计算也仍存在一些问题，特别是在计算土地资源的价值时。例如在计算农用地的价值时，加拿大采用市场价值法。

但农用地的市场价值往往包含大量投机因素，这些因素并不反映土地的农业价值，而是反映土地在其他用途（通常是城市发展）上的价值。因此，该价值可能并不适用于评估农业活动带来的经济价值。因此，加拿大统计局希望开发替代的、更相关的农业土地价值估价方法，但是目前为止，尚未找到合适的方法。目前，加拿大统计局已在新不伦瑞克进行试点，并采用经济租金法对其农业用地的价值进行了初步的估算。

## 二、加拿大自然资源核算的数据来源

加拿大的自然资源实物量核算数据主要来自行政记录（如加拿大的环境和能源统计处、制造业和批发贸易处、国民经济核算处、自然资源部等）以及统计调查等途径。除此以外，加拿大还通过遥感途径获得数据，例如土地面积数据来自对遥感影像的分析。在价值量核算方面，自然资源资产的价值量信息是根据其市场价值估算得到的。这个价值是特定资源的销售收入和开采资源的成本之间的差额，这个差额被称为"租金"。开采成本包括运营成本（如工资）以及资本成本（如勘探、基础设施和设备的支出）。这些收入和成本的数据来自对资源生产行业的年度调查。

就能源和矿产资源而言，与储量相关的总价值是预期产生的所有未来年度租金的净现值。并假设每一年，能源和矿产的储量消耗将以目前的速度继续下去，直到储量被完全耗尽；就木材而言，则假设能够以一定的开采率无限期地开采下去。

从数据的质量上看，加拿大尚未找到合适的方法来预计估算结果的误差范围。因而仅能从数据来源和所采用的估算方法中推断数据质量。

## 三、加拿大自然资源核算对我国的启示

加拿大的自然资源核算无疑为我国自然资源资产负债表的编制提供了大量的经验借鉴。在自然资源的实物量核算中，首先，可以尝试通过多种渠道获取自然资源的相关数据，例如，可以采用遥感数据获取土地资源的存量和

变动信息；其次，在核算期间的选择上，不必拘泥于以一年为单位，可以根据自然资源的性质及自然资源资产负债表的编制需求进行选择；最后，自然资源资产负债表可以根据多种分类模式进行编制，例如可以在土地资源资产负债表中披露土地利用、土地覆被的相关信息。

在自然资源的价值核算方面，首先，价值量账户的核算范围可以同实物量账户的核算范围不一致，两者不必有完全的对应关系，但是可以在实物量核算账户中列式价值量账户的核算范围；其次，可以拓宽自然资源的价值核算方法，例如可以采取显示性偏好法或陈述性偏好法来估计自然资源的价值；最后，在选择合适的估价方法时，可在一部分地区先进行试点，并根据试点结果选择更为准确、合理的估价方法。

## 第二节　澳大利亚水资源核算实践

澳大利亚是地球上最为干燥的人类栖息地，其水资源具有总量少、人均占有量多，降水地区分布不均匀，年内、年际分布不均匀的特点（陈明，2000）。在 20 世纪 60 年代以前，相对于较少的人口而言，澳大利亚的水资源还算丰富。但随着经济的不断发展和人口的持续增加，澳大利亚的水资源利用矛盾逐渐凸显，水资源的过度开发、粗放式灌溉和污水的随意排放等造成了非常严重的环境问题，具体体现在河道水量减少、河水水质恶化、灌溉区盐碱化和内涝等多个方面。澳大利亚联邦政府对该问题十分重视，在如何有效管理水资源方面进行了大量的研究工作，并采取了一系列的措施，包括但不限于以下几点（陈明，2000；李代鑫和叶寿仁，2001；陈坤，2010；Vardon et al.，2007）：（1）采取协商的方式，达成了《墨累河河水管理协议》，对各州的取水量进行限制，并将取水权从各州层层分配到城镇、灌区以及农户。（2）签订了《墨累—达令流域协定》，以实现对墨累—达令流域水、土地以及环境资源公平、有效且可持续的利用；（3）在各大流域建立流域管理机构负责制定流域内的水资源管理政策，并负责监督各项政策和协议的有效实施；（4）提出一系列水改革计划，对水价、水权分配、水权交易和水资源管理机构等进行一系列改革。

为了体现这一系列措施的实施成果，描述、记录和报告重要地区水资源的增减变动情况，澳大利亚政府委员会（the Council of Australian Governments，COAG）于2004年达成了一项被称为国家水倡议（National Water Initiative，NWI）的政府间协议。根据此协议，COAG同意建立统一的水资源核算体系，以获得标准化、可对比、一致且能够汇总的信息。此后，澳大利亚的各部门、各州和领地政府通力合作，进行了一系列有益探索以推进水资源核算体系的建立。具体包括对水资源进行盘点分析、成立水核算发展委员会以及启动国家水核算发展项目。《联邦水法2007》的颁布重申了水资源信息对国家的重要性，并确立了澳大利亚气象局在水核算中的地位。

## 一、澳大利亚水资源核算的主要内容

隶属于澳大利亚气象局的水会计准则委员会（Water Accounting Standards Board，WASB）于2009年发布了《水核算概念框架：通用目的水核算报告的编制和列报》（Water Accounting Conceptual Framework for the Preparation and Presentation of General Purpose Water Accounting Reports，WACF），并于2014年发布了修订版。该概念框架类似于财务会计的概念框架，是澳大利亚水核算的理论基础，用来指导水核算准则的制定（WASB，2009）。随后，以WACF为指导，WASB于2012年5月发布了《澳大利亚水会计准则1号——通用目的水核算报告的编制和列报》（Australian Water Accounting Standard 1—Preparation and Presentation of General Purpose Water Accounting Reports，AWAS1）及其应用指南《水会计准则1号的说明报告》（Illustrative water accounting reports for Australian Water Accounting Standard 1，以下简称《说明报告》），并于同年发布了《澳大利亚水会计准则2号——通用目的水核算报告的鉴证业务》（Australian Water Accounting Standard 2—Assurance Engagements on General Purpose Water Accounting Reports，AWAS2）。这些水核算准则为编制、列报和鉴证通用目的水核算报告提供了指导（WASB，2012a；WASB，2012b；WASB，2012c）。

### （一）澳大利亚水核算报表的构成

澳大利亚水资源核算主要由 AWAS1 和 AWAS2 两部分构成。其中，AWAS1 是关于水核算报告的编制和列报，AWAS2 是关于水核算报告的审计。由于本书的重点是探讨资产负债表的编制，并不涉及审计业务，因此本书主要探讨 AWAS1 的核算内容。

澳大利亚水会计报告主要包括以下部分，分别是承前启后的说明、会计责任的陈述、水资产和水负债表、水资产和水负债变动表、水流量表以及附注。其中，最为重要的部分要属水资产和水负债表、水资产和水负债变动表以及水流量表。

水资产和水负债表类似于财务报表中的资产负债表，体现了水报告主体在某一时点的水资产和水负债的数量与质量情况。它包含水资产、水负债和净水资产三类资产负债表项目，且遵循"水资产＝水负债＋净水资产"的平衡关系。水资产和水负债变动表类似财务报表中的损益表，反映水报告主体在核算期间净水资产的变动情况。它包含水资产变动、水负债变动和净水资产变动三个部分，并遵循"水资产变动＝水负债变动＋净水资产变动"的平衡关系。水流量表类似财务报表中的现金流量表，能够反映水报告主体核算期间水流量的变化情况。它包含期初和期末储水量、水流入量、水流出量以及蓄水量的净变化，并满足"水流入量－水流出量＝蓄水量的净变化"的平衡关系。

### （二）澳大利亚水核算报表的编制原则

#### 1. 以会计学基本理论为依据

澳大利亚开拓性地将财务会计理论运用到水资源的管理与披露中，并将其与水文科学相结合，形成了独具特色的澳大利亚水核算体系。澳大利亚的水核算报表无论是在概念的阐述，还是结构的安排上，都与财务报表相类似。财务报表通过对企业资产、负债以及净资产的计量和描述，为使用者制定经济决策提供财务信息；水核算报表则通过对水的来源、管理、分配和使用情况的描述，为使用者制定和评估资源分配决策提供有用信息。水核算报告提供有关核算主体的定性和定量信息，并采用复式记账法。

### 2. 以权责发生制为基础

除了水流量信息以外，通用目的水核算报告的编制以权责发生制为基础。权责发生制将权利和义务的形成时间确认为资产和负债的记录时间。这意味着要在分配决定或承诺做出时确认水资产和水负债的形成，而非水资源实体的实际转移时间。

### 3. 以体积作为计量属性

水核算要素通常拥有多种可以进行计量的属性，包括体积、盐分以及货币价值等。针对每一种计量属性，也都有不同的计量单位。例如水资产的体积可以选择用公升或立方米来计量。澳大利亚水核算选择体积作为其计量属性，并采用公升为其计量单位。

### 4. 核算范围不拘泥于资源实体

澳大利亚水核算的核算范围不仅包括水资源实体，还包括水权和其他权利，以及与水有关的义务。核算范围不拘泥于资源实体，还拓展到与该实体有关的权利和义务。

### 5. 核算主体与报告编制主体相分离

在水核算中，水实体①既可以是一个物理实体（例如河流流域、水坝），也可以是一个组织或个人，他们并非都具有编制报告的能力，因此水报告主体和报告编制主体很有可能是不同的。在以某一流域作为水报告主体时，编制主体为该流域的水务管理局。

### 6. 体现受托责任观，有助于受托责任审计

一方面，通用目的水核算报告为使用者制定和评估资源分配决策提供有用信息；另一方面，通用目的水核算报表为评估水资源管理者是否恰当履行了管理责任提供有用信息。将"受托责任"及"经济决策"同时列为水核算

---

① 满足下列三个条件之一的实体即为水实体：（1）持有或转移水；（2）持有或转移水权或其他直接或间接对水的权利；（3）有水的流入或流出。

报表的目标，既有助于决策者制定决策，又有助于实施受托责任审计。

## 二、澳大利亚水资源的核算方法

### （一）核算要素的界定

澳大利亚水核算包括五大要素，分别是：水资产、水负债、水净资产、水资产的变动以及水负债的变动。

水资产是水核算主体持有或能够转移的水、水权和其他对水的权利，水报告主体或其利益相关者可以从中得到未来收益。水资产的未来收益可以来源于以下途径：（1）单独使用或与其他资源或水资产结合使用；（2）用来交换其他水资产或者出售；（3）用来偿还水负债或者其他义务；（4）分配给水报告实体的利益相关者。水报告实体获得的未来收益有助于实现水报告实体的经济目标、环境目标、社会文化目标或其他目标。如果想要在水资产和水负债表的资产项中列示一个项目，那么该项目除了要满足水资产的定义以外，还需满足以下条件：（1）与水资产有关的未来利益有很大可能被水报告实体或其利益相关者获得；（2）该项目的体积能够被可靠计量（WASB，2012a；陈波，2016）。相对于财务报表中资产的"拥有"而言，"持有"或有能力"转移"水、水权和其他对水的权利更能体现水资产的特征——水资产可以被实际持有、实质持有、合法持有或间接持有，并且这些持有或转移形式之间不会互相排斥（WASB，2012a，2012b）。

根据以上定义，水资产既可以是有形的水，也可以是无形的水权或对水的其他权利。有形水以地表水和地下水为例，地表水都可以作为水资产在水资产和水负债表中进行列示，例如水坝的存水、湖水、长期储存水、输送水以及其他天然地表水；而对于地下水而言，只有那些可抽取的部分才能够作为水资产在水资产和水负债表中进行列示，那些不可抽取的部分只能作为或有资产（WASB，2012a）。

水负债是水报告主体的现时义务，这个义务既可以是法定义务，也可以是推定义务。履行该义务会导致水报告主体水资源资产的减少或其他水负债的增加。负债的列示除了要满足水负债的定义以外，还需满足以下条件：
（1）减少负债有很大可能引起水报告实体水资产的减少或者其他水负债的增加；（2）该项目的体积能够被可靠计量。

水净资产是水报告实体水资产减去水负债后的剩余部分；水资产和水负债的变动是指报告期间水核算实体水资产和水负债的增加和减少量。

### （二）核算方法

澳大利亚的水资源归国家所有，并实行区域管理和流域管理相结合的管理体系，管理机构分联邦、州和地方政府三级（陈英新、刘金芹和赵艳，2014）。首先，澳大利亚通过水改革计划将水权从土地中分离，促进了水权的私有化；其次，各州达成水资源分享计划，先由联邦政府对各州的水资源使用总量进行统一的协调分配，再由各州进行本州范围内的水权分配，主要方法是对区域内的用水户发放取水许可证，并通过立法来规范取水行为。每年，政府都会公布当年的水分配方案，该分配方案充分考虑了流域范围内的可持续发展，既能够满足流域内的环境流量需求，又能为下游提供充足的水源。除此之外，经过当地水权管理机构批准，水权还可以进行交易，但需支付一定费用，以优化水资源的使用效率。

澳大利亚水核算包含三类报表：水资产和水负债表、水资产和水负债变动表以及水流量表。相对于财务报表的实物流和货币流，澳大利亚水核算更像是对实物流和权利流的核算。

假设有 A 和 B 两个报告主体。在澳大利亚的水分配计划中，A 承担着水资源供应者的角色，B 承担着水权持有者的角色。水分配计划表明 A 有向 B 交付一定单位水资源的责任。在资产负债表日，A 和 B 的水资产和水负债情况如表 3 - 1 所示。在水分配宣告日，也就是 20 × 1 年 1 月 10 日，政府公布了一个为期两年的水分配计划，该计划表明 A 有义务在 20 × 1 年 12 月 31 日之前向 B 交付 1 400 单位水，并在接下来的年度内（20 × 2 年 1 月 1 日 ~ 20 × 2 年 12 月 31 日）向 B 交付 1 400 单位水。该公告确定了 A 的负债与 B 的资产，即在 20 × 1 年 1 月 10 日，A 应记录负债的增加以及净水资产的减少，A 的会计分录记为：借：净水资产——分配公告 1 400，贷：水负债——水权分配结转 1 400；B 应记录为资产项下权利以及净资产的增加，B 的会计分录记为：借：水资产——水权 1 400，贷：净水资产——水权增加 1 400。此阶段仅确认当年具有交付义务的水资源，第二年的交付义务不记录在内。B 增加的资产仅为权利资产，并没有实际交付。

表 3 - 1　　　　　　　　　　　　**20×1 年水资产和水负债表**

20×1 年 1 月 1 日　　　　　　　　　　　　　　　　　单位：L

| 项目 | A | B |
|---|---|---|
| 水资产 | | |
| 　水资产（实体） | 5 000 | 1 000 |
| 　其他水资产 | | |
| 水负债 | | |
| 　分配结转 | | |
| 净水资产 | 5 000 | 1 000 |

在第一个年度，实际转移的水有可能小于、等于或大于 1 400 个单位。一单位实体的转移对 A 来说意味着水负债与实体水资产的同时减少；对 B 来说意味着权利水资产的减少以及实体水资产的增加。若实际转移的水实体超过 B 所拥有的水权，超额转移的部分对 A 来说是一种权利资产，也即实体资产的减少与权利资产的增加；对 B 而言是负债和实体资产的同时增加。相应的会计分录如表 3 - 2 所示。

表 3 - 2　　　　　　　　　　　　**水核算主体的会计分录**

| 项目 | A | B |
|---|---|---|
| 未足额转移<br>（1 300） | 借：水负债——水权分配结转　1 300<br>　　贷：水资产——实体　1 300 | 借：水资产——实体　1 300<br>　　贷：水资产——水权　1 300 |
| 完全转移<br>（1 400） | 借：水负债——水权分配结转　1 400<br>　　贷：水资产——实体　1 400 | 借：水资产——实体　1 400<br>　　贷：水资产——水权　1 400 |
| 超额转移<br>（1 700） | 借：水负债——水权分配结转　1 400<br>　　贷：水资产——实体　1 400<br>借：水资产——提前交付　300<br>　　贷：水资产——实体　300 | 借：水资产——实体　1 400<br>　　贷：水资产——水权　1 400<br>借：水资产——实体　300<br>　　贷：水负债——提前交付　300 |

由此可见，在澳大利亚水核算中，水资产和净水资产既可以是水资源

实体，也可以是基于实体的某种权利。在第一年末资产负债表日（20×1 年 12 月 31 日），水未足额转移的情况下，A 和 B 的资产负债表、资产负债变动表以及水流量表分别如表 3-3、表 3-4 和表 3-5 所示。

表 3-3　　　　　　　　　水资产和水负债表（未足额转移）

20×1 年 12 月 31 日　　　　　　　　单位：L

| 项目 | A | B |
|---|---|---|
| 水资产 | | |
| 　水资产（实体） | 3 700 | 2 300 |
| 　其他水资产（权利） | | 100 |
| 水负债 | | |
| 　分配结转 | 100 | |
| 净水资产 | 3 600 | 2 400 |

表 3-4　　　　　　　　　水资产和水负债变动表（未足额转移）

20×1 年 12 月 31 日　　　　　　　　单位：L

| 项目 | A | B |
|---|---|---|
| 水资产增加 | | |
| 　其他水资产增加 | | 1 400 |
| 水资产减少 | | |
| 　水减少 | 1 400 | |
| 净水资产的变化 | -1 400 | 1 400 |

表 3-5　　　　　　　　　水流量表（未足额转移）

20×1 年 12 月 31 日　　　　　　　　单位：L

| 项目 | A | B |
|---|---|---|
| 水流 | | |
| 　水流入 | | 1 300 |
| 　水流出 | 1 300 | |
| 蓄水量的净变化 | -1 300 | 1 300 |
| 期初蓄水量 | 5 000 | 1 000 |
| 期末蓄水量 | 3 700 | 2 300 |

在水超额转移情况下，A 和 B 的水资产和水负债表、水资产和水负债变

动表以及水流量表分别如表3-6、表3-7和表3-8所示。

表3-6                            水资产和水负债表（超额转移）

20×2年12月31日                                      单位：L

| 项目 | A | B |
|---|---|---|
| 水资产 | | |
| 　水资产（实体） | 3 300 | 2 700 |
| 　其他水资产（权利） | 300 | |
| 水负债 | | |
| 　提前交付 | | 300 |
| 净水资产 | 3 600 | 2 400 |

表3-7                          水资产和水负债变动表（超额转移）

20×1年12月31日                                      单位：L

| 项目 | A | B |
|---|---|---|
| 水资产增加 | | |
| 　其他水资产增加 | | 1 400 |
| 水资产减少 | | |
| 　水减少 | 1 400 | |
| 净水资产的变化 | -1 400 | 1 400 |

表3-8                              水流量表（超额转移）

20×1年12月31日                                      单位：L

| 项目 | A | B |
|---|---|---|
| 水流 | | |
| 　水流入 | | 1 700 |
| 　水流出 | 1 700 | |
| 蓄水量的净变化 | -1 700 | 1 700 |
| 期初蓄水量 | 5 000 | 1 000 |
| 期末蓄水量 | 3 300 | 2 700 |

可以看出，在两种情况下，水资产和水负债变动表是相同的，水资产和水负债表以及水流量表却是不同的，不同的根源在于对未转移分配量的处理上。水资产和水负债表以权责发生制为基础，在水共享计划的分配方案公告

日，就对水资产和水负债进行确认，水资产和水负债表反映了水权利以及水实体的双重变化，在资产负债表日，净资产体现的是水资源主体实际拥有的水资源权利；在水流量表中，只有在水进行实际转移时才能进行确认，水流量表只体现水资源实体的实际变化。

从澳大利亚水核算中可以得到如下信息：（1）水报告实体所拥有的水资源资产实体数量；（2）水报告实体所拥有的水资源权利数量，包括水资产和水负债；（3）水的流向与变化。当然，上述只是一个简单的例子，既没有包含其他核算主体，也没有考虑两个核算主体之间的其他交易。若在全国范围内编制这样的报表会涉及更多方面，全国范围内的水资产和水负债表的合并是一个更加复杂的过程。

### 三、澳大利亚水资源核算对我国的启示

我国和澳大利亚虽然都是水资源并不富裕的国家，但与澳大利亚相比，我国的水资源更为匮乏。据统计，我国的水资源总量为 27 962.6 亿立方米，人均占有量为 2 055 立方米，约为世界人均占有量的 1/4，濒临人均 2 000 立方米的国际警戒线，被纳入世界 12 个贫水国家名单（陈波和杨世忠，2015）。澳大利亚的水资源总量虽然较少，但由于其人口少，人均水资源量达到了 18 743 立方米，为我国人均水资源占有量的 9 倍，位居世界前 50 名。因此，我国的水资源状况相比澳大利亚而言更为严峻，亟须建立一套行之有效的方法体系来对水资源进行核算，以遏制水资源过度开发利用、污水随意排放的现状。澳大利亚的水会计准则在规范用水和排水行为方面取得了良好的成效，这与其有效的核算方法是分不开的。对我国自然资源资产负债表的编制而言，澳大利亚的水会计准则在许多方面都值得我们借鉴。

第一，明确管理职责，建立水权制度，规范用水行为。澳大利亚各州对水权分配均有明确的规定，用水户用水需求的不断增长和有限水量的制约促进了水市场机制和水权交易的建立与完善，提高了水资源的使用效率。与澳大利亚相比，我国的水权制度尚不完善，且未能建立有效的水权交易机制。

第二，以会计准则为基础，以水资源供应者和水权持有者为主体，在水

权基础上界定水资源资产和水资源负债，编制水资源资产负债表。澳大利亚水会计准则以财务会计准则为基础，以体积为主要量化属性，以水报告主体为中心，力求真实完整地反映水资产、水负债存量及其变化的相关交易和事项，主要包括水资产和水负债表、水资产和水负债变动表、水流量表、附注等内容。鉴于此，我国可结合我国实际情况，以水资源供应者和水权持有者为主体，在水权基础上界定水资源资产和水资源负债，编制水资源资产负债表。

## 第三节　欧洲森林资源核算实践

在瑞典、芬兰、德国和法国等国家试点研究的基础上，欧盟统计局于2002年编制了《森林的环境与经济综合核算欧洲框架》（The European Framework for Integrated Environmental and Economic Accounting for Forests，IEEAF），其目的是从实物量和价值量两个方面，将森林资产负债表、土地和林木资源的流量账户、森林相关经济活动以及木材的供给使用情况与经济活动相联系（EC，2002a；Niedzwiedz and Montagné-Huck，2015）。由此可见，欧洲森林资源核算的内容主要包括三个部分，分别是林地、立木以及与森林相关的经济活动。本节分别以林地和立木资源为例，探讨欧洲森林资源核算的相关方法。

### 一、欧洲林地资源核算

#### （一）核算内容

IEEAF 对林地的界定采用联合国欧洲经济委员会（United Nations Economic Commission for Europe，UNECE）和联合国粮食与农业组织（Food and Agriculture Organization of the United，FAO）对林地的界定和分类方法，认为林地是土地利用分类中的一种，可以根据土地覆盖特征，如树冠覆盖率、最小占地面积等,将其分为森林和其他林地。其中,森林是地表树冠覆盖率(或相等的存量水平)超过10%,占地面积超过0.5公顷,且树木原地成熟时最低能达到5米高的土地。除此之外,还有一些不满足上述定义但仍被认为是森林的情况,例如树冠覆盖率尚未达到10%或树高尚未达到5米的幼龄天然林分和以森林地为目的培育的所有人工林等。其他林地被定义为树冠覆盖率(或相等的存量水平)达到5%～10%且树木原地成熟时树高能达到5米,或者树冠覆盖率(或相等的存量水平)超过10%但树木原地成熟时树高无法达到5米的土地,以及那些灌木或灌木覆盖地,但不包括那些满足上述条件,但面积小于0.5公顷且宽度小于20米的树木和灌木覆盖地(EC,2002)。

　　IEEAF推荐的另一个基本分类方法是根据林地的经济用途——能否提供木材,将林地分为"能够提供木材的林地"和"不能提供木材的林地"。其中,对于"能够提供木材的林地",可根据其培育性质将其分为"培育性林地"和"非培育性林地"。"不能提供木材的林地"是指那些受各种法律、经济,以及特殊环境限制不能进行木材采伐的森林和其他林地,IEEAF将其分为"严格保护的林地"和"非严格保护的林地"。前者是指那些受法律限制不能提供木材的林地,后者是指那些由于生产力过低或砍伐和运输成本过高而无法提供木材的林地。IEEAF的土地分类方法如表3-9所示。除上述分类方法以外,还可以根据林地的天然性、树种、地理位置、所有权属性等特征对其进行分类。在此不作详细介绍,具体可参见IEEAF2002。

表3-9　　　　　　　　　　　土地资源分类

| 序号 | 土地覆盖特征 | 经济用途 | 培育性质 |
|---|---|---|---|
| 1 | 林地 | | |
| 1.1 | | 能够提供木材的林地 | |
| 1.1.1 | | | 培育性林地 |
| 1.1.2 | | | 非培育性林地 |
| 1.2 | | 不能够提供木材的林地 | |
| 1.2.1 | | | 严格保护的林地 |
| 1.2.2 | | | 非严格保护的林地 |
| 2 | 其他土地 | | |

## （二）核算方法

### 1. 账户设计

IEEAF 设置了森林相关资产的平衡表，并分别以实物量和价值量为单位，综合描述了影响森林相关资产的所有变动。在这些账户中，林地资源相关账户主要有林地资源平衡表（实物量形式）和林地资源平衡表（价值量形式），如表 3–10 和表 3–11 所示。

表 3–10　　　　　　　　　　林地资源平衡表（实物量形式）

| 项目 | 森林和其他林地 | | | | | | | 其他土地 | 总计 |
| | 能够提供木材 | | | 不能提供木材 | | | 总计 | | |
| | 培育的 | 非培育的 | 总计 | 严格保护的 | 非严格保护的 | 总计 | | | |
|---|---|---|---|---|---|---|---|---|---|
| 期初面积 | | | | | | | | | |
| 经济活动引起的变化 | | | | | | | | | |
| 造林 | | | | | | | | | |
| 砍伐 | | | | | | | | | |
| 其他变化 | | | | | | | | | |
| 自然增长 | | | | | | | | | |
| 自然衰退 | | | | | | | | | |
| 其他 | | | | | | | | | |
| 用途/状态变化（林地） | | | | | | | | | |
| 期末面积 | | | | | | | | | |

表 3–11　　　　　　　　　　林地资源平衡表（价值量形式）

| 项目 | 森林和其他林地 | | | | | | | 其他土地 | 总计 |
| | 能够提供木材 | | | 不能提供木材 | | | 总计 | | |
| | 培育的 | 非培育的 | 总计 | 严格保护的 | 非严格保护的 | 总计 | | | |
|---|---|---|---|---|---|---|---|---|---|
| 期初面积 | | | | | | | | | |
| 经济活动引起的变化 | | | | | | | | | |
| 造林 | | | | | | | | | |

续表

| 项目 | 森林和其他林地 | | | | | | | 其他土地 | 总计 |
|---|---|---|---|---|---|---|---|---|---|
| | 能够提供木材 | | | 不能提供木材 | | | 总计 | | |
| | 培育的 | 非培育的 | 总计 | 严格保护的 | 非严格保护的 | 总计 | | | |
| 砍伐 | | | | | | | | | |
| 其他变化 | | | | | | | | | |
| 　自然增长 | | | | | | | | | |
| 　自然衰退 | | | | | | | | | |
| 　其他 | | | | | | | | | |
| 用途/状态变化（林地） | | | | | | | | | |
| 分类变化 | | | | | | | | | |
| 重估价 | | | | | | | | | |
| 期末面积 | | | | | | | | | |

表 3 – 10 和表 3 – 11 的主词栏为林地及其分类，IEEAF 首先根据能否提供木材将其分为"能够提供木材的林地"和"不能提供木材的林地"；进而根据林地的培育性质以及受保护程度将其进一步区分。除此以外，还可以对林地进行进一步细分，区分森林和其他林地。在实际操作中，"非培育性林地"是指：（1）有相当数量的过熟林木（例如针对给定林分，树的年龄超过标准采伐年龄30年的）；（2）在25年内没有林业活动的干预。而主词栏中"其他土地"的设置是为了保持土地的完整性。

宾词栏记录了林地资产变化的原因。对实物量形式的林地资源平衡表而言，变化的原因主要可以分为四种，分别是经济活动引起的变化、其他变化、林地的用途/状态变化以及分类变化。其中，经济活动引起的变化主要是指造林和砍伐所引起的林地资产变化。其他变化包括三种，分别是自然增长、自然衰退和其他原因所引起的林地资产变化。其他原因则指那些由于自然原因、多种原因或不可知原因造成的林地资产存量变化。林地的用途/状态变化主要指林地用途/状态的改变所引起的林地资产变化。

对价值量形式的林地资源平衡表而言，林地资源的变化还可归因于分类变化和重估价变化。分类变化记录了核算期间由于土地分类变化所引起的旧的土地类别的减少和新的土地类别的增加。重估价变化记录了土地从期初到期末由于价格变化所引起的土地价值变化（EC，2002b）。

以上表格十年编制一次，记录十年以来林地资源的累计变化情况。其中，需要每年统计的数据只有造林和砍伐的实物量和价值量数据。

**2. 估价方法**

在林地的两大类别中，"不能提供木材的林地"由于不能提供任何经济收益，其价值为零，包括土地价值和林木价值。而 IEEAF 的估价方法主要是针对"能够提供木材的林地"。由于各项资产的性质不同，IEEAF 将其划分为五类资产，并分别对每项资产的估价方法进行探讨。这五项资产分别是：林地、培育性木材、非培育性木材、其他非生产性生物资产以及其他森林服务。

对林地进行估价主要以市场上的交换价值为主。若近期市场上没有该项目的交换价值，就需要采用一些间接方法测定其价值。首先，可以看市场有无类似项目进行交易。若有，可以采用类似项目的市场交易价格；若无，就需要转而寻求那些不那么密切相关的市场。如果这两类市场都不存在，则需要采用净现值法来估计该项资产的价值。就林地而言，若该土地被出租，则预期未来收益就是该片土地的资源租金；若土地未被出租，则需要用其他方法计算土地价值。需要注意的是，土地的价格并不包括土地上生物资产的价格，若实际交易包括生物资产的价格，在计算土地价值时就需要从总价值中予以剔除。同时，土地的价格会因地理位置和用途的不同而具有天壤之别，因而有必要对其进行详细分类，并分别记录每一类土地的价格。

（1）若土地被出租，则林地资源的价值可以表示为：

$$L = \frac{R}{r} \qquad (3-1)$$

其中，$L$ 为林地价值，$R$ 为资源租金。

（2）若土地未被出租，则林地资源的价值可以表示为（张颖，2001）：

$$L = \frac{\sum A_t \times \left[ p \times Q_T - C_T - C_0 \left( 1 + r \right)^T \right]}{\left( 1 + r \right)^T - 1} \qquad (3-2)$$

其中，$T$ 为收获（成熟）时的森林龄级，$Q_T$ 为林木成熟时每公顷的木材蓄积量，$p$ 为成熟林木的单位价格，$A_t$ 为龄级为 $t$ 的林地面积，$C_T$ 为一个轮伐期林木的资本化成本，$C_0$ 为林木的种植成本。

## 二、欧洲立木资源核算

### （一）核算内容

在欧洲森林资源核算中，立木资源既包括林地中的立木，也包括非林地中的立木。非林地中的立木主要包括：土地上的树木，除面积小于 0.5 公顷、宽度小于 20 米的条件以外，符合森林和其他林地的定义；永久性草场和牧场上的零星树木；果树、椰子园等永久性树木作物；公园、花园、建筑物周围、灌木丛以及街道、道路、河流、溪流和沟渠沿线的树木；面积小于 0.5 公顷、宽度小于 20 米的防护林带和防风林中的树木。与林地类似，立木资源也可根据土地覆盖特征、经济用途和培育性质进行分类，具体如表 3 – 12 所示。

表 3 – 12　　　　　　　　　　立木资源分类

| 序号 | 土地覆盖特征 | 经济用途 | 培育性质 |
|---|---|---|---|
| 1 | 林地上的立木 | | |
| 1.1 | | 能够提供木材的立木 | |
| 1.1.1 | | | 培育性林木 |
| 1.1.2 | | | 非培育性林木 |
| 1.2 | | 不能够提供木材的立木 | |
| 1.2.1 | | | 严格保护的林地 |
| 1.2.2 | | | 非严格保护的林地 |
| 2 | 其他土地上的立木 | | |

### （二）核算方法

**1. 账户设计**

欧洲立木资源核算账户主要包括立木资源平衡表（实物量形式）和立木

资源平衡表（价值量形式），如表 3 - 13 和表 3 - 14 所示。表 3 - 13 和表 3 - 14 的主词栏为立木及其分类，对立木的分类是根据立木的用途及培育性质。由于立木的分类是按照土地覆盖类型划分的，因此该分类方法与林地的分类方法类似。另外，由于并非所有的立木都生长在林地中，因此专设了一栏"其他土地上的立木"，以保证立木统计的完整性。然而在实际统计实践中，并不要求统计这类立木的蓄积量以及生长量。表的宾词栏是立木的期初期末存量及其存量变化。对实物量表而言，变化原因主要可分为四种，分别是总生长量、移除量、其他变化以及用途/状态变化（EC，2002b）。总生长量是指核算期间立木材积的自然增长量，通常是通过模型计算得到的。移除量是指那些在核算期间从林地和其他伐区移走的伐倒木。其他变化是指除了移除量以外的林木资源的减少，包括森林火灾、洪水、山体滑坡等灾害中毁损的立木，这些损害一般是不可恢复的。用途/状态变化引起的立木变化是由于表 3 - 13 和表 3 - 14 中林地用途/状态变化所引起的对应林木的变化。它们在表中要被记录两次：在期初类别中记录为减少，在期末类别中记录为增加。它们偶尔也可以指从"不能提供木材的林木"中移除的林木，在这种情况下，在用途/状态变化一栏记录立木资源的增加，在移除量一栏记录立木资源的减少。

表 3 - 13　　　　　立木资源平衡表（实物量形式）

| 项目 | 林地上的立木 | | | | | | | 其他土地上的立木 | 总计 |
| | 能够提供木材 | | | 不能提供木材 | | | 总计 | | |
| | 培育的 | 非培育的 | 总计 | 严格保护的 | 非严格保护的 | 总计 | | | |
|---|---|---|---|---|---|---|---|---|---|
| 期初存量 | | | | | | | | | |
| 总生长量 | | | | | | | | | |
| 移除量 | | | | | | | | | |
| 其他变化 | | | | | | | | | |
| 用途/状态变化 | | | | | | | | | |
| 期末存量 | | | | | | | | | |

表 3–14　　　　　　　　　　立木资源平衡表（价值量形式）

| 项目 | 林地上的立木 | | | | | | | 其他土地上的立木 | 总计 |
| | 能够提供木材 | | | 不能提供木材 | | | 总计 | | |
| | 培育的 | 非培育的 | 总计 | 严格保护的 | 非严格保护的 | 总计 | | | |
|---|---|---|---|---|---|---|---|---|---|
| 期初存量 | | | | | | | | | |
| 总生长量 | | | | | | | | | |
| 移除量 | | | | | | | | | |
| 其他变化 | | | | | | | | | |
| 用途/状态变化 | | | | | | | | | |
| 分类变化 | | | | | | | | | |
| 重估价 | | | | | | | | | |
| 期末存量 | | | | | | | | | |

对价值量表而言，立木资源的变化还可归因于分类变化和重估价变化。分类变化记录了核算期间由于林木分类变化所引起的旧的土地类别的价值减少和新的土地类别的价值增加；重估价变化记录从期初到期末，由于价格变动所引起的立木价值变化。在估价方法上，对移除量的估价要与 SNA 中的经济交易保持一致。对"不能提供木材的林木"估价应为零。

IEEAF 要求每 10 年编制一次立木资源平衡表，在年度计算的基础上，记录十年以来立木资源的累计变化情况。每年只需要记录一些主要指标的变化情况，如总生长量和移除量，这些数据是建立年度经济账户的基础。

**2. 估价方法**

由于培育性立木资源具有管理成本，因而其估价方法略有不同。IEEAF 将培育性立木资源的增长视为产出，在其价格计算时要区分成熟的立木和未成熟的立木。对成熟立木的估价主要是采用市场上的交换价值，但需注意该市场价格是指活立木的价格、被砍伐后的木材价格，还是砍伐后被送到路边且已归楞的木材价格。后者的价格减去砍伐、运输、堆积的成本后的价格才是活立木的价格。对未成熟立木价值的计算主要是依据净现值法。该方法需要计算立木成熟时预期未来收益的折现价值，该价值取决于该立木成熟时的蓄积量、价格、费用和折现率这一系列假设条件。除此方法外，对未成熟立木价值的计算还可以采用以下方法：一是将未成熟立木按照树种、直径和龄级等特征进行分类，并用各类立木的市场价格乘以其蓄积量；二是认为立木的增长抵消了其折现的需求，可以用未成熟立木的蓄积量乘以其成熟时的单位价格。

在立木资源核算中，往往采用两种方法对立木资源进行估价，分别是交易价格法和净现值法。

（1）交易价格法。交易价格法通过可观测的市场交易价格来对项目价格进行评估，主要有消费价值法和立木价值法两种，其基本原理是：未来立木体积的增长抵消了未来收益折现的需要，因而立木的价值就是其现有蓄积量的价值。

消费价值法适用于计算按树种、径级、龄级分类的立木价值。先将立木根据树种、径级、龄级等特征进行分类，然后分别计算每一类别的立木蓄积量，最后用每一类别的立木蓄积量乘以该类立木的价格。与前者相比，立木价值法较为简单。该方法使用采伐后木材的平均价格来计算立木的整体价格。具体方法是：用砍伐后的木材总价格除以采伐的木材材积得到单位立木价格，再用单位立木价格乘以所有被估价立木的总蓄积得到立木的整体价格。在计算时要注意，市场价格有三个类型，分别是立木价格、被砍伐后的木材价格，以及砍伐后被送到路边且已归楞的木材价格。该方法所使用的木材价格应为前者，若已知的市场价格为后一种类型，则应用该市场价格减去采伐、运输、归楞的成本，得到第一种类型的立木价格。

以上两种方法的区别在于，立木价值法根据伐倒木的结构来计算平均立木价格，而并不对树种、径级和龄级进行区分；消费价值法区分了不同树种、径级和龄级的立木价格，并根据立木的存量结果进行分类计算。若伐倒木的结构与立木的存量结构是一致的，则两种方法的计算结果相同。

（2）净现值法。对非培育性木材资源的估价主要是通过计算其未来收益的净现值。由于非培育性木材资源的生长不需要任何成本，未来收益就是其成熟时的立木价格。

首先，对于培育性林木资源。令 $D_t$ 为每公顷 $t$ 龄级林木的管理成本，则该片林地上立木资源的净现值为：

$$V = \sum_{t=1}^{n} \frac{(p \times Q_T - D_t) \times A_t}{(1 + r)^{T-t}} \tag{3-3}$$

其次，对于非培育性林木资源。相比培育性林木资源，非培育性林木资源不存在管理费用，因而在计算收益时不需要计算这部分费用。则该片林地上立木资源的净现值为：

$$V = \sum_{t=1}^{n} \frac{p \times Q_T \times A_t}{(1 + r)^{T-t}} \tag{3-4}$$

由于每种树木的产量、价格和收获年龄都不一样，因而上述计算林木资源的方法只适用于单群林木（主要树种）的资源价值计算。

总体而言，净现值法在理论上是十分完备的，其缺点是计算过程需要进行大量的假设，获取大量的数据资料，并且对折现率、未来收入和成本的选择相当敏感。

### 三、欧洲森林资源核算对我国的启示

目前，我国已开始自然资源资产负债表的编制探索，并将林木资源和土地资源作为率先核算的对象，纳入试点地区的编制框架。从核算范围到估价方法，欧洲森林资源核算无疑为我国自然资源资产负债表的编制提供了大量的经验借鉴。

第一，在林木资源和林地资源的分类上，要根据林木和林地的用途及性质对其进行划分，一是有助于确认对应的自然资源负债，为编制自然资源资产负债表提供依据；二是有助于选择适当的估价方法，以便编制价值量形式的自然资源资产负债表。

第二，在实物量核算方面，要明确土地和林木核算范围，统一核算口径。目前，自然资源核算在数据的获取方面存在一些问题。例如，森林的自然增长数据和存量数据往往来源于国家森林清查数据，核算范围为林地；而森林的采伐数据却主要来自工业统计，其核算范围包括所有被砍伐的树木，不限于林地。又如，在林木资源核算中，林木蓄积是指所有的立木蓄积，还是只

核算达到一定胸径的立木蓄积？在自然资源资产负债表的编制中，一定要事先对此类问题进行统一规定，以防引起核算口径的不一致。

第三，在价值量核算方面，要统一价格核算口径，并选择适当的估价方法。在价值量计算时，要注意所选的价格是否与核算内容相匹配。例如，在计算立木蓄积量的价值时，要注意所采用的市场价格是立木价格、被砍伐后的木材价格，还是砍伐后被送到路边且已归楞的木材价格。若此时所选用的并非前一种价格，而是后两种价格之一，就需要用该价格减去采伐、运输和归楞的成本，得到第一种类型的立木价格，并以该价格乘以立木蓄积量得到立木的整体价值。在估价方法的选择上，要寻找更为适合的估价方法。例如对不同林龄的立木采用不同的估价方法：对幼龄林、中龄林采用基于成本的估价方法，而对近熟林、成熟林和过熟林采用基于收益的估价方法（张颖、高淑媛和杜婷，2006）。

# 第二部分

# 中国自然资源资产负债表编制方法研究

# 第四章　自然资源资产负债表编制一般方法体系研究

## 第一节　自然资源资产负债表编制的相关问题

### 一、编制主体和核算主体

由谁来编制自然资源资产负债表是探索编制自然资源资产负债表首先要解决的问题。从所有权性质上讲，自然资源的所有权主体为国家或集体。国家一般不直接行使自然资源的所有权，而是由国务院代为行使。通常，国务院也将权利逐级下放，委托中央政府各部门和地方政府对自然资源进行管理。例如《中华人民共和国水法》（以下简称《水法》）第三条规定，"县级以上地方人民政府有关部门按照职责分工，负责本行政区域内水资源开发、利用、节约和保护的有关工作"。又如《中华人民共和国森林法》（以下简称《森林法》）第十条规定，"县级以上地方人民政府林业主管部门，主管本地区的林业工作"（崔建远，2012）。这些法律法规从理论上使得各级政府作为自然资源的生态责任主体，具备了编制该地区自然资源资产负债表的可行性。对于财务报告而言，报告主体是一个经济活动的区域（葛家澍，2011）。因此可以认为，对于自然资源资产负债表而言，其编制主体就是自然资源保护的责任主体，也就是各级政府。而一些专门机构，例如流域管理机构、国家公园或自然保护区等，若承担了明确的生态保护和自然保护的责任，则可以成为自然资源资产负债表编制的基层单位，为政府编制自然资源资产负债表提供必要的基础信息。

从原则上来说，自然资源资产负债表的核算主体应为自然资源的经济所有者。基于我国自然资源的国家所有性质，各级政府理所当然成为自然资源资产负债表的核算主体。此时，自然资源资产负债表的核算主体与编制主体相一致，为具有自然资源保护责任和使用权利的各级政府部门。然而，部分企业或组织，例如流域组织、水库、集体所有的林场等，若在其控制或管辖范围内有自然资源，则可以成为自然资源资产负债表核算的基层单位，为政府编制自然资源资产负债表提供必要的基础信息。

因此，本书基于政府视角，通过汇总某级政府辖区范围内核算主体的自然资源资产负债表，就能够得到该级政府的自然资源资产负债表。该表不仅能够反映政府的自然资源"家底"，还能揭示政府辖区范围内的自然资源消耗和恢复情况，并有助于领导干部自然资源资产离任审计的实施。

## 二、自然资源资产分类及核算范围

### （一）自然资源资产分类

自然资源是指在一定的经济技术条件下，能够被人类利用且具有价值的自然生成物，是自然环境的组成部分。在经济学中，资产被认为是一种价值储存手段，在很多情况下，还可以作为对生产的投入。自然资源资产既能够体现自然资源具有的固有价值，又可以表明其作为经济生产的投入来源。

为与 SEEA2012 保持最高的一致性，同时有助于自然资源资产负债表的编制，本书将自然资源资产分为六个组成部分，分别是土地资源资产、水资源资产、林木资源资产、水生资源资产、其他生物资源资产（不包括林木资源和水生资源）、矿产和能源资源资产，如表 4 - 1 所示。由于存量太大而无法核算的资源暂不包括在自然资源资产的核算范围中，例如海水和空气。

表 4 – 1　　　　　　　　　　　　自然资源资产分类

| 序号 | 资产分类 |
|---|---|
| 1 | 土地资源资产 |
| 2 | 水资源资产 |
| 2.1 | 地表水 |
| 2.2 | 地下水 |
| 2.3 | 土壤水 |
| 3 | 林木资源资产 |
| 3.1 | 培育性林木资源 |
| 3.2 | 非培育性林木资源 |
| 4 | 水生资源资产 |
| 4.1 | 培育性水生资源 |
| 4.2 | 非培育性水生资源 |
| 5 | 其他生物资源资产（不包括林木资源和水生资源） |
| 6 | 矿产和能源资源资产 |
| 6.1 | 石油资源 |
| 6.2 | 天然气资源 |
| 6.3 | 煤和泥炭资源 |
| 6.4 | 非金属矿产资源（不包括煤和泥炭资源） |
| 6.5 | 金属矿产资源 |

　　许多自然资源资产同时也是经济资产，例如培育性生物资源、能产生经济利益的非培育性生物资源，以及能产生经济利益的其他自然资源。其中，培育性生物资源在 SNA 中被记录为固定资产或存货，能产生经济利益的非培育性生物资源和能产生经济利益的其他自然资源则大致对应 SNA 中自然资源的核算范围。

### （二）自然资源资产的核算范围

**1. 客观存在的自然资源资产**

本书所指的客观存在的自然资源资产，是指我国经济领土范围内所包含的所有自然资源，也就是第二章提到的第一个层次的自然资源资产。这类自然资源资产主要包括：（1）我国经济领土范围内的全部土地，包括岛屿、近海水域；（2）内陆水体中的淡水和略咸水，包括地表水、地下水和土壤水；（3）我国经济领土范围内的所有林木，既包括森林及其他林地中的林木资源，也包括其他土地上的木材资源；（4）在整个生命周期中生活在一国专属经济区边界内的各种鱼类、甲壳类动物、软体动物、贝类、水生哺乳动物和其他水生生物，包括沿海和内陆渔业资源；（5）人工培育的动植物，包括牲畜、小麦和水稻等一年生作物，以及诸如橡胶园、果园和葡萄园中的多年生作物；（6）石油资源、天然气资源、煤炭和泥炭资源、非金属矿物和金属矿物矿藏。

**2. 进入经济体系的自然资源资产**

本书所指的进入经济体系的自然资源资产，是指那些纳入经济资产核算范围的自然资源，也就是第二章中提到的第二个层次的自然资源资产。进入经济体系的自然资源核算范围大致对应国民经济核算中自然资源和培育性生物资源之和。该自然资源需满足经济资产的定义，即所有权已经确立并得到有效实施，并且预期能给其所有者带来经济利益。此类自然资源的范围包括：（1）培育性生物资源，包括林木、水生生物以及其他生物资源；（2）具有经济价值的土地；（3）具有经济价值的水资源；（4）具有经济价值的非培育性生物资源；（5）具有经济价值的石油资源、天然气资源、煤炭和泥炭资源、非金属矿物和金属矿物矿藏。在以上五种类型的自然资源中，第一种类型对应 SNA 中作为存货和固定资产的培育性生物资源，后四种类型对应 SNA 中的自然资源。

### 三、自然资源负债的确认依据

在第二章中，我们将自然资源负债定义为由于核算主体对自然资源的过度消耗而导致的一种现时义务。自然资源消耗发生于经济活动过程中，将自然资源的过度消耗确认为负债的前提是自然资源要进入经济体系内。因而，自然资源是如何进入经济体系，从而被经济过程所消耗是确认自然资源负债的关键（高敏雪，2016）。后文我们将基于自然资源的流转过程，通过对自然资源所有者与所有权代理者之间矛盾的阐述，来探讨自然资源负债确认的理论依据。

在自然资源流转过程中所产生的物质流可以分为两类：第一类是以原材料或固定资产形式进入人类经济活动范围内的自然资源，它以产品、服务或固定资产的形式在经济活动体系内进行循环；第二类是未进入人类经济活动范围的自然资源，它既包括作为生产要素储备尚处于生态资源形式的自然资源，也包括以残余物状态退出经济系统重新进入生态系统的自然资源（胡文龙和史丹，2015）。

从所有权性质来看，这两类自然资源的所有者为国家或集体。国家一般不直接行使自然资源的所有权，而是由国务院代为行使。通常，国务院也将权利逐级下放，委托中央政府各部门和地方政府对自然资源进行管理。例如《中华人民共和国水法》第三条规定，"县级以上地方人民政府有关部门按照职责分工，负责本行政区域内水资源开发、利用、节约和保护的有关工作"。又如《中华人民共和国森林法》第十条规定，"县级以上地方人民政府林业主管部门，主管本地区的林业工作"（崔建远，2012）。这些法律法规从立法层面规定了地方政府作为自然资源代理所有者的权利和义务。

随后，地方政府根据生产活动的需要，将自然资源的使用权等产权分配给各经济主体，各经济主体则根据获得的自然资源产权进行生产活动。在这些自然资源产权中，会造成自然资源物质形态或性质发生改变的产权主要有两种类型：一种产生于自然资源进入经济系统的阶段，该阶段对自然资源的利用可能会引起自然资源数量的改变；另一种产生于自然资源退出经济系统的阶段，该阶段可能涉及自然资源质量的变化。

如果地方政府进行产权分配时充分考虑了自然资源的可持续性，并且各经济主体在使用自然资源时完全遵循政府的分配政策，并履行其环境职责，那么就不会出现严重的生态环境问题。然而，事实并非如此。有些地方政府为了追求经济业绩而将自然资源产权进行超额分配，各经济主体也常常因为自身利益而过多地消耗自然资源却又不履行其环境义务。根据委托代理理论，国家作为委托者，中央政府各部门和地方政府作为自然资源的代理所有者，代理人和委托人的目标并不完全一致。一般来说，代表国家行使自然资源所有权的国务院，其目标一是希望实现自然资源的最优配置，实现自然资源的经济利益最大化；目标二是希望实现自然资源可持续发展，使国家福利最大化（刘灿，2009）。而地方政府通常更重视前一个目标。自然资源大多具有外部性，根据外部性理论，自然资源的外部性往往会造成自然资源的私人边际成本低于社会边际成本，或私人边际收益低于社会边际收益，二者都会导致地方政府更加倾向过多地消耗自然资源，从而造成自然资源发展和利用的不可持续，无法使国家福利得到最大化。这就使得国家的整体目标和最终代理人的目标产生背离。

在此背景下，测度自然资源的过度消耗，根据自然资源进入和退出经济系统的两个阶段，从数量和质量上确认自然资源负债，编制自然资源资产负债表，可以促使地方政府的目标向国家目标靠近，以缓解委托人和代理人之间的矛盾。因此，自然资源负债的确认要以国家的第二个目标为导向，促进自然资源的可持续发展。可持续发展要求不同形式的资本分别保持完整，因此，自然资源的过度消耗可以看作不满足可持续发展要求的自然资源消耗。这样我们就可以将处于自然资源可持续发展能力之内的自然资源消耗作为资产的变化处理，将超过自然资源可持续发展能力的自然资源消耗作为负债处理。如此一来，对于数量上的自然资源负债，需要找到一个自然资源负债临界值，将超过该临界值的自然资源消耗作为自然资源的过度消耗，进而可以将其确认为自然资源负债；对不超过该临界值的自然资源消耗做自然资源资产的减少处理。对于质量上的自然资源负债，则需要根据自然资源的纳污能力，计算自然资源所能够承受的最大污染物的排放数量。

在自然资源资产负债表的编制过程中，不同的自然资源既存在共性，又具有特性。共性主要体现在自然资源资产负债表要素、编制主体等基本问题上；特性则主要体现在自然资源的不同特性上。由于自然资源的特性各异，很难制定一个完全一致的负债临界值确认方法。本章对此不做详细探讨，这部分内容将体现在随后章节中。

## 第二节　自然资源资产负债表表式设计：
## 客观存在的自然资源资产

由前文可知，自然资源资产有两个层次，分别是领土范围内的所有自然资源资产，以及进入经济体系的自然资源资产。为便于理解，本书称前者为客观存在的自然资源资产，后者为进入经济体系的自然资源资产。自然资源资产负债表的设计要能充分体现这两个层次的自然资源资产。因此，本书设计的自然资源资产负债表基本表式也有两个层次，分别对应了以上两个层次的自然资源资产。第一个层次的自然资源资产负债表可以看作自然资源资产存量及其变动表，该表中自然资源资产没有对应的负债项，仅仅记录自然资源的期初、期末资产存量情况及其在核算期间的变化。第二个层次的自然资源资产负债表才是真正意义上的资产负债表，具有资产、负债和净资产等核算项目，能够反映某一时点上核算主体的资产和负债情况。这两个层次的自然资源资产负债表共有四种基本形式，分别是：自然资源资产存量表、自然资源资产存量变动表、自然资源资产负债表（静态型）、自然资源资产负债表（动态型）。这四种基本形式又有不同的表现形式，如表4－2所示。本节和下一节将分别介绍这两个层次的自然资源资产负债表。

表4－2　　　　　　　　　各类自然资源资产负债表

| 自然资源<br>资产类型 | 表格类型 | 表现形式与核算内容 |
|---|---|---|
| 客观存在的<br>自然资源资产<br>（第一层次） | 自然资源资产<br>存量表 | 以实物量为单位，记录核算主体核算期期初或期末的自然资源资产存量情况 |
| | 自然资源资产<br>存量变动表 | 以实物量为单位，记录核算主体核算期间的自然资源资产存量变化情况及变化原因。主要包括期初自然资源资产存量、期末自然资源资产存量及其在核算期间的变化量 |

续表

| 自然资源资产类型 | 表格类型 | 表现形式与核算内容 |
|---|---|---|
| 进入经济体系的自然资源资产（第二层次） | 自然资源资产负债表（静态型） | 以实物量和价值量两种形式，显示核算主体进入经济体系内的自然资源资产、自然资源负债和自然资源净资产情况 |
| | 自然资源资产负债表（动态型） | 以实物量和价值量两种形式，显示核算主体进入经济体系内的自然资源资产、自然资源负债和自然资源净资产情况，及其在核算期间的变化情况 |

## 一、自然资源资产存量表设计

对于客观存在的自然资源而言，其自然资源资产存量表的具体表现形式为实物量形式。由于每种自然资源资产的计量单位不同，因此实物型资产存量表通常是针对特定类型的自然资源资产进行编制的，并针对不同的自然资源资产予以分别记录。自然资源资产存量表的基本形式如表4-3所示。该表记录了某类自然资源在某一时点的资产存量情况。其中，主词栏为核算主体，宾词栏为自然资源资产类别。对自然资源资产的分类可首先依据该自然资源的性质和类别，这在后续章节中介绍不同主题的自然资源时会有所体现。其次，还可依据该自然资源资产是否属于经济资产，将其分为进入经济体系的自然资源与未进入经济体系的自然资源。这样划分的好处是，进入经济体系的自然资源属于第二个层次的自然资源，能够与第二个层次的自然资源资产负债表相对应，并有助于明确两个层次自然资源资产负债表之间的勾稽关系。

**表4-3** 　　　　　　　　　　**自然资源资产存量表**

| 项目 | | 核算主体1 | 核算主体2 | ...... |
|---|---|---|---|---|
| ××资源资产 | | | | |
| 分类1 | 进入经济体系 | | | |
| | 未进入经济体系 | | | |
| 分类2 | 进入经济体系 | | | |
| | 未进入经济体系 | | | |
| ...... | | | | |
| 合计 | | | | |

## 二、自然资源资产存量变动表设计

对于任何种类的自然资源资产而言，与该资产在核算期间存量变化有关的项目都可以被分为两类，一类是存量增加，另一类是存量减少。其基本的平衡关系可以表示为：期初存量 + 存量增加 - 存量减少 = 期末存量。SEEA2012（中心框架）推荐将存量增加的原因归为四类，分别是存量增长、发现新存量、向上重估和重新分类；将存量减少的原因归为五类，分别是开采量、存量正常减少、灾难性损失、向下重估和重新分类。

在存量增加中，存量增长主要反映自然资源存量在一个核算期内因自然增长而引起的存量增加。对于生物资源而言，这种自然增长既可能是自然生长的结果，也可能是人工培育的结果。发现新存量涉及发现新的自然资源，通常是通过勘探而产生的。向上重估反映使用了可据以重估实物量的新信息后对实物量进行的向上的调整变化，这种变化可能与自然资源开采的经济可行性变化有关。重新分类是指对该自然资源的重新分类增加，一般发生在该自然资源被用于不同用途的情况下，例如土地覆被和土地利用情况的变化，也可源于自然资源质量变化引起的类别的调整，如水资源的质量变化所引起的水资源的类别的调整。可以根据分类变化的原因，将其分为质量引起的分类变化和其他变化。在重新分类项目下，一类自然资源资产的增加应当与另一类自然资源资产的减少相对应，而各自然资源的实物总量保持不变。

在存量减少中，开采量是指将一种自然资源用于生产的实物转移或收获，属于因人为活动引起的自然资源的减少。存量正常减少反映自然资源在一个核算期的预期损失，包括自然资源的自然死亡，以及根据以往经验可以合理预期发生的事故所造成的存量减少。灾害性损失是指那些大规模、孤立的以及可辨识的事件发生所造成的任何种类自然资源资产的大量损失，主要指各种灾害和非常事件所造成的自然资源损失。向下重估反映使用了可据以重估实物量的新信息后对实物量进行的向下调整变化，这种变化可能与自然资源开采的经济可行性变化有关。重新分类是指对该自然资源的重新分类减少，与存量增长中的重新分类互为对应。综上可知，自然资源资产存量变动表能够同时反映由数量和质量所引起的各类自然资源资产的存量变化。

对于具体的自然资源而言，这些分类未必都要具备。例如，矿产和能源资源不存在存量增长及存量正常减少；土地资源不存在发现新存量、开采量和存量正常减少；林木资源不存在发现新存量等。同时，开采量在不同类别自然资源的资产负债表中可能有不同的叫法。例如，对于林木资源而言，开采量叫作采伐量；对于水资源而言，开采量叫作取水量。同时，为了方便日后分析，在编制自然资源存量变动表时，要尽量将因质量引起的自然资源变化和其他原因引起的自然资源变化区分开来。

表4-4为一个基本的自然资源资产存量变动表。宾词栏为自然资源资产的核算项目，主要包括期初存量、存量增加、存量减少和期末存量四项，如上所述，能够体现自然资源资产的存量及其变化情况，以及发生变化的原因。其具体的分类情况还需视自然资源的具体类别而定。主词栏为各类自然资源资产。对自然资源资产的基本分类主要有两种：一种是根据自然资源是否为经济资产，将其分为进入经济体系的自然资源和未进入经济体系的自然资源，这种划分方法与自然资源资产两个层次的划分相一致，进入经济体系的那部分自然资源资产对应了第二个层次的自然资源资产；另一种是根据自然资源的所有权性质，将其划分为国家所有的自然资源和集体所有的自然资源。另外，还可以根据每种自然资源的性质以及研究目的对其进行进一步分类。

**表4-4**                        **自然资源资产存量变动表**

| 项目 | ××资源资产 | | | |
| --- | --- | --- | --- | --- |
| | 进入经济体系 | | 未进入经济体系 | |
| | 国有 | 集体 | 国有 | 集体 |
| 期初存量 | $A_1$ | $A_2$ | | |
| 存量增加 | | | | |
| 存量增长 | | | | |
| 发现新存量 | | | | |
| 向上重估 | | | | |
| 重新分类 | | | | |

续表

| 项目 | ××资源资产 | | | |
| --- | --- | --- | --- | --- |
| | 进入经济体系 | | 未进入经济体系 | |
| | 国有 | 集体 | 国有 | 集体 |
| 质量引起 | | | | |
| 其他变化 | | | | |
| 存量增加合计 | $B_1$ | $B_1$ | | |
| 存量减少 | | | | |
| 开采量 | $C_1$ | $C_2$ | | |
| 存量正常减少 | | | | |
| 灾害损失 | | | | |
| 向下重估 | | | | |
| 重新分类 | | | | |
| 质量引起 | | | | |
| 其他变化 | | | | |
| 存量减少合计 | $D_1$ | $D_2$ | | |
| 期末存量 | $E_1$ | $E_2$ | | |

　　值得注意的是，虽然第一个层次的自然资源资产负债表表现为实物量形式，但对于那部分进入经济体系的自然资源资产（也就是第二个层次的自然资源资产）而言，也可以通过采用适当的估值技术，用价值量的形式表示该部分自然资源的存量及其变动情况。价值量表中的项目设置大体与实物量表相同，区别主要体现为在价值量表中，存量的增加和减少还可归因于价值量的变化，因此，在存量增加和存量减少这两个核算项目之下都应增加"重新估值"这一核算项目。

　　除此以外，在价值量表中还需注意以下四点：一是在增加价值量这一表现形式之后，有必要将价格变化引起的自然资源资产价值的变化同数量变化和质量变化所引起的自然资源资产价值变化区分开来，因此在计算重新分类和重新估价这两个核算项目时要注意，如果一项资产价格的变化是因为质量的变化而引起的，就应当被视为重新分类而非重新估价，并且是在同一种资产下不同质量之间的重新分类；二是在计算向上重估和向下重估这两个核算项目时，还应包括由自然资源的价格变化所引起的向上重估价值和向下重估价值；三是在价值量核算中，发现新存量还应包括原来没有经济价值而现在具有经济价值的自然资源；四是在重新估价时，要考虑用于估算自然资源资产经济价值的那些估价方法所做的假定和所采用的参数是否发生了变化，尤其是净现值法，假定和参数发生变化会导致自然资源资产的价值随之发生变化。

## 第三节　自然资源资产负债表表式设计：进入经济体系的自然资源资产

### 一、自然资源资产负债表设计（静态型）

自然资源资产负债表编制的关键之处在于对自然资源负债的确认和处理上。自然资源负债有两种形式，一种是数量上的负债，另一种是质量上的负债。由于自然资源的性质不同，对于质量上自然资源负债的确认目前还未找到一个较为通用的方法，因此，质量上的负债将在具体的自然资源主体中进行探讨。本节仅以数量上的自然资源负债为例，探讨自然资源资产负债表的编制方法。

可以将第二个层次的自然资源资产负债表看作对第一个层次自然资源资产负债表的进一步扩展。其资产范围对应第一个层次中进入经济体系的自然资源资产部分，并针对自然资源的过度消耗，即人为活动减少的自然资源中超过其可持续发展能力的部分，确认相应的负债。根据表4-4中自然资源资产的减少原因，人为活动减少的自然资源资产部分主要记录在自然资源资产的开采量上。随后，编制主体根据其管理范围内进入经济体系的自然资源资产，计算其自然资源负债临界值，将临界值以内的自然资源资产的消耗视为自然资源资产的减少，超出临界值的自然资源资产消耗视为该生态责任主体的自然资源负债。其基本表式设计如表4-5和表4-6所示。

表 4 – 5　　　　自然资源资产负债表基本表式（静态型、实物量形式）

| 项目 | 资产 | 负债 | 净资产 |
|---|---|---|---|
| ××资源 | | | |
| 分类1 | | | |
| 分类2 | | | |
| …… | | | |
| 合计 | | | |

表 4 – 6　　　　自然资源资产负债表基本表式（静态型、价值量形式）

| 项目 | 资产 | 负债 | 净资产 |
|---|---|---|---|
| 土地资源 | | | |
| 水资源 | | | |
| 林木资源 | | | |
| 培育性林木资源 | | | |
| 非培育性林木资源 | | | |
| 水生资源 | | | |
| 　培育性水生资源 | | | |
| 　非培育性水生资源 | | | |
| 其他生物资源（林木和水生资源除外） | | | |
| 培育性其他生物资源 | | | |
| 非培育性其他生物资源 | | | |
| 矿产和能源资源 | | | |
| 合计 | | | |

表 4 – 5 为实物量形式的自然资源资产负债表（静态型）基本表式。该表能够以实物量的形式体现核算主体某一类别自然资源的资产、负债和净资产情况。

表 4 – 6 为价值量形式的自然资源资产负债表（静态型）基本表式。该表既能以实物量形式体现核算主体中某一类别自然资源的资产、负债和净资产情况，也能够以价值量形式体现核算主体所有自然资源的资产、负债和净资产情况。用实物量形式表示时，由于各类自然资源的计量单位不同，要对各项自然资源进行分别列示。用价格量形式表示时，要使用其市场价格。用

市场价格的好处是，能够与 SNA 相一致，便于不同资产之间的相互比较，也便于评估国家和机构部门期初和期末的资产存量价值。

最为理想的市场价格是当市场上有大量同质产品进行交易时的可观测到的市场价格。将这种价格乘以实物数量，就能得到资产的总市场价值。若没有该类资产市场交易价格的直接观测值，可以参考相似资产的市场交易价格。若这两种条件都不满足，那么就需要假设市场存在，并估算资产的市场价格。主要有两种方法：一种是减记重置成本法，该方法适用于估算属于固定资产的培育生物资源的存量价值，例如果园的价值；另一种是净现值法，在上述方法无法使用的情况下，采用净现值法可能是最为合理的方法。上述两种方法已经在第三章中进行了详细阐述，在此不做详细探讨。

## 二、自然资源资产负债表设计（动态型）

动态形式的自然资源资产负债表能够体现核算主体在核算期期初的资产负债情况、核算期间的资产负债变化情况以及核算期期末的资产负债情况。其基本表式设计如表 4 - 7 和表 4 - 8 所示。

表 4 - 7　　　　自然资源资产负债表基本表式（动态型、实物量形式）

| 项目 | | ××资源 | |
|---|---|---|---|
| | | 国有 | 集体 |
| 期初资产负债表 | 资产 | $A_1$ | $A_2$ |
| | 负债 | 0 | 0 |
| | 净值 | $A_1$ | $A_2$ |
| 资产负债变化表 | 资产 | $B_1 - G_1$ | $B_2 - G_2$ |
| | 负债 | $\max(0, F_1)$ | $\max(0, F_2)$ |
| | 净值 | $B_1 - D_1$ | $B_2 - D_2$ |
| 期末资产负债表 | 资产 | $A_1 + B_1 - G_1$ | $A_2 + B_2 - G_2$ |
| | 负债 | $\max(0, F_1)$ | $\max(0, F_2)$ |
| | 净值 | $E_1$ | $E_2$ |

**表 4 - 8** **自然资源资产负债表基本表式（动态型、价值量形式）**

| 项目 | | 土地资源 | 水资源 | 林木资源 | 水生资源 | 其他生物资源 | 矿产和能源资源 |
|---|---|---|---|---|---|---|---|
| 期初资产<br>负债表 | 资产 | | | | | | |
| | 负债 | | | | | | |
| | 净值 | | | | | | |
| 资产负债<br>变化表 | 资产 | | | | | | |
| | 负债 | | | | | | |
| | 净值 | | | | | | |
| 期末资产<br>负债表 | 资产 | | | | | | |
| | 负债 | | | | | | |
| | 净值 | | | | | | |

　　表 4 - 7 为实物量形式的自然资源资产负债表（动态型）基本表式。该表能够以实物量的形式体现核算主体某一类别自然资源在核算期期初的资产负债情况、核算期间的资产负债变化情况以及核算期期末的资产负债情况。该表的主词栏为自然资源分类，可按照其所有权归属分为国家所有和集体所有。表 4 - 7 中的数据主要来源于表 4 - 4 中进入经济体系的自然资源核算数据，并根据自然资源负债确认的临界值计算得来。接下来，我们将用公式来说明自然资源资产和自然资源负债的确认依据，以及两种自然资源资产负债表之间的相互依存和勾稽关系，具体如表 4 - 4 和表 4 - 7 所示。

　　$A_i(i=1,2)$ 代表期初进入经济体系、不同权属的 × × 资源资产存量，$B_i(i=1,2)$ 代表对应资产在该核算期的增加量，$D_i(i=1,2)$ 代表对应资产在该核算期的减少量，$E_i(i=1,2)$ 代表对应资产在该核算期期末的资产存量。则有：$A_i + B_i - D_i = E_i$。假设核算期间因人为活动减少的不同权属的 × × 资源流量为 $C_i(i=1,2)$，与其对应的自然资源负债临界值为 $C_{0i}(i=1,2)$。令 $F_i = C_i - C_{0i}(i=1,2)$。若 $F_i \leqslant 0$，则认为人为活动引起的自然资源减少量并没有超过负债临界值，无须确认自然资源负债，该减少量全部确认为自然资源资产的减少，自然资源资产在核算期间的减少记为 $D_i$，自然资源资产等于自然资源净值，也即纳入核算范围的自然资源（实物）数量；若 $F_i > 0$，则认为人为活动引起的自然资源减少量超过了其负债临界值，需要确认自然资源负债，自然资源负债大小为 $F_i$，并确认相应的自然资源资产减少量 $C_{0i}$，则自然资源资产在核算期间的存量减少为 $C_{0i} + (D_i - C_i) = D_i - F_i$，期末自然资源净值 = 期末自然资源资产 – 期末自然资源负债，为 $[A_i + B_i - (D_i - F_i)] - F_i = A_i + B_i - D_i = E_i$。综合来看，可将人为活动引起的资产减少量记为 $\min(C_i, C_{0i})$，负债的增加量记为 $\max(0, F_i)$。由此，不同权属的自然资源总资产减少量就可记为 $G_i(i = 1, 2)$，$G_i = D_i - \max(0, F_i)$，那么，表 4 – 7 中的资产负债变化一栏中，资产的变化可记为 $B_i - G_i$，负债的变化可记为 $\max(0, F_i)$。

　　用自然资源的实物量乘以价格，就可以得到价值量形式的自然资源资产负债表（动态型），如表 4 – 8 所示。表 4 – 8 既能够以实物量形式体现核算主体某一类别自然资源的资产、负债及其变动情况，也能够以价值量形式体现核算主体所有自然资源的资产、负债及其变动情况。

# 第五章 水资源资产负债表
# 编制方法研究

## 第一节 水资源相关概念

### 一、水循环

与其他自然资源的缓慢变化不同，水资源处于不断的运动过程中。一方面，水资源由于太阳辐射的作用，不断以水蒸气的形式从陆地、海洋和其他水体中进入大气层中；另一方面，由于地球引力的驱动，又以降水的形式返回到陆地、海洋和其他水体中。在这个周而复始的过程中，经历了蒸发蒸腾、水汽输送、凝结降水、植被截留、地表填洼、土壤入渗、地表径流、地下径流和湖泊海洋蓄积等环节，并不断地发生相态转换。水循环就是指这种不断地发生相态转换和周而复始运动的过程（王浩和贾仰文，2016）。

具体来看，降落到地表的水，有一部分会通过蒸发的形式重新返回到大气层中，一部分会渗入地下补充地下水，剩下的则会排入河流、湖泊和水库，并最终有可能会流入海洋。从总体上来看，水循环满足"降水＝蒸发＋径流＋／－储量变化"的平衡机制（UNSD，2012）。

流域尺度的水循环是陆地水循环的基本形式（王浩和贾仰文，2016），包括流域自然水循环和流域社会经济水循环两个方面，这两个方面的交叉耦合及相互作用构成了流域"自然—社会"二元水循环模式（贾绍凤等，2003）。二元水循环的主要环节如图5-1所示。

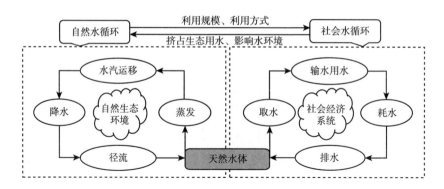

**图5-1　流域二元水循环结构**

　　流域水循环二元化具有三个重要特征，分别是水循环服务功能的二元化、水循环结构路径的二元化以及水循环驱动力的二元化。其中，水循环服务功能的二元化是本质，水循环结构路径的二元化是表征，水循环驱动力的二元化是基础（秦大庸等，2014）。水循环服务功能的二元化是指水在循环过程中要同时支撑起自然生态环境和社会经济系统两大系统，这种支撑分别体现在水循环的"自然""社会"两大结构路径当中。在天然状态下，水循环在太阳辐射与重力等自然因素的作用下不断运移转化，其内在的驱动力呈现"自然"的一元特性。而在人类社会经济活动的参与下，流域水循环的内在驱动力呈现"自然—社会"的二元特征，人类改变了自然状态下的水分布，使一部分水资源在自然循环之外，还加入了社会循环当中，这部分水资源的循环过程还会对自然水循环产生影响。

## 二、水资源资产

　　《不列颠百科全书》将水资源定义为自然界中对人类有潜在用途的一切形态的天然水体。而根据世界气象组织和联合国教科文组织的定义，水资源是指可资利用或有可能被利用的水源，这个水源应具有足够的数量和合适的质量，并满足某一地方在一段时间内具体利用的需求（孙萍萍，2017）。一般看来，水资源应有广义和狭义之分。广义的水资源是指自然界中一切形态的天然水体，由内陆水体中的淡水和微咸水组成，不包括海洋和大气中的水。

主要可分为地表水、地下水以及土壤水（王浩、陈敏建和秦大庸，2003）。狭义的水资源是指逐年可以恢复和更新的淡水资源。

地表水是陆地表面动态水和静态水的总称，主要包括人工水库水、湖泊水、河川溪流水和冰川雪水四种。其中，人工水库水是指用来储存、调节以及控制水资源的人造水库；湖泊水是指地球表面低洼地区蓄积形成的大型静态水体；河川溪流水是指在水道中持续或周期性流动的水体；冰川雪水是指来源于大气，通常会在陆地长时期缓慢移动并累积的冰体，以及陆地表面形成的季节性雪层和冰层（UNSD，2012）。

地下水是蓄积在含水层中的水。含水层是饱含地下水的透水地层。含水层既可以是非承压的，即有一个潜水面和一个不饱和带；也可以是承压的，即位于两个不透水或弱透水岩层之间。土壤水是存在于非饱和带土壤孔隙中或吸附在土壤颗粒上的水分，是地表水和地下水联系的纽带。

根据水资源的再生性，可将水资源分为可更新的水资源和不可更新的水资源。其中，可更新的水资源主要包括地表水、浅层地下水和土壤水；不可更新水资源主要为深层地下水。

水资源资产可以分为两个层次：第一个层次的水资源资产是指特定时点核算主体核算范围内的全部水资源，包括地表水、地下水和土壤水，也可称为客观存在的水资源资产；第二个层次的水资源资产更加强调水资源可被利用的特性，指那些进入经济体系、参与经济过程的水资源，即符合经济资产定义的水资源，也可称为进入经济体系的水资源资产。

从所有权角度看，水资源归国家所有。水资源资产是国家资产的一部分，被 SNA 纳入国家资产负债表中。其他经济组织和个人不能并不拥有水资源的所有权，他们取水要依靠取水权。取水权是从水资源所有权中派生，分享了后者的使用权与收益权而形成的准物权。取水权拥有者在行使取水权之前，拥有的是一项权利。该权利是一种无形资产，赋予权利所有者在未来可预见的时间内获得与取水权相符的水的权利。当权利所有者行使取水权，将水从地下或地表引入储水设施或容器后，该水就不再是取水权的客体，也不是水资源所有权的客体，而是水所有权的客体。该水就构成了权利所有者的水资产。

### 三、水资源负债

#### （一）水资源负债确认的理论依据

由于已有核算理论中并没有明确提出水资源负债的概念，界定水资源负债面临理论难度。本章拟从二元水循环过程出发，基于自然水循环和社会水循环的相互作用关系，探讨水资源负债确认的理论依据。

自然水循环与社会水循环之间的关系大致体现在两个方面：一方面，自然水循环保证了经济体系对水资源的利用，并决定了社会水循环的利用规模和利用方式；另一方面，社会水循环可能会对自然水循环产生外部性影响——当经济体系对水的利用和消耗超过一定数量，就会挤占生态用水的需求；当经济体系排放的污水超过一定的质量标准，就会对水环境和水生态产生影响，反过来还将影响经济体系的用水需求。社会水循环对自然水循环造成的外部性影响发生在社会水循环的两个节点，分别是取水环节和排水环节。前者决定了水资源从环境进入经济体系的数量，这一环节造成的外部不经济是流域生态缺水的主要原因；后者决定了被经济体系排入环境的水资源的质量，这一环节造成的外部不经济是流域水生态和水环境损害及污染的主要原因。

如果说水循环过程中产生的外部不经济是水资源负债产生的主要原因，那么，产权理论则为规范确认这种外部不经济、编制水资源资产负债表提供了依据。流域作为与经济社会相对应的核算主体，经济社会对水资源的利用产生的外部不经济会对流域产生损害，在水资源产权体系健全、生态环境用水和经济社会用水水量分配合理的情况下，这种损害就是经济体系所要承担的一种现时义务，如果将这种义务进行量化，就具有负债的意义。因此，社会水循环对自然水循环产生的外部不经济就是水资源负债产生的依据，而产权理论则为该依据的确认奠定了理论基础。

#### （二）水资源负债确认的理论逻辑

以上述方式确认水资源负债，所隐含的假设条件是：将流域作为虚拟主体，纳入水资源的循环过程及水资源资产负债表中。并且可以认为，"自然—社会"二元水循环模式分别对应两类主体，一是河流流域，二是经济社会。两个主体之间的权利和义务需要产权理论予以规范，因而水权在二元水循环过程中发挥了重要的作用。它从水资源所有权中派生，分享了后者中的使用权和收益权而形成。它是一个集合概念，标志着一束权利。一方面，取水权赋予了经济社会取得水所有权的用水权利，但该权利的行使要受到取水量的控制，不得损害生态环境的用水需求；另一方面，排污权赋予了经济社会排放污水的权利，但该权利的形式要受到水环境容量的限制，不得损害水生态和水环境。前者与取水环节相关，主要包括汲水权和引水权；后者与排水环节相关，主要涉及排水权。借助于取水权和排水权，水资源负债的确认便能有迹可循。若取水权主体对水资源的获取超过了取水权所规定的数量，就构成了一种负债；若排水权主体排放的污染物超过了排水权的限制，也将成为一种负债。

对水资源超额获取所引起的负债，可以用体积单位衡量，并根据超额获取的水资源数量予以确认。对污染物排放所引起的负债进行确认共有两个步骤：一是计算在不对水环境和水生态产生影响的情况下所能允许的最大污染物排放量，也就是水体的纳污能力；二是根据污染源的分布情况，确定分配到每个污染源的污染物排放量，并根据实际的排污情况确认负债。基于这两类负债，需要分别对两类负债临界值进行探讨：一是经济体系能够从各类水体中取得的最大水资源量；二是水体的纳污能力，以及分配到每个污染源的污染物排放量。

从水权的行使结果上看，取水权的行使结果是水所有权从水资源所有权人处转移到水权人之手。水存在于地下或地表时，是水资源，其所有者为国家，一旦水从取水口进入水权人的输水系统或储水系统中，该水便不再是水资源所有权的客体，而是水所有权的客体，其所有者为水权人。而排水权则相反。排水权是指用人为方法排泄流动或积存于地表或地下的足以造成危害或可供循环利用之水的权利，该权利的行使结果是水所有权从水权人处转移到水资源所有权人之手。水一旦从排水口排除，便不再是水所有权的客体，而是水资源所有权的客体。基于上述逻辑，河流流域和经济社会两类主体基于取水环节和排水环节产生的负债也可被称为水资源负债。

# 第二节　水资源负债临界值的确认方法

水资源负债产生于取水环节和排水环节，这两个环节分别对应着两种水权：一是取水权；二是排污权。前者主要涉及取水的数量，后者主要涉及排水的质量。因此，水资源负债也是一种关于水量水质的联合负债，应根据水量和水质分别建立水资源的负债临界值，并通过取水权和排水权实现二者的确认。

## 一、基于取水环节的水资源负债临界值确认

水权属于水量分配的法律概念。水量分配是从技术层面界定流域或者行政区域可使用或者可消耗的水量，如果将水量分到具体的用水户，就是水权分配。我国目前主要采用从上到下的行政协调方式，一般分到县级以上行政区，向用水户分配主要是通过取水许可审批获得取水权（陈进，2011）。要实现这一系列水量分配过程，需要解决以下三个问题：一是确定规划水平年各流域可进行分配的水资源量；二是确定各行政区域经济社会发展所需要的水资源量；三是确定恰当的水量分配方案（杨永生等，2009；贾长青，2013）。

### （一）确定可供分配的水资源总量

流域可供分配水资源量是指在保证流域河流健康的条件下，流域可以开发的最大水资源量。这也就明确了流域在进行水资源分配的时候，既要保证流域范围内的生态环境需水和河流健康，又要实现水资源的可持续利用。河道内生态环境需水量被认为是在特定时间和空间条件下，要维持并保护河流的生态系统功能，天然水体所必须蓄存和消耗的最小水量（李丽娟和郑红星，2000）。该蓄水量可以通过水文学法、水力学法、栖息地法和综合法等进行计算（李荣昉等，2012；王西琴、张远和刘昌明，2006）。江西省在借

鉴国内外研究成果的基础上，提出了采用以40%为上限、浮动利率的控制方法，也就是在保证流域生态环境需水的前提下，可供分配的水资源量不能超过水资源总量的40%。在40%的上限下，考虑现状并兼顾未来发展，可以采用浮动利率法，予以灵活运用。

### （二）确定需水总量

在确定需水总量时，既要尊重各区的发展需要，又要结合国家和地方政府的相关规划，制定一套节水约束性指标，来对各区的未来需水量制定合理的目标限制。若流域的需水预测总量小于可供分配的水资源量，需水预测总量即为实际的分水总量；若流域的需水预测总量大于可供分配的水资源量，则可供分配的水资源量即为实际的分水总量。

### （三）确定具体的水量分配方案

在制订水量分配方案时，要做好三个统筹：统筹好生活和生产用水、统筹好区域之间的分水以及统筹好行业之间的分水。在具体方案的确定上，根据不同的分水原则，采用不同的分水方法。例如，根据尊重现状原则，可以采用用水定额预测法；根据公平原则，可以采用分类权重法；根据注重公平和适当兼顾效率的原则，可以采用层次分析法（杨永生等，2009）。

## 二、基于排水环节的水资源负债临界值确认

基于排水环节的水资源负债临界值确认主要有两个步骤：一是根据区域水环境现状，计算该区域所允许的各类污染物的最大排放量；二是对污染物最大排放量这一总量指标进行分解，以排污许可证的形式将总指标分配到区域内的各排污单位，进而将污染物总量控制在水环境和水生态的承载能力范围之内。前者可简称为水域纳污能力计算，后者可简称为水污染物总量分配。

### （一）水域纳污能力计算

水域纳污能力是指在满足水域的水质目标要求时，该水域所能容纳的某

种污染物的最大数量。因此,可以将水质目标要求理解为不对水环境和水生态产生影响的最低水质要求。计算水域纳污能力首先要确定污染物。污染物的确定一般以该水域的主要污染物为主,也可对各水域选取相同的污染物,以便水域间的相互比较(王浩等,2012)。水域的纳污能力通常会随着水量的变化而变化,因而纳污能力的计算应以设计的水文条件为前提。一般采用90%保证率的设计水量条件来计算水域纳污能力。

计算水域纳污能力的方法有很多,《水域纳污能力计算规程》(GB/T 25173-2010)针对河流、湖泊和水库,分别给出了相应的纳污能力数学模型。对于河流,主要有河流零维模型、河流一维模型、河流二维模型和河口一维模型四种;对于湖泊和水库,主要有湖泊和水库均匀混合模型、湖泊和水库非均匀混合模型、湖泊和水库富营养化模型以及湖泊和水库分层模型。

**1. 河流模型**

(1)河流零维模型。河流零维模型主要适用于污染物在河道内均匀混合的情形,尤其是水网地区河段。其主要思路是根据污染物的分布情况,先将其划分为不同浓度的均匀混合段,随后分段计算水域相应的纳污能力。使用该方法得到的河段污染物浓度计算公式和相应的水域纳污能力计算公式为:

$$C = (C_p Q_p + C_0 Q)/(Q_p + Q) \qquad (5-1)$$

$$M = (C_s - C)(Q_p + Q) \qquad (5-2)$$

其中,$C$ 为污染物浓度,单位为 mg/L;$C_p$ 为排放的废污水中污染物的浓度,单位为 mg/L;$Q_p$ 为废污水的排放流量,单位为 $m^3/s$;$C_0$ 为初始断面的污染物浓度,单位为 mg/L;$Q$ 为初始断面的入流流量,单位为 $m^3/s$;$M$ 为水域纳污能力,单位为 g/s;$C_s$ 为水质目标浓度,单位为 mg/L。

(2)河流一维模型。河流一维模型主要应用于污染物在河段横断面上均匀混合的情况,且主要适用于河段多年平均流量小于 $150 m^3/s$ 的中小型河段。使用该方法得到的河段污染物浓度计算公式和相应的水域纳污能力计算公式为:

$$C_x = C_0 \exp\left(-K \frac{x}{u}\right) \qquad (5-3)$$

$$M = (C_s - C)(Q_p + Q) \qquad (5-4)$$

其中，$x$ 为沿河段的纵向距离，单位为 m；$C_x$ 为流经 $x$ 距离后的污染物浓度，单位为 mg/L；$K$ 为污染物综合衰减系数，单位为 1/s；$u$ 为设计流量下河道断面的平均流速，单位为 m/s。

（3）河流二维模型。河流二维模型主要适用于污染物在河段横断面上非均匀混合，且河段多年平均流量大于 150m³/s 的大型河段。使用该方法得到的河段污染物浓度计算公式和相应的水域纳污能力计算公式为：

$$C(x,y) = \left[ C_0 + \frac{m}{h\sqrt{\pi E_y xv}} \exp\left( -\frac{v}{4x} \times \frac{y^2}{E_y} \right) \right] \exp\left( -K\frac{x}{v} \right) \qquad (5-5)$$

$$M = [C_s - C(x,y)]Q \qquad (5-6)$$

其中，$C(x,y)$ 计算水域代表的污染物平均浓度，单位为 mg/L；$y$ 为计算点到岸边的横向距离，单位为 m；$E_y$ 为污染物的横向扩散系数，单位为 m²/s。

（4）河口一维模型。河口一维模型主要适用于感潮河段。该模型根据稳定流条件来计算相应水域的纳污能力，并采用潮汐半周期的平均值来设定相应的参数。使用该方法得到的涨潮和落潮时的污染物浓度计算公式分别为：

$$C(x)_1 = \frac{C_p Q_p}{(Q + Q_p)N} \exp\left( \frac{u_x x}{2E_x}(1+N) \right) + C_0 \qquad (5-7)$$

$$C(x)_2 = \frac{C_p Q_p}{(Q + Q_p)N} \exp\left( \frac{u_x x}{2E_x}(1-N) \right) + C_0 \qquad (5-8)$$

其中，$N$ 为中间变量，$N = \sqrt{1 + 4KE_x/u_x^2}$。$C(x)_1$ 和 $C(x)_2$ 分别为涨潮和落潮时的污染物浓度。涨潮时 $x<0$，落潮时 $x>0$。$u_x$ 为水流的纵向流速，单位为 m/s；$E_x$ 为纵向离散系数，单位为 m²/s。则相应的水域纳污能力计算公式为：

$$M = \begin{cases} Q_1(C_s - C(x)_1), x<0 \\ Q_2(C_s - C(x)_2), x>0 \end{cases} \qquad (5-9)$$

其中，$Q_1$ 和 $Q_2$ 分别为水域涨潮和落潮时的平均流量，单位为 m³/s。

### 2. 湖泊和水库模型

对于湖泊和水库纳污能力的计算，主要有湖泊和水库均匀混合模型、湖泊和水库非均匀混合模型、湖泊和水库富营养化模型以及湖泊和水库分层模型。

湖泊和水库均匀混合模型主要适用于污染物均匀混合的中小型湖泊和水库。湖泊和水库非均匀混合模型主要适用于污染物非均匀混合的大中型湖泊和水库，其主要思路是根据排污口的分布特征及污染物的扩散特征，将湖泊和水库划分为不同的计算水域，并分区计算相应水域的纳污能力。湖泊和水库富营养化模型主要适用于营养状态指数不小于 50 的湖泊和水库。湖泊和水库分层模型主要适用于平均水深小于 10 米，水体交换系数小于 10 的湖泊和水库。具体的计算方法可参见《水域纳污能力计算规程》（GB/T 25173 – 2010）。

### （二）水污染物总量分配

水污染物总量分配涉及如何将流域的污染物控制总量科学合理地分配到流域的各个污染源，是排污权证发放的基础。水污染物总量分配涉及三个基本要素：水污染物的排放总量、污染物的排放区域和污染物的排放时间。在排放时间和排放区域限定的情况下，水污染物总量分配的核心是污染物的排放总量。

根据分配原则的不同，水污染物总量分配的方法主要可以分为三类，分别是基于效率原则的分配方法、基于公平原则的分配方法，以及兼顾效率和公平原则的分配方法。基于效率原则的分配方法大多以经济最优化原则为基础，建立最优化数学模型。根据经济最优化原则建立的模型主要以控制区域内投资治理费用最小和排污总量最小为主，模型建立的方法则主要依靠线性规划法、非线性规划法、整数规划法、动态规划法、灰色规划法以及模糊规划法等。基于公平原则的分配方法主要以相应的理论为依据，来设计公平的分配原则。在该原则下，学者们大多从水质模型出发，采用基尼系数法，建立公平的分配方法。同时，利用数学方法或进行满意度调查，以保证分配的公平性。基于兼顾效率和公平原则的分配方法主要是为了克服上述基于单一原则分配方法的片面性而产生的。相对于以上分配方法，兼顾效率和公平原则的分配方法所考虑的因素更为全面，也更易于接受（王浩等，2012）。

根据分配受体的不同，水污染物总量分配方法主要可以分为两类，分别是流域总量分配和污染源总量分配。流域总量分配方法主要以区域为分配对象，将整个流域的污染物排放总量按照一定的原则分配到各个控制区域，一般采用基于容量总量分配的方法。污染源总量分配方法主要是以污染源为分配对象，将整个流域的污染物排放总量按照一定的原则分配到各个污染源，一般以工业污染为主。其主要分配方法有等比例分配法、动态层次分析法、排污权交易法和基于环境总量的分配方法等（王浩，2012）。后文将对流域总量分配法、费用最小分配法、定额达标分配法进行简单介绍。

**1. 流域总量分配法**

流域总量分配法主要沿着"初次分配—优化调整—最终评估"的思路进行，共有四个主要步骤。

（1）确定基准年水污染物的出境量。基准年水污染物的出境量可以表示为：

$$P_c = \sum_{i=1}^{n} P_{si}K_i \qquad (5-10)$$

$$K_i = K_{1i}K_{2i}K_{3i}K_{4i} \qquad (5-11)$$

其中，$P_c$ 为控制断面的污染物出境量，$P_{si}$ 为流域内第 $i$ 个控制区域的实际污染物排放量，$K_i$ 为流域内第 $i$ 个控制区域的污染物综合传递系数。$K_i$ 由 $K_{1i}$、$K_{2i}$、$K_{3i}$、$K_{4i}$ 共同决定，其中，$K_{1i}$ 为入河系数，主要由工业排污口到入河排污口之间的距离所决定；$K_{2i}$ 为渠道修正系数，$K_{3i}$ 为温度修正系数，$K_{4i}$ 为河道内对控制断面的影响系数。

（2）确定出境污染物削减水平。污染物削减水平取决于出境断面的浓度控制目标。

$$X = \left(1 - \frac{C_m}{C_s}\right) \times 100\% \qquad (5-12)$$

其中，$X$ 为出境断面污染物的削减水平，$C_m$ 为出境断面的污染物目标浓度，

$C_s$ 为基准年出境断面的污染物实测平均浓度。

（3）确定流域污染物初始分配总量。流域污染物的初始分配总量可以表示为：

$$P_i = \frac{P_c(1-X)P_{di}}{\sum\limits_{i=1}^{n} P_{di}K_i} \qquad (5-13)$$

其中，$P_i$ 为流域污染物的初始分配总量，$P_{di}$ 为流域内第 $i$ 个控制区域排污单位排放定额的总量。

（4）调整流域污染物初始分配总量。若 $P_i > P_{si}$，则将 $P_i$ 调整为 $P_{si}$，并以实际排放量作为流域污染物的总量指标。

**2. 费用最小分配法**

该方法通过非线性规划模型，试图寻找费用最小的水污染物总量分配方法。目标非线性规划模型为：

$$\min Z = \sum_{j=1}^{n} Z_j \qquad (5-14)$$

目标函数为：

$$Z_j = f(Q,\eta) = k_1 Q_j(g) k_2 + k_3 Q_j(g) k_2 \eta^{k_4} \qquad (5-15)$$

约束条件为：

$$\sum_{j=1}^{n}(W_j - X_j) \leqslant B \qquad (5-16)$$

$$X_j = Q_j C_j \eta_j \qquad (5-17)$$

其中，$Z$ 为某水域中水污染物的总治理费用，$Z_j$ 为水污染物的治理费用函数，$Q_j(g)$ 为第 $j$ 个企业处理污水的排放量，$\eta$ 为该企业的污水处理效率，$k_1$、$k_2$、$k_3$、$k_4$ 为常数，$W_j$ 为第 $j$ 个水污染物的排放现状，$X_j$ 为第 $j$ 个污染源的水污染物削减排放量，$B$ 为目标总量，$C_j$ 为第 $j$ 个污染源的排放浓度。

**3. 定额达标分配法**

根据该企业是否有排水定额和污染物排放定额，企业污染源排放限额的计算可以有四种情况。

（1）该行业有排水定额时，污染源水污染物的排放限额可以表示为：

$$M_i = A_i B_i C_i \qquad (5-18)$$

其中，$M_i$ 为第 $i$ 个工业污染源在定额排放时的排放限额，$A_i$ 为第 $i$ 个工业污染源在基准年的产品数量，$B_i$ 为第 $i$ 个工业污染源所属行业的单位产品最高排水定额，$C_i$ 为第 $i$ 个工业污染源允许的最大废水排放浓度。

（2）该行业有污染物排放定额时，污染源水污染物的排放限额可以表示为：

$$M_i = A_i D_i \qquad (5-19)$$

其中，$D_i$ 为第 $i$ 个工业污染源单位产品的污染物排放限额。

（3）该行业既无排水定额，又无污染物排放定额时，污染源水污染物的排放限额可以表示为：

$$M_i = A_i E_i q C_i \qquad (5-20)$$

其中，$E_i$ 为第 $i$ 个工业污染源单位产品用水定额，$q$ 为排水系数。

（4）该行业既无排水定额和用水定额，也无污染物排放定额时，污染源水污染物的排放限额可以表示为：

$$M_i = Q_i C_i \qquad (5-21)$$

其中，$Q_i$ 为第 $i$ 个污染源的基准年排水量。

根据以上四种方法计算得到的水污染物排放限额之和若超过总量控制指标，可根据总体削减能力，以排放定额为基础，按照等比例的分配方法重新分配指标。等比例分配方法的计算公式为：

$$W_i = \frac{M_i}{\sum\limits_{i=1}^{n} M_i} W \qquad (5-22)$$

其中，$W_i$ 为第 $i$ 个工业污染源的污染物总量指标，$W$ 为已确定的总量控制指标，也即满足水域水质目标的最大允许排放负荷。

有时，为了保证水环境的质量，需要根据污染源对控制断面的影响程度来修正以上的污染物总量分配结果。基于此，将污染源的传递系数代入上述的排放限额，可以得到修正的污染源的总量分配权重，并据以重新分配污染源的排放量。修正的污染源排放权重为：

$$W_i = M_i - \frac{M_i k_{ci}}{\sum_{i=1}^{n}(M_i k_{ci})}\sum_{i=1}^{n}(M_i - W) \qquad (5-23)$$

其中，$k_{ci}$ 为传递系数。

## 第三节　水资源资产负债表基本表式设计

　　水资源资产负债表编制的目的是摸清某一时点上特定核算主体（或编制主体）的水资源资产"家底"，了解水资源资产的增减变动情况，客观地评估当期水资源资产实物量和价值量的变化，准确把握经济主体对水资源的使用、消耗、恢复和增值情况。水资源资产负债表共有两个层次：针对客观存在的自然资源，编制水资源资产存量及其变动表；针对进入经济体系的自然资源，编制水资源资产负债表。这两个层次的水资源资产负债表共有四种基本形式，分别是：水资源资产存量表、水资源资产存量变动表、水资源资产负债表（静态型）、水资源资产负债表（动态型）。这四种基本形式又有不同的表现形式，可进一步区分为数量形式和质量形式。而对于第二层次的自然资源资产负债表而言，还有实物量形式和价值量形式，具体如表 5-1 所示。

表 5-1　　　　　　　　　各类水资源资产负债表

| 自然资源资产类型 | 表格类型 | 表格细分 | 表现形式与核算内容 |
|---|---|---|---|
| 客观存在的水资源资产（第一层次） | 水资源资产存量表 | 水资源资产存量表（数量形式） | 以实物量为单位，记录核算主体在核算期期初或期末的水资源资产存量情况 |
| | | 水资源资产存量表（质量形式） | 以实物量为单位，记录核算主体在核算期期初或期末水资源资产的质量情况 |
| | 水资源资产存量变动表 | 水资源资产存量变动表（数量形式） | 以实物量为单位，记录核算主体核算期间的水资源资产存量变化情况及变化原因。主要包括核算主体的期初水资源资产存量、期末水资源资产存量以及核算期间水资源资产的变化量 |
| | | 水资源资产存量变动表（质量形式） | 以实物量为单位，记录核算主体核算期间的水资源资产质量的变化情况 |

续表

| 自然资源资产类型 | 表格类型 | 表格细分 | 表现形式与核算内容 |
|---|---|---|---|
| 进入经济体系的水资源资产（第二层次） | 水资源资产负债表（静态型） | 基于取水环节的水资源资产负债表（静态型、数量形式） | 基于取水环节，以实物量和价值量两种形式，显示核算主体进入经济体系内的水资源资产、水资源负债和水资源净资产的数量情况 |
| | | 基于取水环节的水资源资产负债表（静态型、质量形式） | 基于取水环节，以实物量和价值量两种形式，显示核算主体进入经济体系内的水资源资产、水资源负债和水资源净资产的质量情况 |
| | | 基于排水环节的水资源资产负债表（静态型） | 基于排水环节，以实物量和价值量两种形式，显示核算主体所排放的各项污染物的负债状况 |
| | 水资源资产负债表（动态型） | 基于取水环节的水资源资产负债表（动态型、数量形式） | 基于取水环节，以实物量和价值量两种形式，显示核算主体进入经济体系内的水资源资产、水资源负债和水资源净资产的数量情况，及其在核算期间的变化情况 |
| | | 基于取水环节的水资源资产负债表（动态型、质量形式） | 基于取水环节，以实物量和价值量两种形式，显示核算主体进入经济体系内的水资源资产、水资源负债和水资源净资产的质量情况，及其在核算期间的变化情况 |
| | | 基于排水环节的水资源资产负债表（动态型） | 基于排水环节，以实物量和价值量两种形式，显示核算主体所排放的各项污染物的负债及其变化状况 |

## 一、水资源资产存量表设计

### （一）水资源资产存量表

水资源资产存量表可以摸清某一时点上核算主体水资源资产的"家底"，并以体积作为计量属性。该表主要由数量形式和质量形式构成，其基本形式如表5-2和表5-3所示。表5-2中，主词栏为水资源资产分类，宾词栏为核算主体分类。水资源资产包括地下水、地表水和土壤水三个部分。其中，地表水是陆地表面上动态水和静态水的总称，可以将其分为人工水库水、湖泊水、河川溪流水和冰川雪水四种；地下水是地面以下岩石空隙中的水；土壤水是存在于土壤空隙或吸附在土壤颗粒上的水，是地表水和地下水联系的纽带。水库水是指在某一时点的水库蓄水量，其统计范围包括所有的大中型水库和小型水库及山塘；河川溪流水是指某一时点河槽内存蓄的水量。由于土壤水和冰川雪水只代表了暂时储存的水，因此在水资源相关的资产分类中，可不予列出（UNSD，2012）。后文的相关表格中将不再列示土壤水和冰川雪水的分类。

表 5 - 2 水资源资产存量表（数量形式）

| 项目 | 核算主体 1 | 核算主体 2 | …… |
|---|---|---|---|
| 地表水 | | | |
| 　人工水库水 | | | |
| 　湖泊水 | | | |
| 　河川溪流水 | | | |
| 　冰川雪水 | | | |
| 地下水 | | | |
| 土壤水 | | | |

表 5 - 3 水资源资产存量表（质量形式）

| 项目 | Ⅰ类水 | Ⅱ类水 | Ⅲ类水 | Ⅳ类水 | Ⅴ类水 | 劣Ⅴ类水 |
|---|---|---|---|---|---|---|
| 地表水 | | | | | | |
| 　人工水库水 | | | | | | |
| 　湖泊水 | | | | | | |
| 　河川溪流水 | | | | | | |
| 地下水 | | | | | | |

表 5 - 3 为水资源资产存量表的质量形式。该表的主词栏为水资源资产分类，宾词栏为质量维度。水资源资产分类可以在表 5 - 3 分类的基础上，对不同的水库、湖泊和河流进行细化分类。质量维度是水资源的质量分类，根据我国《地表水环境质量标准》（GB 3838 - 2002）、《地下水质量标准》（GB/T 14848 - 93）以及《地表水环境质量评价方法（试行）》，地表水和地下水的质量可以被分为六个维度，分别是Ⅰ类、Ⅱ类、Ⅲ类、Ⅳ类、Ⅴ类和劣Ⅴ类。

### （二）水资源资产存量变动表

水资源资产存量变动表主要反映机构部门期初期末各类水资源的变化情

况，主要由数量形式和质量形式构成，分别如表5-4和表5-5所示。

表5-4 　　　　　　　水资源资产存量变动表（数量形式）

| 项目 | 地下水 | 地表水 | | | | 合计 |
|---|---|---|---|---|---|---|
| | | 水库 | 湖泊 | 河流 | 冰川 | |
| 期初存量 | | | | | | |
| 存量增加 | | | | | | |
| 　降水形成的水资源 | — | | | | | |
| 　流入 | | | | | | |
| 　　从区域外流入 | | | | | | |
| 　　从区域外调入 | | | | | | |
| 　　从区域内其他水体流入 | | | | | | |
| 　经济社会用水回归量 | | | | | | |
| 　　灌溉水回归量 | | | | | | |
| 　　废污水入河量 | | | | | | |
| 　　经处理设施处理后入河量 | | | | | | |
| 存量减少 | | | | | | |
| 　取水 | | | | | | |
| 　　生活用水 | | | | | | |
| 　　工业用水 | | | | | | |
| 　　农业用水 | | | | | | |
| 　　河道外生态用水 | | | | | | |
| 　流出 | | | | | | |
| 　　流向区域外 | | | — | — | | |
| 　　流向海洋 | | | — | — | | |
| 　　调出区域外 | | | — | — | | |
| 　　流向区域内其他水体 | | | | | | |
| 　河湖生态耗水量 | — | | | | | |
| 其他存量变化 | | | | | | |
| 期末存量 | | | | | | |

注："—"表示根据定义，不存在此类数值。

表 5 – 5 　　　　　　　水资源资产存量变动表（质量形式）　　　　单位：万立方米

| 指标名称 | | 合计 | Ⅰ类 | Ⅱ类 | Ⅲ类 | Ⅳ类 | Ⅴ类 | 劣Ⅴ类 |
|---|---|---|---|---|---|---|---|---|
| 人工水库水 | 期初数量 | | | | | | | |
| | 期间变化 | | | | | | | |
| | 期末数量 | | | | | | | |
| 湖泊水 | 期初数量 | | | | | | | |
| | 期间变化 | | | | | | | |
| | 期末数量 | | | | | | | |
| 河川溪流水 | 期初数量 | | | | | | | |
| | 期间变化 | | | | | | | |
| | 期末数量 | | | | | | | |
| 地下水 | 期初数量 | | | | | | | |
| | 期间变化 | | | | | | | |
| | 期末数量 | | | | | | | |

表 5 – 4 为水资源资产存量变动表的数量形式。该表从水文循环的角度出发，以实物量的形式描述地下水和地表水的水资源总量，以及这些水资源在一定期间的变化情况。水资源由地下水和地表水两个部分组成，此二者构成了该表的主词。宾词是期初存量、存量增加、存量减少、其他存量变化以及期末存量，并满足"期初存量 + 存量增加 – 存量减少 + 其他存量变化 = 期末存量"的动态平衡关系。存量增加主要由三个部分组成，分别是降水形成的水资源、流入和经济社会用水回归量。存量减少也主要由三部分构成，分别是取水、流出和河湖生态耗水量。其他存量变化是指未列入表内的、其他类别中的所有水资源存量的变化。例如，该项目可能包括由于自然灾害等原因而出现或消失的水资源量，或者是新发现的含水层水量。该项目可以按照"增加量 – 减少量"的差额直接汇总计算，也可以按照水资源的变化结果分别计入存量增加和存量减少中。

　　降水形成的水资源是指核算期间，当地降水形成的地表和地下产水量，即地表径流量与降水入渗补给量之和。地表水资源量是指河流、湖泊、冰川等地表水体中由当地降水形成的、可以逐年更新的动态水量；地下水资源量是指地下水体中参与水循环且可以逐年更新的动态水量。考虑到地表水资源与地下水资源评价成果中存在重复计算量，降水形成的水资源量＝地表水资源量＋地下水资源量－重复计算量。

　　流入是指核算期内流入核算区域的水资源量。流入量可根据来源进行划分，分为从区域外流入、从区域外调入以及从区域内其他水体流入。从区域外流入包括从区域外流入地表水和从区域外流入地下水。从区域外流入地表水指通过天然河道或人工河道经上游流入本区域的地表水量，即入境水量。从区域外流入可依据《水资源公报编制规程》等相关规范、标准进行评价计算。从区域外调入是指通过调水工程从区域外调入本区域的水资源量。从区域内其他水体流入是指本区域内不同水体之间的水量交换，如区域内河流水量流入水库、湖泊，或水库弃水流入下游河流或湖泊等。经济社会用水回归量是指核算期内经济社会用水（取水）回归到地表水和地下水的总水量。流入地表水还可按照水库、湖泊和河流分别进行列示。

　　经济社会用水回归量也可简称为回归水。回归水可根据其类型划分为灌溉水回归量和废污水入河量，废污水入河量又包括经处理设施处理后入河量。回归水的分类应与取水分类相对应，回归水量等于用水量减去耗水量，耗水量可根据分类用水户取水量与其对应的耗水系数计算得出。灌溉水回归量可根据灌溉取水量、灌溉水利用系数和耗水量等估算。其中，灌溉水回归到地下水量等于渠道、田间灌溉入渗补给量，不包括井灌水回归量；灌溉回归到地表水量可按照水库、湖泊、河流分别列示。废污水入河量包括排入河流、湖泊、水库等地表水体的废污水量，为废污水排放量与排水损失量之差。废污水排放量是指第二产业、第三产业和城镇居民生活等用水户排放的已被污染的水量，不包括火电直流冷却水排放量和矿坑排水量。经处理设施处理后入河量主要是指经过污水处理厂处理后排放入河水量。

　　在存量的减少中，取水是指核算期内利用各种水利工程或设施直接从江河、湖泊、水库或者地下含水层取用、供给河道外使用的水量，包括沿途输水损失，但不包括水力发电取水量，也不包括河道内生态补水量。流出是指核算期间流向外区域的水量，可根据去向对流出量进行分类，将其分为流向区域外、流向海洋、调出区域外、流向区域内其他水体。流向区域外包括流向区域外地表水和流向区域外地下水。流向海洋是指本区域入海水量，内陆地区可不予列示。调出区域外是指通过调水工程调出本区域的水量。流向区域内其他水体是指本区域内不同水体之间的水量转换，如区域内河流水量流向水库、湖泊，或水库弃水流向下游河流或湖泊等。河湖生态耗水量是指核算期内从区域地表水体的水面蒸发、植被蒸腾蒸发、渗漏等消耗的水量。应注意的是，河湖生态耗水量无法实际测得，只能通过建模予以估算，而且这种估算只是一种粗略的估计。

从水循环的途径上看，降水和流入是自然水循环引起的水资源增加，经济社会用水回归量是社会水循环引起的水资源增加量；同样，流出和河湖生态耗水量是自然水循环引起的水资源减少，取水是社会水循环引起的水资源减少量。

表 5-5 为水资源资产存量变动表的质量形式，该表反映核算期间各类水体的水质变化情况。主词栏为水资源资产分类，可将其分为地表水和地下水，其中地表水又可分为人工水库水、湖泊水和河川溪流水。水资源资产还可以对不同的水库、湖泊和河流进行细化分类。宾词栏为质量维度，根据前文，将其分为六个类别。

## 二、水资源资产负债表设计

水资源资产负债表能够反映各经济主体对自然资源资产的占有、使用和消耗情况，从而体现经济发展的资源环境代价。水资源资产负债表有静态形式和动态形式两种。其中，静态形式的水资源资产负债表能够反映核算主体的水资源资产、水资源负债和水资源净资产的基本情况；动态形式的水资源资产负债表能够反映核算主体的水资源资产、水资源负债和水资源净资产在核算期间的变化情况。同时，为了区别水量引起的水资源负债和水质引起的水资源负债，本部分表式设计中区分了基于取水环节的水资源资产负债表以及基于排水环节的水资源资产负债表。

### （一）水资源资产负债表（静态型）

根据水资源负债产生的不同环节，本章将水资源资产负债表（静态型）分为基于取水环节的水资源资产负债表和基于排水环节的水资源资产负债表。

**1. 基于取水环节的水资源资产负债表设计**

基于取水环节的水资源资产负债表产生于取水环节，其基本的确认思路是：若经济体系的取水行为对水环境和水生态产生了影响，就视为经济体系对流域的负债；若经济体系的取水行为未对水环境和水生态产生影响，则不确认负债。基于取水环节的水资源负债临界值就是在不对水环境和水生态产生影响的情况下，该流域所能够允许的最大取水量。

基于取水环节的水资源资产负债表主要由数量形式和质量形式构成，并有实物量和价值量两种形式，其基本表式如表 5 - 6 和表 5 - 7 所示。

表 5 - 6　　基于取水环节的水资源资产负债表（静态型、数量形式）

| 水资源资产分类 | 资产 | 负债 | 净资产 |
|---|---|---|---|
| 地表水 | | | |
| 　人工水库水 | | | |
| 　湖泊水 | | | |
| 　河川溪流水 | | | |
| 地下水 | | | |
| 　　合计 | | | |

表 5 - 7　　基于取水环节的水资源资产负债表（静态型、质量形式）

| 水资源资产分类 | | 资产 | 负债 | 净资产 |
|---|---|---|---|---|
| 人工水库水 | I 类 | | | |
| | II 类 | | | |
| | III 类 | | | |
| | IV 类 | | | |
| | V 类 | | | |
| | 劣 V 类 | | | |
| 湖泊水 | I 类 | | | |
| | II 类 | | | |
| | III 类 | | | |
| | IV 类 | | | |
| | V 类 | | | |
| | 劣 V 类 | | | |

续表

| 水资源资产分类 | | 资产 | 负债 | 净资产 |
|---|---|---|---|---|
| 河川溪流水 | Ⅰ类 | | | |
| | Ⅱ类 | | | |
| | Ⅲ类 | | | |
| | Ⅳ类 | | | |
| | Ⅴ类 | | | |
| | 劣Ⅴ类 | | | |
| 地下水 | Ⅰ类 | | | |
| | Ⅱ类 | | | |
| | Ⅲ类 | | | |
| | Ⅳ类 | | | |
| | Ⅴ类 | | | |
| | 劣Ⅴ类 | | | |

表 5-6 为基于取水环节的水资源资产负债表（数量形式）。主词栏为水资源资产分类，可将其分为地表水和地下水，其中地表水又可分为人工水库水、湖泊水和河川溪流水。除此以外，还可以对不同的水库、湖泊和河流进行细化分类。宾词栏为资产负债表核算项目，包括资产、负债和净资产三类。

表 5-7 为基于取水环节的水资源资产负债表（质量形式）。主词栏为水资源资产分类，表中人工水库水、湖泊水以及河川溪流水为地表水分类，并根据水资源的质量等级对其进行了进一步细分。除此以外，还可以针对不同的水库、湖泊和河流进行细化分类。宾词栏为资产负债表核算项目，包括资产、负债和净资产三类。

**2. 基于排水环节的水资源资产负债表设计**

基于排水环节的水资源资产负债表产生于排水环节，其基本的确认思路是：若经济体系内的排水行为对水环境和水生态产生了影响，就视为经济体系对流域的负债；若经济体系内的排水行为未对水环境和水生态产生影响，则不确认负债。基于排水环节的水资源负债临界值就是在不对水环境和水生态产生影响的情况下，该流域所能够允许的最大污染物排放量。

值得一提的是，基于排水环节的水资源负债临界值并不是一个临界值，而是针对各种污染物设定的一系列临界值。因此，基于排水环节的水资源负债与其他水资源资产负债表不同，基于排水环节的水资源资产负债表并不是以水资源的数量为计量属性的，而是以排放的各类污染物的数量为计量属性的。目前，衡量污染的指标主要有：化学需氧量（COD）、氨氮、总磷、高锰酸盐指数、氰化物、五日生化需氧量、石油类、重金属等。可根据排入水体的用途和污水性质进行选择。基于取水环节的水资源资产负债表基本表式如表 5-8 所示。

表 5-8　　　　　　基于排水环节的水资源资产负债表（静态型）

| 指标 | 临界值 | 负债 |
|---|---|---|
| 化学需氧量（COD） | | |
| 氨氮 | | |
| 总磷 | | |
| 高锰酸盐指数 | | |
| 氰化物 | | |
| 五日生化需氧量 | | |
| 石油类 | | |
| 重金属 | | |

基于排水环节的各项污染物指标是逆向指标，因此将其设为资产可能并不合适。因此，本章在此处只列示了负债值，若排放的各类污染物超过了基于排水环节的水资源负债临界值，就确认负债，并在该表中进行列示。负债临界值可根据上一节中介绍的水污染物总量分配方法计算得到。

**（二）水资源资产负债表（动态型）**

水资源资产负债表（动态型）能够反映进入经济体系内的水资源资产、水资源负债和水资源净资产的变动情况。

**1. 基于取水环节的水资源资产负债表设计**

基于取水环节的水资源资产负债表主要由数量形式和质量形式构成，数量形式主要显示了水资源资产、水资源负债和水资源净资产的数量变化情况，质量形式则主要体现了水资源资产、水资源负债和水资源净资产的质量变化情况。数量形式的基本表式如表 5 - 9 所示，质量形式的基本表式如表 5 - 10 所示。这两类表都具有实物量和价值量两种形式。

表 5 - 9　　　　基于取水环节的水资源资产负债表（动态型、数量形式）

| 水资源资产分类 | | 期初资产负债表 | | | 资产负债变化表 | | | 期末资产负债表 | | |
|---|---|---|---|---|---|---|---|---|---|---|
| | | 资产 | 负债 | 净资产 | 资产 | 负债 | 净资产 | 资产 | 负债 | 净资产 |
| 地表水 | 人工水库水 | | | | | | | | | |
| | 湖泊水 | | | | | | | | | |
| | 河川溪流水 | | | | | | | | | |
| 地下水 | | | | | | | | | | |
| 合计 | | | | | | | | | | |

表 5 - 10　　　　基于取水环节的水资源资产负债表（动态型、质量形式）

| 水资源资产分类 | | 期初资产负债表 | | | 资产负债变化表 | | | 期末资产负债表 | | |
|---|---|---|---|---|---|---|---|---|---|---|
| | | 资产 | 负债 | 净资产 | 资产 | 负债 | 净资产 | 资产 | 负债 | 净资产 |
| 人工水库水 | Ⅰ类 | | | | | | | | | |
| | Ⅱ类 | | | | | | | | | |
| | Ⅲ类 | | | | | | | | | |
| | Ⅳ类 | | | | | | | | | |
| | Ⅴ类 | | | | | | | | | |
| | 劣Ⅴ类 | | | | | | | | | |
| 湖泊水 | Ⅰ类 | | | | | | | | | |
| | Ⅱ类 | | | | | | | | | |
| | Ⅲ类 | | | | | | | | | |
| | Ⅳ类 | | | | | | | | | |
| | Ⅴ类 | | | | | | | | | |
| | 劣Ⅴ类 | | | | | | | | | |

续表

| 水资源资产分类 | | 期初资产负债表 | | | 资产负债变化表 | | | 期末资产负债表 | | |
|---|---|---|---|---|---|---|---|---|---|---|
| | | 资产 | 负债 | 净资产 | 资产 | 负债 | 净资产 | 资产 | 负债 | 净资产 |
| 河川溪流水 | Ⅰ类 | | | | | | | | | |
| | Ⅱ类 | | | | | | | | | |
| | Ⅲ类 | | | | | | | | | |
| | Ⅳ类 | | | | | | | | | |
| | Ⅴ类 | | | | | | | | | |
| | 劣Ⅴ类 | | | | | | | | | |
| 地下水 | Ⅰ类 | | | | | | | | | |
| | Ⅱ类 | | | | | | | | | |
| | Ⅲ类 | | | | | | | | | |
| | Ⅳ类 | | | | | | | | | |
| | Ⅴ类 | | | | | | | | | |
| | 劣Ⅴ类 | | | | | | | | | |

表 5 – 9 为基于取水环节的水资源资产负债表（数量形式）。主词栏为水资源资产分类，可将其分为地表水和地下水，其中地表水又可分为人工水库水、湖泊水和河川溪流水。除此以外，还可以对不同的水库、湖泊和河流进行细化分类。宾词栏为资产负债表核算项目，主要包括期初资产负债表、资产负债变化表以及期末资产负债表。

**2. 基于排水环节的水资源资产负债表设计**

基于排水环节的水资源资产负债表动态表式如表 5 – 11 所示。

表 5 – 11　　　　　　　基于排水环节的水资源资产负债表（动态型）

| 指标 | 期初负债 | 负债变化 | 期末负债 |
|---|---|---|---|
| 化学需氧量（COD） | | | |
| 氨氮 | | | |
| 磷 | | | |
| 氰化物 | | | |
| 石油类 | | | |
| 重金属 | | | |

　　表 5 – 11 显示了各项污染物指标的期初负债值、负债变化以及期末负债值。由于基于排水环节的各项污染物是逆向指标，因此，本章在此处只列示了负债值，若排放的各类污染物超过了基于排水环节的水资源负债临界值，就确认负债，并在该表中进行列示。

# 第六章　林木资源资产负债表
# 编制方法研究

## 第一节　林木资源相关概念

### 一、林木资源的概念和分类

　　林木是与林地相对应的概念。林地是生长林木的土地，而林木则是生长在林地上树林中的树，有别于孤立木[①]。作为原料来源，林木资源能够参与经济活动，产生经济利益；作为环境因素，林木资源能够调节气候、防风固沙，产生非经济利益。因此，若要明确林木资源的具体范围，就要先弄清楚什么是林地。

　　林地资源是生产和再生产森林资源的土地，属于土地覆盖类别中的一种，国际上对林地的定义几乎是统一的。欧洲国家一般根据一些标准，如林地中林木的冠层覆盖率和占地面积等来对林地进行界定。例如，根据冠层覆盖和占地面积，将林地分为森林地及其他林地，两者都不包括农业用地。在欧盟的定义中，森林地是指地表树冠覆盖超过 10%，占地面积超过 0.5 公顷，树木成熟时最低能达到 5 米的土地。森林地还包括树冠覆盖未达到 10% 或者高度还未超过 5 米处于幼龄的天然林以及为建立森林而种植的种植园，面积超过 0.5 公顷并且宽度超过 20 米的防护林等；其他有林地是指树冠覆盖在 5% ~

---

① 木材不仅存在于林地中，还存在于其他土地类型中。

10%并且成熟时高度能达到5米或者树冠覆盖度超过10%但成熟时高度不能达到5米的有林地以及灌木丛和矮树丛（EC，1999；EC，2002）。这同我国根据郁闭度及占地面积的分类方法相类似。

我国《国家森林资源连续清查技术规定（2014）》将林地分为乔木林地、灌木林地、竹林地、疏林地、未成林造林地、苗圃地、迹地和宜林地。其中，乔木林地是指由乔木组成的片林或林带，郁闭度大于或等于0.2；疏林地是指郁闭度在0.1～0.19的林地；竹林地是指附着有胸径2厘米以上的竹类植物，郁闭度大于或等于0.2的林地。具体的林地分类如表6-1所示。

表6-1 林地类型

| 林地 | 乔木林地 | 乔木林地 |
| --- | --- | --- |
| | 疏林地 | 疏林地 |
| | 灌木林地 | 一般灌木林地 |
| | | 特殊灌木林地 |
| | 竹林地 | 竹林地 |
| | 未成林造林地 | 未成林造林地 |
| | 苗圃地 | 苗圃地 |
| | 迹地 | 采伐迹地 |
| | | 火烧迹地 |
| | | 其他迹地 |
| | 宜林地 | 造林失败地 |
| | | 规划造林地 |
| | | 其他宜林地 |

根据《国家森林资源连续清查技术规定（2014）》，林木属于立木的一种。立木有三种，分别是林木、散生木和四旁树。立木的分类及其同林地的关系如图6-1所示，可以表述为：林木为生长在乔木林地、疏林地中的树木；散生木为生长在灌木林地、竹林地、未成林造林地、迹地、宜林地、非林地上的树木（不包括四旁树），以及幼、中林上层不同世代的高大树木；四旁树是指生长在非林地中村（宅）、路、水、田旁的树木。也就是说，根据《国家森林资源连续清查技术规定（2014）》，林木是生长在乔木林地、疏林地中的树木。

《中华人民共和国森林法实施条例》第二条第三款规定："林木，包括树

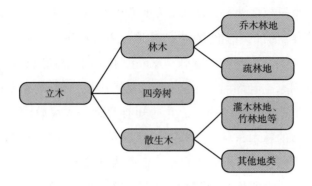

**图 6 - 1　立木的分类**

木和竹子"。也就是说，森林法实施条例中的林木范围要大于《国家森林资源连续清查技术规定（2014）》中的林木范围，认为林木不仅应包括生长在乔木林地和疏林地中的树木，还应包括生长在竹林地中的竹子。根据 2014 年国家森林资源连续清查浙江省第七次复查数据，2014 年浙江省有竹林 90.06万公顷，占全省 604.99 万公顷森林的 14.89%。因此，若将竹子从林木资源中剔除，会引起林木资源的大大低估。因此，经过研究认为，林木资源应该为生长在乔木林地、疏林地和竹林地中的树木和竹子。

　　作为一项资源，林木资源更强调森林提供木材的功能。SNA 和 SEEA 区分了培育性生物资源和非培育性生物资源，并只将非培育性生物资源视为自然资源。欧盟森林资源核算体系并没有对此进行区分，将培育和非培育木材资源都视为自然资源中的木材资源。

　　参照欧盟森林资源核算体系，本章认为，自然资源中的林木资源包括那些培育性的林木资源和非培育性的林木资源，鉴于区分培育性和非培育性可以便于区分那些进入经济体系的林木资源和客观存在的林木资源，因此本章保持了与 SNA的部分一致性，在林木资源分类中区分了培育性林木资源和非培育性林木资源。

## 二、林木资源的所有权主体和编制主体

### （一）所有权主体

在我国，森林资源的所有权存在国家所有权和集体所有权两种形式，林

木除了这两类所有权之外，还存在个人所有权。《森林法》第三条规定："国家所有的和集体所有的森林、林木和林地，个人所有的林木和使用的林地，由县级以上地方人民政府登记造册，发放证书，确认所有权或者使用权。国务院可以授权国家主管部门，对国务院规定的国家所有的重点林区的森林、林木和林地登记造册，发放证书，并通知有关地方人民政府。"同时，全民所有者单位营造的林木，由营造单位经营并按照国家规定支配林木收益。据此可知，个人可以享有林木的所有权，而个人所享有所有权的林木主要是指在农村的自留山、自留地和农村集体经济组织指定的其他地方种植的树木。在以承包或者其他方式取得使用权的林地上和在承包的荒山、荒地、荒滩上种植的树木，个人也可以取得其所有权。

### （二）编制主体

个人虽能够取得林木资源的所有权，但并不能够随意处置林木。《森林法》第三十二条规定："采伐林木必须申请采伐许可证，按许可证的规定进行采伐；农村居民采伐自留地和房前屋后个人所有的零星林木除外。国有林业企业事业单位、机关、团体、部队、学校和其他国有企业事业单位采伐林木，由所在地县级以上林业主管部门依照有关规定审核发放采伐许可证。铁路、公路的护路林和城镇林木的更新采伐，由有关主管部门依照有关规定审核发放采伐许可证。农村集体经济组织采伐林木，由县级林业主管部门依照有关规定审核发放采伐许可证。农村居民采伐自留山和个人承包集体的林木，由县级林业主管部门或者其委托的乡、镇人民政府依照有关规定审核发放采伐许可证。"由此可见，县级林业主管部门是审核发放采伐许可证的责任部门，同时也应该是负责林木资源管理的基层单位。同时，《中华人民共和国森林法实施条例》第二十八条规定："国家所有的森林和林木以国有林业企业事业单位、农场、厂矿为单位，集体所有的森林和林木、个人所有的林木以县为单位，制定年森林采伐限额，由省、自治区、直辖市人民政府林业主管部门汇总、平衡，经本级人民政府审核后，报国务院批准；其中，重点林区的年森林采伐限额，由国务院林业主管部门报国务院批准。"也就是说，国家所有的森林和林木以国有林业企业事业单位、农场、厂矿为核算主体，集体所有的森林和林木、个人所有的林木以县为核算主体。但是，根据自然资源资产负债表"对领导干部实行自然资源资产离任审计"的要求，林业企业事业单位、农场等核算主体显然不适合作为自然资源资产的编制主体。因此，可以将林业企业事业单位、厂矿等有能力填报数据的单位和企业作为林木资源资产负债表编制的基层单位，为政府编制林木资源资产负债表提供必要的基础信息。同时，根据国有林业企业事业单位的"县属""省属"和"国属"关系，可将其编制主体和生态责任主体分别认定为县级人民政府林业主管部门及本级人民政府，省、自治区、直辖市人民政府林业主管部门及本级人民政府，以及国务院林业主管部门。也就是说，政府既是林木资源资产负债表的编制主体，也是林木资源资产的生态责任主体。

### 三、林木资源资产和林木资源负债

#### （一）林木资源资产

无论是以核算经济活动为目的的 SNA，抑或是以核算环境经济之间关系为目的的 SEEA，都将林木资源视作资产，反映在相应的核算账户中。

SNA 基于经济资产认定准则，将两类林木资源纳入其资产核算范围：一类为生长和繁殖都在机构单位负责、控制和管理下的林木资源；另一类为生长和繁殖不在机构单位负责、控制和管理下的林木资源。前者被纳入 SNA 非金融生产资产中的培育性生物资源及其在制品，其生长和消耗能够在 SNA 的资本账户中予以体现；后者被纳入 SNA 非金融非生产资产中的自然资源，这类林木资源的生长、发现和耗减被计入 SNA 的资产物量其他变化账户。

SEEA 沿袭了 SNA 对林木资源的基本分类，但却从范围上进行了部分扩展。SEEA2012（中心框架）打破了 SNA 的经济资产限制，从生物物理学角度定义了环境资产，认为环境资产是地球上自然产生的、构成生物物理环境的生命和非生命的组成部分，可为人类带来利益，而非仅仅是经济利益。因而，所有的林木资源都应包括在 SEEA 的资产范围中。但由于 SEEA 的生产范围并未突破 SNA 的经济生产，其所推荐的价值量核算方法不得不局限于

SNA 的经济资产前提。

SNA 和 SEEA 的不同核算目的影响了其林木资源的核算范围,而根据我国自然资源资产负债表的编制目的,即反映自然资源资产"家底"及其变动情况和反映经济发展的资源环境代价并建立生态环境损害责任终身追究制,林木资源资产应包含两个层次,有广义和狭义之分。广义的林木资源资产应为我国领土范围内的所有林木资源,也就是客观存在的林木资源;狭义的林木资源资产为满足经济资产认定准则的林木资源,也就是那些所有权已经确定并得到有效实施,其所有者由于持有或使用它们而能够在目前或可预见的将来获得经济利益的林木资源,也可称为进入经济体系的林木资源。

### (二)林木资源负债

一般看来,负债被视为经济活动过程中经济主体所承担的偿付义务和赔偿责任,资产与负债均是对资产负债表报告主体经济活动的描述。因而,只有纳入经济活动范围的林木资源才有可能存在林木资源负债。鉴于此,林木资源负债应仅存在狭义之说,并与狭义的林木资源资产相对应。然而,在现有核算体系中,林木资源资产并不存在对应的负债项。因此需要从自然资源资产负债表编制的目的入手,寻找林木资源负债的定义依据。

根据我国自然资源资产负债表的编制目的,林木资源资产负债表不仅要反映各经济主体对林木资源的占有、使用、消耗、恢复和增值情况,还要有助于评估各经济主体对生态环境的质量影响,以便实现生态环境损害责任终身追究制,有效保护和永续利用自然资源。前者的实现可通过林木资源资产账户,后者的实现就要依靠自然资源资产负债表。问题是,林木资源负债究竟是什么?它要如何体现林木资源对生态环境质量的影响?为解决这些问题,需要提出一个理论假设。

假设 1:市场中存在两个机构部门,分别是政府部门和生态环境部门。各经济主体为政府部门下的机构单位;生态环境部门是一个虚拟的、由自然环境和生态系统所构成的"机构部门"。

从两个机构部门的相互影响上看,各经济主体对林木资源的占有、使用和消耗并非一定引起生态环境质量的变化。若经济主体对林木资源的使用和消耗能够保证林木资源的可持续发展，那么该使用和消耗便不会对其生态环境质量造成大的影响；若对林木资源的使用和消耗致使林木资源由于过度开发而遭受破坏，因而无法保证林木资源的可持续发展，那么就会引起生态环境质量的变化。可以认为，若经济主体对林木资源的消耗使得林木资源的发展变得不可持续，从而引起生态环境质量的变化，我们就认为该消耗是一种过度消耗，并将其视为经济主体对生态环境部门的负债；若经济主体对林木资源的使用和消耗是可持续的，尚未引起生态环境的质量变化，我们就认为该消耗是林木资源资产的减少。

因此，可将林木资源负债定义为由于核算主体对林木资源的过度消耗而导致的一种现时义务。该义务既可以是法定义务，也可以是推定义务。该义务体现了责任主体关于林木资源的债权债务关系。

## 第二节　林木资源负债临界值的确认方法

本节内容拟探讨林木资源负债临界值的确认思路与确认方法。林木资源作为一种可再生资源，既能为人类提供木材、薪材等原材料，又能起到防风固沙、保持水土、调节气候等作用；既能够带来经济利益，也能够提供生态价值、社会价值等非经济利益。然而，在获取林木经济价值的同时，却会失去其非经济价值。但是人们对林木资源的消耗往往是基于其经济价值。下面我们将从仅考虑经济价值和加入非经济价值两个角度来探讨林木资源负债临界值的确认方法。

### 一、仅考虑经济价值的林木资源负债临界值确认

促进林木资源的可持续发展要求实现自然资源的代际公平分配，即每代人从各种自然资源中获得的收益不减少。也就是每年可供采伐的木材量不减少，并维持森林的蓄积量不减少，从而保证森林的各种效能不减少，且后代人拥有的自然财富较前代人不减少（姜昕和王秀娟，2013）。本部分从资源

最优配置角度出发,假设经营者都是理性经济人,并按照最优轮伐期安排采伐,以使单位面积林地的收益净现值最大化。在此,林木经营者做出的林木采伐决策仅关注林木经济价值的最大化。

## (一) 单期模型

本部分先从单群林木的单期采伐决策入手。假设树木的自然生长规律是先加速生长,再减速生长,然后停止生长,最终慢慢衰朽。我们将单期林木总收益净现值的最大值记作 $\lambda$,并将其表示为(汤姆·蒂滕伯格,2011):

$$\lambda = \max_t \{ [p \times V(t) - c \times V(t)] \times e^{-rt} - C_0 \} \quad (6-1)$$

其中,$p$ 为单位体积的木材价格,$c$ 为边际采伐成本,$C_0$ 为植树成本,$t$ 为树龄,$V$ 为单株林木材积,$V$ 是关于 $t$ 的函数。则 $\lambda$ 对应的树龄 $t^*$ 满足:

$$V'(t^*) - rV(t^*) = 0 \quad (6-2)$$

即:多生长一年所获得的回报率等于市场回报率。

根据经验,林木的最优轮伐期一般处于减速生长到停止生长之间。因而,折现率越高,最优轮伐期越早。

## (二) 无限期模型

单期模型所隐含的条件是在一片土地上仅种植一次林木。然而,事实并非如此。可持续发展原则要求在被采伐的林地上进行迹地更新,重新种植林木,待其长成后再予以采伐,如此循环往复。根据浮士德曼(Faustmann)模型(汤姆·蒂滕伯格,2011),林木总收益净现值的最大值 $\lambda_0$ 可以表示为:

$$\lambda_0 = \max_t \{ [(p-c) \times V(t) \times e^{-rt} - C_0] + [(p-c) \times V(t) \times e^{-rt} - C_0]$$

$$\times e^{-rt} + [(p-c) \times V(t) \times e^{-rt} - C_0] \times e^{-2rt} + \cdots + [(p-c) \times V(t)$$

$$\times e^{-rt} - C_0] \times \sum_{k=0}^{\infty} e^{-krt} \}$$

$$= \max_t \left\{ [(p-c) \times V(t) \times e^{-rt} - C_0] \times \frac{1}{1-e^{-rt}} \right\} \quad (6-3)$$

则 $\lambda_0$ 对应的树龄 $t^*$ 满足：

$$(p-c) \times V'(t_0^*) - r \times (p-c)V(t_0^*) - r \times \lambda_0 = 0 \qquad (6-4)$$

即：林木进一步生长的边际收益恰好等于延迟采伐的机会成本。该机会成本由两部分构成：一是延迟采伐所损失现期收益的机会成本；二是延迟采伐所损失未来收益的机会成本。

根据式（6-4）求出单株林木的最佳轮伐期 $t_0^*$，并假设造林者每年的造林规模为 $x$hm$^2$，到 $t_0^*$ 年年末，该林中就有数量相等、树龄为 $1 \sim t_0^*$ 年不等的林木，活立木蓄积总量为 $H$。可以证明，若按照这种方式继续，则以后每年的活立木蓄积量都将为 $H$，森林将得以永续发展。

求出最佳轮伐期 $t_0^*$ 后，还需求出一个轮伐期内最大可采伐的林木蓄积量，并将该蓄积量以内的林木资源减少确认为林木资源资产的减少，该蓄积量之外的林木资源减少确认为自然资源负债的增加。若我们假定 $n$ 为密度变量（即每公顷土地上生长林木的株数），则每年可采伐的林木资源蓄积量为 $x \times n \times V(t_0^*)$，也就是可持续发展原则下的林木资源负债临界值。

## 二、加入非经济价值影响的林木资源负债临界值确认

上述 Faustmann 模型仅考虑了经营者在经济利益影响下的最优采伐决策，并未考虑林木资源在生态价值、社会价值等非经济因素影响下的最优采伐决策。作为森林资源最为重要的部分，林木既可作为生产活动的燃料和原材料，又能起到涵养水源、调节气候的作用，还可以保护生态的多样性，给人类带来观赏价值。可以说，林木同时具备了经济、生态和社会三个方面的价值。然而，林木一旦通过采伐转化为木材，虽然可以实现其经济价值，却也因此丧失了其生态价值和社会价值。哈特曼（Hartman）据此对 Faustmann 模型进行了优化（Allen and James，1985），在 Faustmann 模型中加入体现林木生态效益和社会效益的非经济价值因素，以便将林木资源的外部性内部化。

Hartman 模型以上述模型为基础，并令单株林木产生的生态效益和社会效益流为 $a(y)$，且 $a(y) > 0$，则其在 $t$ 年中产生的生态效益和社会效益的净

现值为 $\int_0^t (a(y)e^{-ry})\mathrm{d}y$ 。

### （一）单期模型

林木总收益净现值的最大值 $\lambda^*$ 可记作：

$$\lambda^* = \max_t \left\{ [p \times V(t) - c \times V(t)] \times e^{-rt} + \int_0^t (a(y)e^{-ry})dy - C_0 \right\}$$

$$(6-5)$$

则 $\lambda^*$ 对应的树龄 $t^{**}$ 满足：

$$(p-c) \times V'(t^{**}) - r \times (p-c) \times V(t^{**}) + a(t) = 0 \qquad (6-6)$$

### （二）无限期模型

林木总收益净现值的最大值 $\lambda_0^*$ 可记作：

$$\lambda_0^* = \max_t \left\{ [(p-c) \times V(t) \times e^{-rt} + \int_0^t (a(y)e^{-ry})\mathrm{d}y - C_0] \times \frac{1}{1-e^{-rt}} \right\}$$

$$(6-7)$$

此时的最优采伐决策 $t_0^{**}$ 满足：

$$(p-c) \times V'(t_0^{**}) + a(t) - r \times (p-c) \times V(t_0^{**}) - r \times \lambda_0^* = 0 \quad (6-8)$$

对比上述两种情况下的单期模型和无限期模型可以看出，加入非经济价值影响后的林木资源最优采伐决策由于考虑了延迟采伐所带来的生态效益和社会效益，因而延迟采伐的边际收益将会增加，最优轮伐期也会有所延迟。当林木资源的生态效益和社会效益足够大时，最优轮伐期将会变得更长。这也正是对那些生态效益和社会效益巨大的森林建立自然保护区、禁止采伐的原因所在。与可持续发展原则下林木资源负债临界值确认方法类似，加入非经济价值影响的林木资源负债临界值为 $x \times n \times V(t_0^{**})$ 。相比而言，加入非经济价值影响的林木资源负债临界值确认方法更加适合具有生态效益和社会效益的林木资源。

## 第三节 林木资源资产负债表基本表式设计

林木资源资产负债表编制的目的是摸清某一时点上特定核算主体的林木资源资产"家底",了解林木资源资产的增减变动情况,客观地评估当期林木资源资产的实物量和价值量的变化,准确把握经济主体对林木资源的使用、消耗、恢复和增值情况。与两个层次的林木资源资产相对应,林木资源资产负债表也有两个层次:针对客观存在的自然资源,编制林木资源资产存量表;针对进入经济体系的自然资源,编制林木资源资产负债表。这两个层次的资产负债表共有四种基本形式,分别是:林木资源资产存量表、林木资源资产存量变动表、林木资源资产负债表(静态型)以及林木资源资产负债表(动态型)。而这四类表又各有不同的表现形式,如表 6-2 所示。

表 6-2 各类林木资源资产负债表

| 林木资源资产类型 | 表格类型 | 表现形式与核算内容 |
|---|---|---|
| 客观存在的林木资源资产(第一层次) | 林木资源资产存量表 | 以实物量为单位,记录核算主体在核算期期初或期末的林木资源资产存量情况 |
| | 林木资源资产存量变动表 | 以实物量为单位,记录核算主体核算期间的林木资源资产存量变化情况及变化原因。主要包括期初林木资源资产存量、期末林木资源资产存量以及核算期期间林木资源资产的变化量 |
| 进入经济体系的林木资源资产(第二层次) | 林木资源资产负债表(静态型) | 以实物量和价值量两种形式,显示核算主体进入经济体系内的林木资源资产、林木资源负债和林木资源净资产情况 |
| | 林木资源资产负债表(动态型) | 以实物量和价值量两种形式,显示核算主体进入经济体系内的林木资源资产、林木资源负债和林木资源净资产情况,及其在核算期间的变化情况 |

## 一、林木资源资产存量表设计

### (一) 林木资源资产存量表

林木资源资产存量表可以摸清某一时点上特定地区林木资源的"家底"。林木资源"家底"主要有两种形式：一种是以蓄积量表示的生长在乔木林地和疏林地中的立木蓄积量；另一种是以株树表示的生长在竹林地中的竹子株树。若将林木资源蓄积按照组成树种进行划分，可以将其分为松木类、杉木类、阔叶树类、经济树种类以及灌木；若按照林木的用途进行分类，则可以分为用材林、薪炭林、防护林、经济林以及特种用途林。这些分类还可以进一步细分，例如可以根据龄级将其分为幼龄林、中龄林、近熟林、成熟林、过熟林。

如此，林木资源资产存量表的基本表式如表 6 - 3 所示，其主词栏为林木资源分类，宾词栏为核算主体分类。林木资源可以首先分为树木类和竹子类。树木类主要体现林木资源的蓄积量，计量单位为万立方米，可以进一步为松木类、杉木类、阔叶树类、经济树种类以及灌木。本章将其进一步细分为进入经济体系的林木资源和未进入经济体系的林木资源两种形式。除此之外，林木还可以按照林木龄级、是否能够用于提供木材、林种或其他分类标志进行分类。竹子类主要体现竹子的株树，计量单位为亿株。

**表 6 - 3**　　　　　　　　　　**林木资源资产存量表**

| 序号 | 项目 | 核算主体 1 | 核算主体 2 | 核算主体 3 | …… |
|---|---|---|---|---|---|
| 1 | 林木资源 | | | | |
| 1.1 | 树木类（万立方米） | | | | |
| 1.1.1 | 松木类 | | | | |
| 1.1.1.1 | 进入经济体系 | | | | |
| 1.1.1.2 | 未进入经济体系 | | | | |
| 1.1.2 | 杉木类 | | | | |
| 1.1.2.1 | 进入经济体系 | | | | |
| 1.1.2.2 | 未进入经济体系 | | | | |

续表

| 序号 | 项目 | 核算主体 1 | 核算主体 2 | 核算主体 3 | …… |
|---|---|---|---|---|---|
| 1.1.3 | 阔叶树类 | | | | |
| 1.1.3.1 | 进入经济体系 | | | | |
| 1.1.3.2 | 未进入经济体系 | | | | |
| 1.1.4 | 经济树种类 | | | | |
| 1.1.4.1 | 进入经济体系 | | | | |
| 1.1.4.2 | 未进入经济体系 | | | | |
| 1.1.5 | 灌木 | | | | |
| 1.1.5.1 | 进入经济体系 | | | | |
| 1.1.5.2 | 未进入经济体系 | | | | |
| 1.2 | 竹子类（亿株） | | | | |
| 1.2.1 | 毛竹 | | | | |
| 1.2.1.1 | 进入经济体系 | | | | |
| 1.2.1.2 | 未进入经济体系 | | | | |

### （二）林木资源资产存量变动表

林木资源资产存量变动表可以帮助了解林木资源资产的增减变动情况。由于树木和竹子的核算单位不同，林木资源资产存量变动表要针对树木和竹子分别进行编制，其基本表式如表 6 – 4 和表 6 – 5 所示。通过该表可以了解核算主体在核算期期初和期末的林木资源资产存量状况，以及核算期间林木资源资产的变动情况及变动原因。

表 6 – 4　　　　　　　林木（树木）资源资产存量变动表

| 项目 | 林木（树木） | | | |
|---|---|---|---|---|
| | 松木类 | | …… | |
| | 进入经济体系 | 未进入经济体系 | 进入经济体系 | 未进入经济体系 |
| 期初资源存量 | | | | |
| 存量增加 | | | | |
| 存量增长 | | | | |
| 发现新存量 | | | | |
| 向上重估 | | | | |

| 项目 | 林木（树木） | | | |
| --- | --- | --- | --- | --- |
| | 松木类 | | …… | |
| | 进入经济体系 | 未进入经济体系 | 进入经济体系 | 未进入经济体系 |
| 重新分类 | | | | |
| 存量增加合计 | | | | |
| 存量减少 | | | | |
| 砍伐量 | | | | |
| 存量正常减少 | | | | |
| 灾害损失 | | | | |
| 向下重估 | | | | |
| 重新分类 | | | | |
| 存量减少合计 | | | | |
| 期末资源存量 | | | | |

表 6 – 5　　　　　　　**林木（竹子）资源资产存量变动表**

| 项目 | 林木（竹子） | | | |
| --- | --- | --- | --- | --- |
| | 毛竹 | | …… | |
| | 进入经济体系 | 未进入经济体系 | 进入经济体系 | 未进入经济体系 |
| 期初资源存量 | | | | |
| 存量增加 | | | | |
| 存量增长 | | | | |
| 发现新存量 | | | | |
| 向上重估 | | | | |
| 重新分类 | | | | |
| 存量增加合计 | | | | |
| 存量减少 | | | | |
| 砍伐量 | | | | |
| 存量正常减少 | | | | |
| 灾害损失 | | | | |
| 向下重估 | | | | |
| 重新分类 | | | | |
| 存量减少合计 | | | | |
| 期末资源存量 | | | | |

　　表 6-4 为实物量形式的林木（树木）资源资产存量变动表。该表的主词栏为林木资源分类，可以根据林木的树种、林龄和性质等对其进行划分。随后，根据是否是经济资产，将其分为进入经济体系的林木和未进入经济体系的林木。宾词栏为存量核算项目，根据林木资源增减的原因，将其分为期初资源存量、存量增加、存量减少和期末资源存量。其中，存量增加又可分为存量增长、发现新存量、向上重估以及重新分类，存量减少又可分为砍伐量、存量正常减少、灾害损失、向下重估以及重新分类。

　　表 6-5 为实物量形式的林木（竹子）资源资产存量变动表，该表的设置方式与林木（树木）资源存量变动表相类似，在此不再赘述。

　　虽然第一个层次的林木资源资产负债表表现为实物量形式，但对于那部分进入经济体系的林木资源资产，也就是第二个层次的林木资源资产，也可以通过采用适当的估值技术，用价值量的形式表示该部分林木资源资产的存量及变动情况。需要注意的是，对林木资源进行估价需要采用立木采伐前的价格，若没有采伐前的价格，则需要从立木的交易价格中减去相应的采伐成本和运输成本（Pearce amd Pearce，2001）。然而，立木采伐前的价格并不好估算，有时可以采用林木采伐权的交易价格进行替代（Pearce，2001）。价值量表中的项目设置大体与实物量表相同，区别在于在价值量表中的存量核算项目中，要增加重新估价一栏，以体现价格变化对林木资源资产价值的影响。

　　通过林木资源资产存量变动表，可以进一步将林木资源增减变动的原因分为自然原因、人为原因和价格原因。自然原因主要是指那些由于植株自然繁衍所导致的林木蓄积量增加，以及雷电引发的森林火灾与虫灾等所导致的林木资源蓄积量的减少；人为原因主要是指由于人工种植林木所导致的林木资源蓄积量的增加和人为伐木所导致的林木资源蓄积量的减少。

　　区分进入经济体系的林木资源和未进入经济体系的林木资源的意义在于，可以根据进入经济体系的林木资源资产数量，以及人类活动所减少的林木资源资产存量（砍伐量），分析哪些对林木资源的砍伐是对林木资源的过度砍伐，进而确认林木资源负债。

## 二、林木资源资产负债表设计

林木资源资产负债表中的林木资源资产范围和林木资源资产存量表中的林木资源资产范围是不同的。前者为狭义的林木资源，也就是进入经济体系、参与经济过程的林木资源资产，需满足经济资产的认定准则，也就是那些所有权已经确定并得到有效实施，其所有者由于持有或使用它们而能够在目前或可预见的将来获得经济利益的林木资源；后者的林木资源为广义的林木资源，也就是在核算主体核算范围内的所有林木资源。

林木资源资产负债表借鉴会计学"资产 = 负债 + 所有者权益"的平衡关系，满足"林木资源资产 = 林木资源负债 + 林木资源净资产"的平衡关系。实物量形式的林木资源资产负债表要对树木和竹子分别予以编制，价值量的自然资源资产负债表可对树木和竹子进行汇总，编制林木资源资产负债表总表。

### （一）林木资源资产负债表（静态型）

林木资源资产负债表（静态型）可以用实物量和价值量两种形式体现，以反映某一时点核算主体的林木资源资产和负债状况，并有助于了解林木资源的资产、负债、净资产的整体情况和构成情况。

实物量形式的林木（树木）资源资产负债表（静态型）和林木（竹子）资源资产负债表（静态型）分别如表6-6和表6-7所示。该表中，主词栏为林木资源资产分类，宾词栏为各类林木资源的资产负债情况。其中，对主词栏的分类主要有两种：第一种，根据该林木资源是否能够用于提供木材，将其分为能够提供木材的林木资源以及不能提供木材的林木资源；第二种，按照林木资源的组成树种，将其分为松木类、杉木类、阔叶树类、经济树种类以及灌木。除此以外，还可以按照林木资源资产的培育性质，将其进一步分为培育性林木资源和非培育性林木资源。

**表 6−6　　　林木（树木）资源资产负债表（静态型、实物量形式）**

| 类型 | 资产 | 负债 | 净资产 |
|---|---|---|---|
| 能够提供木材 | | | |
| 　松木类 | | | |
| 　杉木类 | | | |
| 　阔叶树类 | | | |
| 　经济树种类 | | | |
| 　灌木 | | | |
| 　合计 | | | |
| 不能提供木材 | | | |
| 　松木类 | | | |
| 　杉木类 | | | |
| 　阔叶树类 | | | |
| 　经济树种类 | | | |
| 　灌木 | | | |
| 　合计 | | | |
| 　　总计 | | | |

**表 6−7　　　林木（竹子）资源资产负债表（静态型、实物量形式）**

| 类型 | 资产 | 负债 | 净资产 |
|---|---|---|---|
| 能够提供木材 | | | |
| 　毛竹 | | | |
| 不能提供木材 | | | |
| 　毛竹 | | | |
| 　总计 | | | |

表 6−6、表 6−7 和表 6−8 中，林木资源资产的负债值是根据林木资源负债的临界值，以及表 6−4 和表 6−5 中进入经济体系的林木资源资产存量数据及其砍伐量数据计算得来的。林木资源负债临界值为刚好满足林木资源可持续发展要求的林木资源最大可采伐量。将超过该临界值的林木资源采伐量视为林木资源负债，将不超过该临界值的采伐量视为林木资源资产的减少。对不能提供木材的林木资源而言，其负债临界值为零。

表6-8　　　　　　林木资源资产负债总表（静态型、价值量形式）

| 类型 | 资产 | 负债 | 净资产 |
|---|---|---|---|
| 能够提供木材 | | | |
| 　树木 | | | |
| 　毛竹 | | | |
| 　　合计 | | | |
| 不能提供木材 | | | |
| 　树木 | | | |
| 　毛竹 | | | |
| 　　合计 | | | |
| 　　总计 | | | |

## （二）林木资源资产负债表（动态型）

林木资源资产负债表（动态型）有助于准确把握经济主体对林木资源的使用、消耗、恢复和增值情况。林木资源资产负债表（动态型）满足"林木资源期初存量 + 林木资源存量增加 - 林木资源存量减少 = 林木资源期末存量"的平衡关系。

由于林木资源包括树木和竹子，且两者的计量单位不同，因此编制实物量形式的林木资源资产负债表时，要对树木和竹子分别进行编制。价值量形式的自然资源资产负债表既可以对树木和竹子分别进行编制，也可以汇总编制。

实物量形式的林木（树木）资源资产负债表（动态型）和林木（竹子）资源资产负债表（动态型）分别如表6-9和表6-10所示。

表6-9　　　林木（树木）资源资产负债表（动态型、实物量形式）

| 类型 | 期初资产负债表 | | | 资产负债变化 | | | 期末资产负债表 | | |
|---|---|---|---|---|---|---|---|---|---|
| | 资产 | 负债 | 净值 | 资产 | 负债 | 净值 | 资产 | 负债 | 净值 |
| 能够提供木材 | | | | | | | | | |
| 　松木类 | | | | | | | | | |
| 　杉木类 | | | | | | | | | |

| 类型 | 期初资产负债表 | | | 资产负债变化 | | | 期末资产负债表 | | |
|---|---|---|---|---|---|---|---|---|---|
| | 资产 | 负债 | 净值 | 资产 | 负债 | 净值 | 资产 | 负债 | 净值 |
| 阔叶树类 | | | | | | | | | |
| 经济树种类 | | | | | | | | | |
| 灌木 | | | | | | | | | |
| 合计 | | | | | | | | | |
| 不能提供木材 | | | | | | | | | |
| 松木类 | | | | | | | | | |
| 杉木类 | | | | | | | | | |
| 阔叶树类 | | | | | | | | | |
| 经济树种类 | | | | | | | | | |
| 灌木 | | | | | | | | | |
| 合计 | | | | | | | | | |
| 总计 | | | | | | | | | |

表 6 – 10　　　林木（竹子）资源资产负债表（动态型、实物量形式）

| 类型 | 期初资产负债表 | | | 资产负债变化 | | | 期末资产负债表 | | |
|---|---|---|---|---|---|---|---|---|---|
| | 资产 | 负债 | 净值 | 资产 | 负债 | 净值 | 资产 | 负债 | 净值 |
| 能够提供木材 | | | | | | | | | |
| 毛竹 | | | | | | | | | |
| 不能提供木材 | | | | | | | | | |
| 毛竹 | | | | | | | | | |
| 总计 | | | | | | | | | |

价值量形式的林木资源资产负债表可以对树木和竹子进行汇总编制，也可以进行单独编制。表6–11为汇总编制的林木资源资产负债总表（动态型）。

表 6 – 11　　　林木资源资产负债总表（动态型、价值量形式）

| 类型 | 期初资产负债表 | | | 资产负债变化 | | | 期末资产负债表 | | |
|---|---|---|---|---|---|---|---|---|---|
| | 资产 | 负债 | 净值 | 资产 | 负债 | 净值 | 资产 | 负债 | 净值 |
| 能够提供木材 | | | | | | | | | |
| 树木 | | | | | | | | | |

续表

| 类型 | 期初资产负债表 | | | 资产负债变化 | | | 期末资产负债表 | | |
|---|---|---|---|---|---|---|---|---|---|
| | 资产 | 负债 | 净值 | 资产 | 负债 | 净值 | 资产 | 负债 | 净值 |
| 毛竹 | | | | | | | | | |
| 合计 | | | | | | | | | |
| 不能提供木材 | | | | | | | | | |
| 树木 | | | | | | | | | |
| 毛竹 | | | | | | | | | |
| 合计 | | | | | | | | | |

　　林木资源资产存量表能够反映林木资源资产的"家底"，而其存量变动表则能够反映林木资源资产存量变化的数量和原因，进而用以确定林木资源负债值。若人为原因对林木资源的消耗致使林木无法保持可持续发展，我们就将那部分超额消耗部分视为林木资源的负债。因此，林木资源资产负债表能够反映人类对林木资源的欠账，进而用以衡量政府的自然资源政绩。

# 第七章　土地资源资产负债表
# 编制方法研究

## 第一节　土地资源相关概念

### 一、土地资源的概念和分类

#### （一）土地资源的概念

目前，各学科对土地的科学界定尚无统一的认识。从经济学的角度，马克思将土地视为未经人类协助而自然存在的一切劳动对象，以及一切活动的一般空间基础。从农业生产的角度，土地是农业中最主要的生产资料。从生态学的角度，土地是一个生态系统，是一个由地表各自然地理要素与生物体及人类之间相互作用、相互制约所形成的统一整体。1972 年，联合国粮食及农业组织（Food and Agriculture Organization，FAO）于荷兰的瓦格宁根召开的土地评价专家会议上将土地定义为：土地包括地球特定地域表面及其以上和以下的大气、土壤及基础地质、水文和植物。1976 年 FAO 发表的《土地评价纲要》中进一步指出，土地是地表的一个区域，其特点不仅包括该区域垂直向上和向下的生物圈的全部合理稳定的或可预测的周期性属性，还包括大气、土壤和下伏地质、生物圈、植物界和动物界的属性，以及过去和现在的人类活动的结果（王秋兵，2003）。尽管学者们目前对土地的界定尚不统一，但他们对土地的认识主要可以总结为以下三个方面：第一，土地是一个综合体，即土地的用途和性质取决于土地全部组成要素的综合作用；第二，土地是一个立体的空间实体，即土地的组成要素是分布在地球表面一定地域范围内的立体空间中；第三，土地是地球表面的陆地部分，即土地是突出海平面以上的部分，包括内陆水域、滩涂和岛屿，不包括海洋。

出于核算方法、核算手段等诸多客观因素的限制，在自然资源的相关核算中，土地并不是以生态系统的形式出现的。SNA2008 将土地视为一种无折旧的生产资料，属于非生产资产的一种，并将其定义为：地表，包括覆于其上的土壤及相关的地表水系，所有权可确立，且所有者可通过持有或使用它而获得经济收益（EC et al.，2009）。SEEA2012（中心框架）则将土地提供空间的功能与作为生产要素投入的功能进行了区分，并据此将其分为土地和土壤两部分核算内容。其中，土地既是经济活动和环境过程发生的场所，也是经济资产和环境资产的所在地。土地核算的主要内容是土地使用和土地覆盖，核算范围包括河流、湖泊等内陆水域，在某些时候，还可能延伸至近岸水域和一国的专属经济区。土壤是指地球陆地表面具有肥力能够生长植物的疏松表层。土壤核算的主要内容则是对其数量和质量方面的研究，主要包括土壤资源的物量和面积（EC et al.，2014）。区分土地和土壤的好处在于，能够更加突出土地的各项功能。比如说，土地面积一般不会随时间发生显著变化，而其代表的空间，则界定了从事经济和其他活动的场所和资产所处的场所，这是对经济活动的一种基本投入；土壤则主要提供支持生物资源生产和循环所需的物质基础，并为建筑物和基础设施提供地基。

综上所述，土地资源是指在一定的技术条件和一定时间内可以为人类利用的土地。在自然界中，几乎不存在对人类绝对无用的土地，因而土地和土地资源之间并没有十分明显的界限，两个概念在日常生活中也经常混用。

目前，就我国的土地资源核算而言，尚未对土壤和土地进行明确的区分。本章中所指的土地资源是指地表，包括土地资源和土壤资源两个部分。前者强调土地提供空间的能力，后者强调土地作为要素投入的功能。本章中所指的土地资源，若不与土壤资源相对应，则包含土地和土壤两方面内容；若与土壤资源对应出现，则强调代表空间的土地资源。

## （二）土地资源的分类

### 1. 土地资源分类

对土地资源进行分类有多种方式。较为常见的方式主要有三种：一是根据一国的行政区划，确定政府机构所属的行政边界；二是根据土地使用，确定土地的具体用途；三是根据土地覆盖，确定土地的覆盖特点。

我国《土地利用现状分类》（GB/T 21010—2017）根据土地的使用用途、经营特点、利用方式和覆盖特征等因素，采用一级、二级两个层次的分类体系，将土地分为 12 个一级类，73 个二级类。12 个一级类分别是：耕地、园地、林地、草地、商服用地、工矿仓储用地、住宅用地、公共管理与公共服务用地、特殊用地、交通运输用地、水域及水利设施用地、其他土地，具体分类情况如表 7 – 1 所示。本章主要基于此方法，对土地资源进行分类。

表 7 – 1　　　　　　　　　　　土地利用现状分类

| 分类编码 | 土地类型 | 分类编码 | 土地类型 |
|---|---|---|---|
| **1** | **耕地** | 3.7 | 其他林地 |
| 1.1 | 水田 | **4** | **草地** |
| 1.2 | 水浇地 | 4.1 | 天然牧草地 |
| 1.3 | 旱地 | 4.2 | 沼泽草地 |
| **2** | **园地** | 4.3 | 人工牧草地 |
| 2.1 | 果园 | 4.4 | 其他草地 |
| 2.2 | 茶园 | **5** | **商服用地** |
| 2.3 | 橡胶园 | 5.1 | 零售商业用地 |
| 2.4 | 其他园地 | 5.2 | 批发市场用地 |
| **3** | **林地** | 5.3 | 餐饮用地 |
| 3.1 | 乔木林地 | 5.4 | 旅馆用地 |
| 3.2 | 竹林地 | 5.5 | 商务金融用地 |
| 3.3 | 红树林地 | 5.6 | 娱乐用地 |
| 3.4 | 森林沼泽 | 5.7 | 其他商服用地 |
| 3.5 | 灌木林地 | **6** | **工矿仓储用地** |
| 3.6 | 灌丛沼泽 | 6.1 | 工业用地 |

| 分类编码 | 土地类型 | 分类编码 | 土地类型 |
|---|---|---|---|
| 6.2 | 采矿用地 | 10.3 | 公路用地 |
| 6.3 | 盐田 | 10.4 | 城镇村道路用地 |
| 6.4 | 仓储用地 | 10.5 | 交通运输场站用地 |
| **7** | **住宅用地** | 10.6 | 农村道路 |
| 7.1 | 城镇住宅用地 | 10.7 | 机场用地 |
| 7.2 | 农村宅基地 | 10.8 | 港口码头用地 |
| **8** | **公共管理与公共服务用地** | 10.9 | 管道运输用地 |
| 8.1 | 机关团体用地 | **11** | **水域及水利设施用地** |
| 8.2 | 新闻出版用地 | 11.1 | 河流水面 |
| 8.3 | 教育用地 | 11.2 | 湖泊水面 |
| 8.4 | 科研用地 | 11.3 | 水库水面 |
| 8.5 | 医疗卫生用地 | 11.4 | 坑塘水面 |
| 8.6 | 社会福利用地 | 11.5 | 沿海滩涂 |
| 8.7 | 文化设施用地 | 11.6 | 内陆滩涂 |
| 8.8 | 体育用地 | 11.7 | 沟渠 |
| 8.9 | 公共设施用地 | 11.8 | 沼泽地 |
| 8.10 | 公园与绿地 | 11.9 | 水工建筑用地 |
| **9** | **特殊用地** | 11.10 | 冰川及永久积雪 |
| 9.1 | 军事设施用地 | **12** | **其他土地** |
| 9.2 | 使领馆用地 | 12.1 | 空闲地 |
| 9.3 | 监教场所用地 | 12.2 | 设施农用地 |
| 9.4 | 宗教用地 | 12.3 | 田坎 |
| 9.5 | 殡葬用地 | 12.4 | 盐碱地 |
| 9.6 | 风景名胜设施用地 | 12.5 | 沙地 |
| **10** | **交通运输用地** | 12.6 | 裸土地 |
| 10.1 | 铁路用地 | 12.7 | 裸岩石砾地 |
| 10.2 | 轨道交通用地 | | |

资料来源:《土地利用现状分类》(GB/T 21010—2017)。

### 2. 土壤资源分类

土壤资源的分类方法繁多。根据土壤的质地，可将土壤分为黏质土、壤质土和沙质土；根据土壤的酸碱性，可将土壤分为酸性土、中性土和碱性土；根据土壤中有机质的含量，可将土壤分为有机土和矿质土；根据土壤发生类型，可将土壤分为红壤、棕壤、褐土、黑土、栗钙土、漠土、潮土、灌淤土、水稻土、湿土、盐碱土、岩性土和高山土。

目前，我国根据土壤的成土过程、成土条件和土壤属性等，对土壤采用了七级分类制，从土纲、亚纲、土类、亚类、土属、土种、亚种七个层次对土壤进行了细致的划分，并以土类和土种作为基本的分类单元。其中，最高一级的土纲共分为 12 类，分别是铁铝土、淋溶土、半淋溶土、钙层土、干旱土、漠土、初育土、半水成土、水成土、盐碱土、人为土和高山土（林大仪和谢英荷，2011）。

## 二、土地资源的权属

土地权属制度是法律上关于土地资源归谁所有、由谁使用以及由此产生的法律后果需要由谁承担的一系列规定构成的规范体系，主要包括土地资源的所有权和使用权两个部分，是土地资源作为基本物质生产资料进入经济组织运行过程的前提。

土地的所有权是指土地所有者依法对土地享有的占有、使用、收益和处分的权利，是土地所有制关系在法律上的反映。《中华人民共和国土地管理法》在第二条中明确规定，中华人民共和国实行土地的社会主义公有制，即全民所有制和劳动群体集体所有制。因此，我国的土地所有权可以分为国家土地所有权和集体土地所有权两种。我国城市市区的土地属于国家所有，国家土地所有权由国务院代表国家行使；农村和城市郊区的土地，除由法律规定属于国家所有的以外，其余属于农民集体所有。

也就是说，国家土地所有权的客体包括城市市区的土地，国有的山岭、荒地、滩涂，国有的森林、草地、水面所占用的土地等；集体土地所有权的客体是除法律规定属于国家所有的以外的农村和城市郊区的土地，包括宅基地和自留山、自留地等。农民集体所有的土地由县级人民政府登记造册，发放证书，确认其所有权。

### 三、土地资源资产和土地资源负债

#### （一）土地资源资产

与其他自然资源相类似，土地资源资产也应包含两个层次：第一个层次的土地资源资产应为我国领土范围内所有的土地资源，也就是客观存在的土地资源；第二个层次的土地资源资产为满足经济资产认定准则的土地资源，也就是那些所有权已经确定并得到有效实施，其所有者由于持有或使用它们而能够在目前或可预见的将来获得经济利益的土地资源，也可称为进入经济体系的土地资源。在土地资源资产负债表的编制中，本章根据土地提供空间的功能以及作为生产要素投入的功能，将土地资源资产分为土地资源资产和土壤资源资产，前者强调土地提供空间的能力，后者强调土地作为要素投入的功能。

根据第二次全国土地调查的实际情况，本章将《土地利用现状分类》（GB/T 21010-2017）中的土地资源分类进行部分合并，将一级土地利用类别中的商服用地（5）、工矿仓储用地（6）、住宅用地（7）、公共管理与公共服务用地（8）、特殊用地（9），以及二级土地利用类别中交通运输用地的城镇村道路用地（10.4）、交通运输场站用地（10.5）和其他土地中的空闲地（12.1）合并为一类，称为城镇村及工矿用地（05），并根据行政区划对其进行重新分类，将其分为城市（051）、建制镇（052）、村庄（053）和采矿用地（054）四个部分。具体分类方法如表7-2所示。其他类别的分类方法仍沿用《土地利用现状分类》（GB/T 21010-2017）中的分类方法。基于上述内容，本章将土地资源资产分为：耕地（01）、园地（02）、林地（03）、草地（04）、城镇村及工矿用地（05）、交通运输用地（06）、水域及水利设施用地（07）、其他土地（08）等八类。

表 7 - 2　　　　　　　　　　　城镇村及工矿用地的利用现状分类

| 编号 | 利用分类 | 具体含义 |
|---|---|---|
| 05 | 城镇村及工矿用地 | 指城乡居民点、独立居民点以及居民点以外的工矿、国防、名胜古迹等企事业单位用地，包括其内部交通、绿化用地 |
| 051 | 城市 | 指城市居民点，以及与城市连片的和区政府、县级市政府所在地镇级辖区内的商服、住宅、工业、仓储、机关、学校等单位用地 |
| 052 | 建制镇 | 指建制镇居民点，以及辖区内的商服、住宅、工业、仓储、学校等企事业单位用地 |
| 053 | 村庄 | 指农村居民点，以及所属的商服、住宅、工矿、工业、仓储、学校等用地 |
| 054 | 采矿用地 | 指采矿、采石、采砂（沙）场，盐田，砖瓦窑等地面生产用地及尾矿堆放地 |

## （二）土地资源负债

自然资源负债通常表现为两种形式：一种是数量上的负债；另一种是质量上的负债。根据土地资源的定义，土地是生态系统，为地表层的垂直空间，土地常常与其地表覆盖物组成一个整体，不能脱离地表层而单独存在。土地面积一般不会随时间发生显著变化，而其代表的空间，不仅界定了经济活动和其他活动的场所，还决定了经济资产和环境资产的所在地，这是对经济活动的一种基本投入。土壤则主要提供了支持生物资源生产和循环所需的物质能量，并为建筑物和基础设施提供地基。

从性质上讲，土地具有可再生性。土壤中存在的水分、养分以及其他化学物质被不断地消耗和补充，如此周而复始。这种更替在一定条件下是相对稳定的。在合理利用的前提下，土地的生产力是能够自我恢复的，并且对其中的污染物也有一定的净化能力。

人类对土地施加的影响主要体现在两个方面：一是人类活动排放的污染物会进入土壤，若该污染物的排放超过了土地的自净能力，就会引起土地质量的变化；二是人类对土地及其地表覆盖物的利用若超过了土地生态系统所能承受的范围，也会使土地质量受到影响。因此，土地的可再生性绝不意味着人类可以对其进行掠夺性开发。根据世界环境与发展委员会（WCED）向联合国提交的一份名为《我们共同的未来》的报告中给出的表述，可持续发展是"既满足当代人的需要，又不对后代人满足其需要的能力构成危害的发展"（WCED，1987）。人类一旦破坏了土地的生态系统平衡，就会出现水土流失、盐碱化、沙漠化等一系列土地退化问题，致使土地生产力下降。而当这种退化达到一定程度，土地的原有性质则可能会被彻底破坏而无法恢复。因此，土地的可再生性是有一定限度的，当超过某一阈值，土地的再生性就会丧失，土地资源就会遭到破坏。

目前，确认空间形式的土地资源负债尚无依据可循，因此在目前阶段，暂不确认空间形式的土地资源负债。人类对土壤的影响主要体现在两个方面：一是人类的农业、林业、牧业等生产活动都离不开土壤的供养；二是人类活动排放的污染物会流入土壤。前者从土壤中吸收的营养素和其他元素，可能会使土壤的供养能力逐渐下降；后者向土壤中排放污染物，若该污染物的排放超过了土地的自净能力，就会引起土壤质量的下降。可见，人类对土地资源的影响主要体现在土壤的质量上。因此，本章将土地资源负债看作土壤资源负债，是指由于人类活动所引起的土壤资源质量的下降和土壤资源数量的下降。

# 第二节　土地资源资产负债表基本表式设计

土地资源资产负债表能够反映土地资源在核算期期初、期末的存量水平以及在核算期间的流量变化，由土地资源资产负债表和土壤资源资产负债表构成。本节主要阐述土地资源资产负债表的表式设计方法，下节主要阐述土壤资源资产负债表的表式设计方法。

目前，确认空间形式的土地资源负债尚无依据可循，暂时无法对土地资源负债进行确认。本部分编制的土地资源资产负债表，主要是由第一层次的土地资源资产负债表构成，主要体现了土地资源的使用和覆盖情况，包括土地资源资产存量及其变动表和土地资源资产价值表，主要涉及土地资源资产存量表（数量形式）、土地资源资产存量表（质量形式）、土地资源资产存量变动表、土地资源变化矩阵、土地资源资产价值表，而这五类表又各有不同的表现形式，具体如表 7 - 3 所示。

表 7 - 3 　　　　　　　　　　各类土地资源资产负债表

| 表格类型 | 表格细分 | 核算内容 |
|---|---|---|
| 土地资源资产存量表 | 土地资源资产存量表（数量形式） | 以实物量为单位，对核算主体在核算期期初或期末的各类土地资源存量情况进行核算 |
| | 土地资源资产存量表（质量形式） | 以实物量为单位，对核算主体在核算期期初或期末的各类土地资源质量情况进行核算 |
| 土地资源资产存量变动表 | 土地资源资产存量变动表 | 以实物量为单位，对核算期间各类土地资源资产的变化情况进行核算 |
| | 土地资源变化矩阵 | 以实物量为单位，以土地资源变化记账表为基础，统计土地资源类型的变化情况，记录各类土地资源的来源、去向以及具体的数量 |
| 土地资源资产价值表 | 土地资源资产价值表 | 以价值量为单位，对核算主体在核算期期初、期末的各类土地资源资产的存量价值及其在核算期间的价值变动情况进行核算 |

## 一、土地资源资产存量表

土地资源资产存量表包括数量形式和质量形式两种。

### （一）土地资源资产存量表（数量形式）

土地资源资产存量表（数量形式）能够反映土地资源资产的期初和期末存量情况，其基本表式如表 7 - 4 所示，可以用面积单位表示。

表 7 - 4 　　　　　　　土地资源资产存量表（数量形式）

| 土地资源类型 | 行政区划 1 | | 行政区划 2…… | |
|---|---|---|---|---|
| | 面积（公顷） | 面积占比（%） | 面积（公顷） | 面积占比（%） |
| 耕地 | | | | |
| 林地 | | | | |
| 草地 | | | | |
| 园地 | | | | |
| 城镇村及工矿用地 | | | | |

续表

| 土地资源类型 | 行政区划1 | | 行政区划2…… | |
|---|---|---|---|---|
| | 面积（公顷） | 面积占比（%） | 面积（公顷） | 面积占比（%） |
| 交通运输用地 | | | | |
| 水域及水利设施用地 | | | | |
| 其他土地 | | | | |
| 合计 | | | | |

表7-4的主词栏反映土地资源类型，根据前文，将其划分为耕地、园地、林地、草地、城镇村及工矿用地、交通运输用地、水域及水利设施用地以及其他土地。如有需要，还可进一步细分。宾词栏通常以行政区划为单位进行统计分析，如此能够反映各个行政区划所拥有的土地资源存量情况。

### （二）土地资源资产存量表（质量形式）

土地资源资产存量表（质量形式）能够反映核算主体在核算期期初或期末的各类土地资源资产的质量情况。通常，先选取基础调查单元为最基本的测度单位，随后根据各类土地的调查结果以及各类土地的质量等别计算方法，测算该调查单元的质量等别。例如，要测度耕地的质量等别①，需要先将耕地以土地利用现状调查的耕地图斑为评价单元，从气候条件、地形状况、土壤状况、农田基础设施条件、土地利用水平等方面综合评定耕地质量等别。评定后的结果登记到土地资源质量等级登记表中，如表7-5所示。

表7-5　　　　　　　　　土地资源质量等级登记表

| 耕地面积 | 土地质量等别 |
|---|---|
| 基础调查单元1 | |
| 基础调查单元2 | |
| 基础调查单元3 | |
| 基础调查单元4 | |
| 基础调查单元5 | |

---

① 根据中国耕地质量等级调查与评定，我国耕地共有15个质量等别。

| 耕地面积 | 土地质量等别 |
|---|---|
| 基础调查单元6 | |
| 基础调查单元7 | |
| 基础调查单元8 | |
| 基础调查单元9 | |
| …… | |
| ××地平均质量等别 | |

随后，根据需要看是否对土地质量等别进行汇总，测度平均质量等别。汇总的计算公式为：

××地平均质量等别

$$= \sum (\text{××地质量等别} \cdot \text{该等别××地面积比重})$$

$$= \sum (\text{××地质量等别} \cdot \text{该等别××地面积} \div \text{本地区耕地总面积})$$

$$(7-1)$$

由土地资源质量等级登记表汇总，可以得到土地资源资产存量表（质量形式），如表7-6所示。表7-5和表7-6以耕地资源为例对土地资源资产存量表（质量形式）予以列示，其他类型土地的资产存量表（质量形式）可参照表7-5和表7-6进行编制。

表7-6　　　　　　　　　**土地资源资产存量表（质量形式）**

| 耕地质量等级 | 期初存量 | 本期增加量 | 本期减少量 | 期末存量 |
|---|---|---|---|---|
| 1级 | | | | |
| 2级 | | | | |
| 3级 | | | | |
| 4级 | | | | |
| 5级 | | | | |
| …… | | | | |
| 15级 | | | | |

## 二、土地资源资产存量变动表

土地资源资产存量变动表能够详细记录土地资源资产变化的原因、类别和相应土地资源资产的质量等级，并详细描述土地资源的流转关系，综合反映某核算主体期初、期末各类土地资源的面积及其在核算期间的变化情况和变化原因。该表以实物量为计量单位，主要包括土地资源存量变动表和土地资源变化矩阵。

### （一）土地资源存量变动表

土地资源存量变动表的基本平衡关系为：期初存量 + 存量增加 − 存量减少 = 期末存量，基本表式如表 7 – 7 所示。一般来说，除政治因素以外，一国的土地面积在核算期间是基本保持不变的。因而在核算期间，土地实物存量的变化主要是由土地类别的变化产生的。

表 7 –7　　　　　　　　　　　土地资源存量变动表

| 项目 | 耕地 | 林地 | 草地 | 园地 | 城镇村及工矿用地 | 交通运输用地 | 水域及水利设施用地 | 其他土地 |
|---|---|---|---|---|---|---|---|---|
| 期初存量 | | | | | | | | |
| 存量增加 | | | | | | | | |
| 　管理下的扩张 | | | | | | | | |
| 　自然扩张 | | | | | | | | |
| 　向上重估 | | | | | | | | |
| 　存量增加合计 | | | | | | | | |
| 存量减少 | | | | | | | | |
| 　管理下的减少 | | | | | | | | |
| 　自然减少 | | | | | | | | |
| 　向下重估 | | | | | | | | |
| 　存量减少合计 | | | | | | | | |
| 期末存量 | | | | | | | | |

在表 7 - 7 中，主词栏为土地资源资产分类，按照前文将其分为耕地、林地、草地、园地、城镇村及工矿用地、交通运输用地、水域及水利设施用地以及其他土地。宾词栏为资产核算项目，主要包括期初存量、存量增加、存量减少和期末存量。在存量增加中，管理下的扩张是指由于人类活动所导致的某种类型土地面积的增加，例如植树造林和播种造林可以使其他土地类型转化为林地；自然扩张是指自然过程所导致的某类土地面积的增加，包括播种、发芽、分枝或压条。在存量减少中，管理下的减少则是指由于人类活动而导致的某种土地类型的面积减少；自然减少是指由于自然原因所导致的某种土地类型面积的减少。重估则反映由于使用了新信息所得到的对不同土地面积大小的修正值，重估可能是向上重估，也可能是向下重估。一般来说，一种土地类型的增加就会对应一种土地类型的减少。

## （二）　土地资源变化矩阵

土地资源变化矩阵能够记录各类土地资源的来源、去向以及变动的具体数量。土地资源变化矩阵的编制基础是土地资源变化记账表和土地资源流量核算表。

土地资源变化记账表主要记录土地类型变化的原因及变化结果，其目标是通过详细记录每一次因土地类型改变所带来的土地资源数量与质量的变化，评估核算期间因人为活动而导致的土地资源功能与价值的变化情况。其中，土地覆盖的变化原因可归类如下：城市增长和基础设施开发、农业集约化和产业化、农业总体扩展、为在被淹区域（湿地）开发作物或人造表层而定期排水、森林砍伐和沙漠化。土地资源变化记账表的基本形式如表 7 - 8 所示。

表 7 - 8　　　　　　　　　　　　土地资源变化记账表

| 项目编号 | 变化时间 | 变化前 | | | | 变化后 | | | 备注 |
|---|---|---|---|---|---|---|---|---|---|
| | | 资源类型 | 变化量 | 资源质量 | 变化原因（经济/自然/生态） | 资源类型 | 资源流向 | 资源质量 | |
| 1 | | | | | | | | | |
| 2 | | | | | | | | | |
| 3 | | | | | | | | | |
| 4 | | | | | | | | | |
| 5 | | | | | | | | | |
| …… | | | | | | | | | |

　　如表7-8所示，土地资源记账表由一条条土地资源利用情况变动的记录项构成，整体分为变化前和变化后两大部分。核算内容包括变化前和变化后的土地资源类型、变化量、土地资源质量以及发生变化的具体原因等。其中，项目编号是识别土地利用情况变化的标识码，以便后期进行数据查找，也便于整理时能够快速检索到对应的记录条目；时间栏应明确标注本次土地类型发生变化的具体时间，以便对核算期内土地的变化情况进行整理；对于变化情况比较复杂或有其他特殊原因发生变动的，可在备注栏中予以标注说明。

　　土地资源流量核算表能够综合体现核算期期初与期末某一类型土地资源的存量情况及其在核算期期间的流量及流向。该表的主词栏为某一类土地资源的细分分类，宾词栏共有四类核算项目，分别是期初资源存量、资源存量增加、资源存量减少以及期末资源存量。期初资源存量和期末资源存量详细记录了核算期期初与期末的土地资源存量情况，资源存量增加记录了核算期间土地资源增加的详细情况，资源存量减少记录了核算期间土地资源减少的详细情况，资源存量增加和资源存量减少这两部分内容均包括土地资源的来源、去向以及变化原因。在存量增加与存量减少的各类原因统计中，可以根据实际情况增加相应的条目。变动原因可大致分为经济原因、自然原因和生态原因三大类，详细信息可记录在变动原因中。以耕地资源为例，土地资源流量核算表的基本形式如表7-9所示。

表7-9 土地资源流量核算表

| 项目 | 耕地 | | | 小计 | 变动原因 |
|---|---|---|---|---|---|
| | 水田 | 旱地 | 水浇地 | | |
| 期初资源存量 | | | | | |
| 资源存量增加 | | | | | |
| 园地—耕地 | | | | | |
| 林地—耕地 | | | | | |
| 草地—耕地 | | | | | |
| 城镇村及工矿用地—耕地 | | | | | |
| 交通运输用地—耕地 | | | | | |
| 水域及水利设施用地—耕地 | | | | | |

续表

| 项目 | 耕地 | | | 小计 | 变动原因 |
|---|---|---|---|---|---|
| | 水田 | 旱地 | 水浇地 | | |
| 其他土地—耕地 | | | | | |
| 其他原因引起的增加 | | | | | |
| 资源存量减少 | | | | | |
| 耕地—园地 | | | | | |
| 耕地—林地 | | | | | |
| 耕地—草地 | | | | | |
| 耕地—城镇村及工矿用地 | | | | | |
| 耕地—交通运输用地 | | | | | |
| 耕地—水域及水利设施用地 | | | | | |
| 耕地—其他土地 | | | | | |
| 其他原因引起的减少 | | | | | |
| 期末资源存量 | | | | | |

对核算期内土地资源变化记账表和土地资源流量核算表进行汇总和提取，并结合其他土地利用数据，可编制土地资源变化矩阵，如表 7 – 10 所示。

表 7 – 10　　　　　　　　土地资源变化矩阵　　　　　　计量单位：公顷

| 变更后地类 | 变更前地类 | | | | | | | | 总体外 | 期末面积 |
|---|---|---|---|---|---|---|---|---|---|---|
| | 耕地 | 园地 | 林地 | 草地 | 城镇村及工矿用地 | 交通运输用地 | 水域及水利设施用地 | 其他土地 | | |
| 耕地 | $r_{11}$ | $r_{12}$ | $r_{13}$ | $r_{14}$ | $r_{15}$ | $r_{16}$ | $r_{17}$ | $r_{18}$ | $b_1$ | $d_1$ |
| 园地 | $r_{21}$ | $r_{22}$ | $r_{23}$ | $r_{24}$ | $r_{25}$ | $r_{26}$ | $r_{27}$ | $r_{28}$ | $b_2$ | $d_2$ |
| 林地 | $r_{31}$ | $r_{32}$ | $r_{33}$ | $r_{34}$ | $r_{35}$ | $r_{36}$ | $r_{37}$ | $r_{38}$ | $b_3$ | $d_3$ |
| 草地 | $r_{41}$ | $r_{42}$ | $r_{43}$ | $r_{44}$ | $r_{45}$ | $r_{46}$ | $r_{47}$ | $r_{48}$ | $b_4$ | $d_4$ |
| 城镇村及工矿用地 | $r_{51}$ | $r_{52}$ | $r_{53}$ | $r_{54}$ | $r_{55}$ | $r_{56}$ | $r_{57}$ | $r_{58}$ | $b_5$ | $d_5$ |
| 交通运输用地 | $r_{61}$ | $r_{62}$ | $r_{63}$ | $r_{64}$ | $r_{65}$ | $r_{66}$ | $r_{67}$ | $r_{68}$ | $b_6$ | $d_6$ |
| 水域及水利设施用地 | $r_{71}$ | $r_{72}$ | $r_{73}$ | $r_{74}$ | $r_{75}$ | $r_{76}$ | $r_{77}$ | $r_{78}$ | $b_7$ | $d_7$ |
| 其他土地 | $r_{81}$ | $r_{82}$ | $r_{83}$ | $r_{84}$ | $r_{85}$ | $r_{86}$ | $r_{87}$ | $r_{88}$ | $b_8$ | $d_8$ |
| 总体外 | $a_1$ | $a_2$ | $a_3$ | $a_4$ | $a_5$ | $a_6$ | $a_7$ | $a_8$ | $m$ | — |
| 期初面积 | $c_1$ | $c_2$ | $c_3$ | $c_4$ | $c_5$ | $c_6$ | $c_7$ | $c_8$ | — | — |

表7-10中横行表示变更前的土地资源类型，纵列表示变更后的土地资源类型。首先，行向量 $A = (a_1, a_2, a_3, a_4, a_5, a_6, a_7, a_8)$ 表示期初属于该机构部门，但在核算期间流出该机构部门的土地资源，这类土地资源流出的原因一般为政府的行政区域变更。因此 $A$ 包含在期初的土地资源中，但不包含在期末的土地资源中。

列向量 $B = (b_1, b_2, b_3, b_4, b_5, b_6, b_7, b_8)'$ 表示核算期期初不属于该机构部门，但在核算期末属于该机构部门的土地资源。与 $A$ 的形成原因一致，这类土地资源流出的原因一般也为政府的行政区域变更。矩阵 $R$ 代表核算期间土地资源的相互转化情况。

$$R = \begin{bmatrix} r_{11} & \cdots & r_{18} \\ \vdots & \ddots & \vdots \\ r_{81} & \cdots & r_{88} \end{bmatrix} \tag{7-2}$$

其中，$r_{ij}$ 表示核算期期初为第 $j$ 类土地资源，而核算期期末为第 $i$ 类土地资源的土地资源数量，$r_{ij}(i=j)$ 表示核算期期初和期末土地类型未曾变动的土地资源。$C = (c_1, c_2, c_3, c_4, c_5, c_6, c_7, c_8)$ 和 $D = (d_1, d_2, d_3, d_4, d_5, d_6, d_7, d_8)'$ 分别代表核算期期初各类土地资源的面积以及核算期期末各类土地资源的面积。$\sum\limits_{i=1}^{8} r_{ij}(i \neq j)$ 表示核算期期间 $j$ 类土地转换成其他类土地的减少面积，$\sum\limits_{j=1}^{8} r_{ij}(i \neq j)$ 表示核算期期间其他类土地转换为 $i$ 类土地的增加面积。

### 三、土地资源资产价值表

土地资源资产价值表反映了期初、期末各类土地资源的价值及其在核算期间的变化量，如表7-11所示。主词栏为各类土地资源，除了将其分为耕地、林地、草地、园地、城镇村及工矿用地、交通运输用地、水域及水利设施用地和其他土地以外，还可根据行政区划对其进行进一步划分。宾词栏为期初土地资源存量价值、价值增加、价值减少以及期末土地资源存量价值。

表 7 – 11 土地资源资产价值表

| 项目 | 土地资源类型 | | | | | | | | 总计 |
|---|---|---|---|---|---|---|---|---|---|
| | 耕地 | 林地 | 草地 | 园地 | 城镇村及工矿用地 | 交通运输用地 | 水域及水利设施用地 | 其他土地 | |
| 期初土地资源存量价值 | | | | | | | | | |
| 价值增加 | | | | | | | | | |
| 　获得土地 | | | | | | | | | |
| 　重新分类 | | | | | | | | | |
| 　存量增加合计 | | | | | | | | | |
| 价值减少 | | | | | | | | | |
| 　处置土地 | | | | | | | | | |
| 　重新分类 | | | | | | | | | |
| 　存量减少合计 | | | | | | | | | |
| 重估价 | | | | | | | | | |
| 期末土地存量价值 | | | | | | | | | |

　　一般而言，土地面积总量在核算期间大体保持不变，土地价值总量的变化主要与土地价格的重估有关。同时，土地交易和土地用途的变化也可能会使土地价值发生明显的变化。确定土地的价值是一项复杂的工作，土地的价值会随地貌、位置、便利性等不同特征而具有较大差异。通常，土地的市场价值不仅包含地段价值、土地的物理属性价值，还包括位于土地上的生产资产价值（例如建筑物），很难将这些不同成分分开计价。再者，虽然存在土地的买卖市场，但是每年仅有一小部分土地被交易，因而观察到的土地价格可能不具有代表性。除此以外，某些土地可能永远不会在市场上进行交易。这些因素都导致了土地估价的困难。通常，土地价值都是和土壤价值一并计算的，很难单独对土地资源和土壤资源进行计价，此处的土地资源资产价值表也是一样，其土地价值计算包括土地和土壤两部分内容。

# 第三节　土壤资源资产负债表基本表式设计

　　由于人类对土壤的污染多为面源污染，尚不存在较好的计量方法。因此在目前，对土壤资源负债进行界定尚无依据可循。本节编制的土壤资源资产负债表，主要是由第一层次的土壤资源资产负债表构成，包括土壤资源资产面积表、土壤资源资产物量表以及土壤资源资产质量表，如表7-12所示。

表7-12 各类土壤资源资产负债表

| 表格类型 | 核算内容 |
|---|---|
| 土壤资源资产面积表 | 以实物量为单位，对核算主体在核算期期初、期末的土壤资源面积及其在核算期间的变化情况进行核算 |
| 土壤资源资产物量表 | 以实物量为单位，对核算主体在核算期期初、期末的土壤资源物量及其在核算期间的变化进行核算 |
| 土壤资源资产质量表 | 以实物量为单位，核算统计区域内核算期期初和期末的各类土壤资源的质量情况 |

## 一、土壤资源资产面积表

对土壤面积的核算是土壤核算的第一步，土壤资源资产面积表也可被视为土地面积核算的延伸。土壤资源资产面积表主要核算不同类型土壤的期初、期末存量及其在核算期间的变化量，如表7-13所示。

表7-13 土壤资源资产面积表

| 项目 | 土壤资源类型 | | | 总面积 |
|---|---|---|---|---|
| | 类型1 | 类型2 | …… | |
| 土壤资源期初存量 | | | | |
| 存量增加 | | | | |
| 　由于土地覆盖变化 | | | | |
| 　由于土壤质量变化 | | | | |
| 　由于土壤环境变化 | | | | |
| 　存量增加合计 | | | | |
| 存量减少 | | | | |
| 　由于土地覆盖变化 | | | | |
| 　由于土壤质量变化 | | | | |
| 　由于土壤环境变化 | | | | |
| 　存量减少合计 | | | | |
| 土壤资源期末存量 | | | | |

主词栏为土壤类型分类。对土壤进行分类的依据主要是土壤的成土过程、土壤成分和土壤属性等。成土过程反映了土壤的形成过程,是土壤形成过程中各种物理的、化学的和生物的作用总和;土壤成分反映了土壤的生物地球化学构成,例如土壤中所含有的矿物质、气体、液体和有机物质等;土壤属性则反映了土壤的物理、化学和生物特征,例如土壤孔隙度、质地、pH 值和微生物生物量等。世界土壤数据库主要阐述了 28 个土壤类型,我国则从土纲、亚纲、土类、亚类、土属、土种、亚种七个层次对土壤进行了细致的划分。另外,也可根据行政区划对其进行再分类。

宾词栏为土壤资源面积核算项目,主要分为土壤资源期初存量、存量增加、存量减少以及土壤资源期末存量。在存量增加和减少中,区分了由于土地覆盖变化、土壤质量变化以及土壤环境变化所导致的土壤面积的增加和减少。

## 二、土壤资源资产物量表

对土壤物量进行核算是土壤资源核算的第二步,借助于对土壤物量变化的核算,可以评估土壤侵蚀的范围以及水旱灾害之类的重大灾害的影响,并且能够提供与评估土壤耗减相关的信息,即与经济活动造成的土壤损失有关的信息。土壤资源资产物量表如表 7 – 14 所示,该表显示了土壤资源期初存量、土壤资源期末存量以及土壤资源在核算期间的变化。

表 7 – 14　　　　　　　　　　土壤资源资产物量表

| 项目 | 土壤资源类型 | | | 总面积 |
|---|---|---|---|---|
| | 类型 1 | 类型 2 | …… | |
| 土壤资源期初存量 | | | | |
| 存量增加 | | | | |
| 　土壤形成和沉积 | | | | |
| 　向上重估 | | | | |
| 　重新分类 | | | | |
| 　存量增加合计 | | | | |
| 存量减少 | | | | |

续表

| 项目 | 土壤资源类型 | | | 总面积 |
|---|---|---|---|---|
| | 类型1 | 类型2 | …… | |
| 挖取 | | | | |
| 土壤侵蚀 | | | | |
| 灾难性损失 | | | | |
| 向下重估 | | | | |
| 重新分类 | | | | |
| 存量减少合计 | | | | |
| 土壤资源期末存量 | | | | |

主词栏为土壤资源分类。既可以根据土壤类型进行划分，也可以根据行政区划进行划分。宾词栏为土壤资源物量核算项目。土壤的自然形成过程非常缓慢，在一定程度上可被视为不可再生资源。一般而言，一个地方的土壤资源存量的增加就意味着另一个地方土壤资源存量的减少。

## 三、土壤资源资产质量表

土壤资源资产质量表能够体现不同种类土壤资源的质量情况，其基本表式如表7-15所示。

表7-15　　　　　　　　　　土壤资源资产质量表

| 级别 | 土壤资源资产 | | | |
|---|---|---|---|---|
| | 农业 | 居住 | 商业 | 工业 |
| 第一级 | | | | |
| 第二级 | | | | |
| 第三级 | | | | |

表7-15中，主词栏为土壤资源分类。根据土壤的应用功能以及我国《土壤环境质量标准》（GB15618-2008），将其分为农业用地土壤、居住用地土壤、商业用地土壤以及工业用地土壤。每类土壤都根据污染物含量分为三个级别，分别是第一级、第二级和第三级。对比期初和期末的土壤资源资产质量表，还能得出土壤资源在核算期间的变化情况。

# 第八章 矿产资源资产负债表
# 编制方法研究

## 第一节 矿产资源相关概念

### 一、矿产资源的概念和分类

矿产资源是指经过漫长地质年代形成的，埋藏于地下或分布于地表（包括地表水体）可供人类利用的矿物的总称，是一种不可再生的自然资源。

国际上对矿产资源的分类通常遵循 SEEA2012 和 UNFC-2009（《联合国化石能源和矿产资源分类框架》）这两种分类方法（葛振华、赵淑芹和王国岩，2017）。根据《中国矿产资源分类细目》，我国的矿产资源可分为四类，分别是能源矿产、金属矿产、非金属矿产和水气矿产。具体如表 8-1 所示。

表 8-1　　　　　　　　　　矿产资源分类

| 类型 | 内容 |
|---|---|
| 能源矿产 | 煤、煤成气、石煤、油页岩、石油、天然气、油砂、天然沥青、铀、钍、地热 |
| 金属矿产 | 铁、锰、铬、钒、钛、铜、铅、锌、铝土矿、镍、钴、钨、锡、铋、钼、汞、锑、镁；铂、钯、钌、锇、铱、铑；金、银；铌、钽、铍、锂、锆、锶、铷、铯；镧、铈、镨、钕、钐、铕、钇、钆、铽、镝、钬、铒、铥、镱、镥；钪、锗、镓、铟、铊、铪、铼、镉、硒、碲 |

续表

| 类型 | 内容 |
|------|------|
| 非金属矿产 | 金刚石、石墨、磷、自然硫、硫铁矿、钾盐、硼、水晶、刚玉、蓝晶石、矽线石、红柱石、硅灰石、钠硝石、滑石、石棉、蓝石棉、云母、长石、石榴子石、叶蜡石、透辉石、透闪石、蛭石、沸石、明矾石、芒硝、石膏、重晶石、毒重石、天然碱、方解石、冰洲石、菱镁矿、萤石、宝石、黄玉、玉石、电气石、玛瑙、颜料矿物、石灰岩、泥灰岩、白垩、含钾岩石、白云岩、石英岩、砂岩、天然石英砂、脉石英、粉石英、天然油石、含钾砂页岩、硅藻土、页岩、高岭土、陶瓷土、耐火黏土、凹凸棒石黏土、海泡石黏土、伊利石黏土、累托石黏土、膨润土、铁矾土、其他黏土、橄榄岩、蛇纹岩、玄武岩、辉绿岩、安山岩、闪长岩、麦饭石、珍珠岩、黑曜岩、松脂岩、浮石、粗面岩、霞石正长岩、凝灰岩、火山灰、火山渣、大理岩、板岩、片麻岩、角闪岩、泥炭、矿盐、镁盐、碘、溴、砷 |
| 水气矿产 | 地下水、矿泉水、二氧化碳气、硫化氢气、氦气、氡气 |

资料来源:《中国矿产资源分类细目》。

除上述分类外,还能够根据矿产资源存在形态的不同,将其分为固体矿产资源和油气矿产资源。我国现行的矿产资源的分类标准是采用《固体矿产资源储量分类》(GB/T 17766-2020)和《油气矿产资源储量分类》(GB/T 19492-2020)这两项国家标准。其中,固体矿产资源是在地壳内或地表由地质作用形成的具有利用价值的固态自然富集物,通常包括能源矿产(主要是煤和泥炭)、金属矿产和非金属矿产,油气矿产则包括石油、天然气、页岩气和煤层气。

其中,固体矿产资源可以按照发现与否分为查明矿产资源和潜在矿产资源。其中,查明矿产资源是指经矿产资源勘查所发现的固体矿产资源,其资源种类、数量、质量、空间分布、开采利用条件等信息已获得。潜在矿产资源是指根据区域地质研究成果以及遥感、地球物理、地球化学信息,有时辅以极少量取样工程预测而未经查证的固体矿产资源,其资源的数量、质量、空间分布、开采利用条件等信息尚未获得,不应用资源量表征的矿产资源。查明矿产资源又能够根据矿产资源开发的可利用性分为能利用矿产资源和尚难利用矿产资源。能利用矿产资源是指当前或可预见的未来,能够满足采矿、加工、选冶、基础设施、经济、市场、法律、环境、社区和政策等开发条件的查明矿产资源,通常以资源量表征;尚难利用矿产资源是指当前和可预见的未来,尚不能满足采矿、加工、选冶、基础设施、经济、市场、法律、环

境、社区和政策等开发条件的查明矿产资源，不应以资源量表征。固体矿产
资源的类型如图 8 - 1 所示。

**图 8 - 1 固体矿产资源类型**

资料来源：根据《固体矿产资源储量分类》（GB/T 17766 - 2020）整理得到。

资源量是经矿产资源勘查查明并经概略研究，预期可经济开采的固体矿
产资源，其数量、品位或质量是依据地质信息、地质认识及相关技术要求而
估算的。《固体矿产资源储量分类》明确指出，可将固体矿产资源的资源量
类型按照地质可靠程度由低到高，分为推断资源量、控制资源量和探明资源
量。对于地质可靠程度不能满足开发需求的预测资源量，纳入潜在矿产资源；
对于原分类中的次边际经济资源量纳入尚难利用矿产资源（胡清乐和熊继
传，2020）。

储量为探明资源量和控制资源量中可经济采出的部分，是经过预可行性研
究、可行性研究或与之相当的技术经济评价，充分考虑了可能的矿石损失和贫化，
合理使用转换因素后估算的，满足开采的技术可行性和经济合理性。储量又可分
为证实储量和可信储量，其中，证实储量是基于探明资源量而估算的储量，证实
储量只对应探明资源量，而控制资源量则不能转换为证实储量（胡清乐和熊继
传，2020）。资源量分类及其与储量之间的转换关系如图 8 - 2 所示。

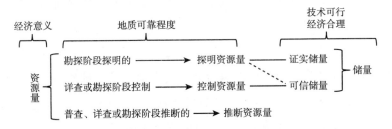

**图 8 - 2 固体矿产资源资源量分类及其与储量之间的转换关系**

资料来源：根据《固体矿产资源储量分类》（GB/T 17766 - 2020）整理得到。

## 二、矿产资源资产

大多数学者遵从 SEEA2012 关于资产的认定准则，认为矿产资源资产只包括那些产权明晰、具有经济可开采性，并且能给所有者带来经济利益的矿产资源（范振林和李晶，2019；孙亚丽和闫军印，2020）。本章认为，为满足我国对摸清自然资源家底的要求，矿产资源资产也应包括两个层次。第一个层次为我国领土范围内的全部矿产资源，主要指查明矿产资源，包括能利用矿产资源和尚难利用矿产资源两个部分。潜在矿产资源由于其资源的数量、质量、空间分布、开采利用条件等信息尚未获得，因而无法对其计量，不被纳入矿产资源资产的核算范围。该层次的矿产资源只能进行实物计量，不能进行价值量的核算。第二层次的矿产资源指那些能够进入经济体系、具有技术可行性和经济合理性的矿产资源，主要是指能利用矿产资源中的探明资源量和控制资源量。

对于推断的资源量，由于其未满足技术可行性和经济合理性等条件，无法开采或较难以合理的价格进行开采，因此暂时无法进行经济体系。该层次的矿产资源可以用实物量和价值量两种方法计量。

## 三、矿产资源负债

从自然资源的属性上看，自然资源有可再生自然资源和不可再生自然资源之分。对于可再生自然资源，自然资源负债就是核算主体对自然资源的过度消耗导致的一种现时义务。但对于不可再生资源而言，对矿山进行开采就形成了实际的消耗，较难界定自然资源的过度消耗。部分学者认为环境损害和生态破坏是矿产资源的负债，因为采矿会大面积地开挖地面，这会对地面植被产生严重破坏，同时，还会造成水体污染、水土流失、生物多样性的破坏等，因此广泛采用治理费用来衡量负债值的大小。

本书认为，治理费用确实是企业要承担的义务，但却不属于矿产资源负债。首先，环境治理费用等皆是针对微观主体而言，而矿产资源资产负债表是以宏观主体，例如以政府为核算主体编制的；其次，宏观主体在计算未来的现金流量时，通常采用资源租金法，而资源租金则是宏观主体通过将矿产资源的开采权等权利出售给企业部门所获得的。宏观主体并没有获得资源的销售收入，也就不应承担与销售收入对应的环境治理等成本费用。

综上所述，本书认为，对于不可再生资源，不存在自然资源负债，只有自然资源耗减。因此，宏观核算主体不存在矿产资源负债。

## 第二节　矿产资源资产负债表基本表式设计

矿产资源资产负债表的基本表式源于其资产和负债的界定。首先，由于矿产资源不存在负债，因此矿产资源资产负债表应仅存在资产项，不存在负债项；其次，在矿产资源的核算中，存量核算固然重要，但由于矿产资源为不可再生资源，若不对其利用加以控制，很快就会消耗殆尽。因此，本章认为，编制矿产资源资产负债表，应着重体现存量和流量两个方面。存量显示我国的矿产资源资产储量，包括第一层次矿产资源资产和第二层次矿产资源资产。前者指查明矿产资源，后者指探明资源量和控制资源量。流量着重体现矿产资源的存量变动情况，更进一步，还可以反映矿产资源的供给使用情况。

因此，可以考虑构建由一张总表（矿产资源资产负债表）和三张子表（第一层次矿产资源资产实物量表、第二层次矿产资源资产实物量表，以及矿产资源资产价值量表）构成的矿产资源资产负债表体系。

### 一、矿产资源资产实物量表

我国现行的矿产资源分类标准是采用《固体矿产资源储量分类》（GB/T 17766－2020）和《油气矿产资源储量分类》（GB/T 19492－2020）这两项国家标准。其中，固体矿产通常包括能源矿产（主要是煤和泥炭）、金属矿产和非金属矿产，油气矿产则包括石油、天然气、页岩气和煤层气。所以矿产资源实物量表账户可以设置固体矿产和油气矿产两个一级科目，固体矿产下属三个二级科目分别为能源矿产（主要为煤和泥炭）、金属矿产（铁、铜、铅和锌等）、非金属矿产（硫铁矿、磷矿、高岭土和明矾石等），油气矿产下属二级科目主要为石油、天然气、页岩气和煤层气等。

先有实物再有价值，实物量是价值量核算的基础，因此在核算矿产资源资产价值时，必须先对矿产资源资产的实物量进行核算。实物量表有存量表和流量表之分，一种做法是将存量表和流量表分开设计，另一种做法是将存量表和流量表归总在一张表上。为了动态反应实物量的变化，体现矿产资源的供给使用情况，本章将存量表和流量表放在一张表上。为了凸显矿产资源的层次，即第一层次矿产资源资产和第二层次矿产资源资产，将使用两张实物量表来分别进行核算。

在对矿产资源资产进行实物量核算时，也要遵循"期末存量＝期初存量＋本期增加量－本期减少量"的自然资源资产负债表实物核算表达式，只是在增减项目上的细节有所不同（葛振、赵淑芹和王国岩，2017）。本章在此基础上，细分了本期增加量和本期减少量，本期增加量分为勘查新增量和重算增加量，本期减少量分为采出量、损失量、勘查减少量和重算减少量。因此，核算表达式又可以写作："期末存量＝期初存量＋勘查新增量＋重算增加量－采出量－损失量－勘查减少量－重算减少量"。

第一层次和第二层次矿产资源实物量表的基本表式、核算科目及实物核算表达式都相同（见表 8 - 2），只是核算范围有所不同。

表 8 - 2　　　　　　　　第一层次和第二层次矿产资源实物量表

| 矿产种类 | | | 期初存量 | 本期存量增加量 | | | 本期存量减少量 | | | | | 期末存量 |
|---|---|---|---|---|---|---|---|---|---|---|---|---|
| | | | | 勘查新增量 | 重算增加量 | 合计 | 采出量 | 损失量 | 勘查减少量 | 重算减少量 | 合计 | |
| 固体矿产 | 能源 | 煤炭 | | | | | | | | | | |
| | | 泥炭 | | | | | | | | | | |
| | | …… | | | | | | | | | | |
| | 金属 | 铁矿 | | | | | | | | | | |
| | | 铜矿 | | | | | | | | | | |

续表

| 矿产种类 | | | 期初存量 | 本期存量增加量 | | | 本期存量减少量 | | | | | 期末存量 |
|---|---|---|---|---|---|---|---|---|---|---|---|---|
| | | | | 勘查新增量 | 重算增加量 | 合计 | 采出量 | 损失量 | 勘查减少量 | 重算减少量 | 合计 | |
| 固体矿产 | 金属 | 铅矿 | | | | | | | | | | |
| | | 锌矿 | | | | | | | | | | |
| | | …… | | | | | | | | | | |
| | 非金属 | 硫铁矿 | | | | | | | | | | |
| | | 磷矿 | | | | | | | | | | |
| | | 高岭土 | | | | | | | | | | |
| | | 明矾石 | | | | | | | | | | |
| | | …… | | | | | | | | | | |
| 油气矿产 | | 石油 | | | | | | | | | | |
| | | 天然气 | | | | | | | | | | |
| | | 页岩气 | | | | | | | | | | |
| | | …… | | | | | | | | | | |
| 合计 | | | | | | | | | | | | |

## 二、矿产资源资产价值量表

由于矿产资源有固态、液态和气态的区别，而且性质各异，实物计量只能满足单一的矿产资源核算，若要综合到矿产资源资产负债表上，还需要使用统一的货币单位进行核算，才能将不同计量单位的矿产资源进行比较，不然矿产资源资产负债表仅仅是一张统计表，不能反映资源耗用的价值，无法为政府决策提供依据。价值量表是将实物量表中的各类矿种的实物量通过价值化后形成的核算账户，因此价值量表是基于实物量表计量而来的。

由于第一层次的矿产资源主要为查明矿产资源，因此只能进行实物量核算，无法进行价值量核算，价值量核算只针对第二层次的矿产资源，主要为探明资源量和控制资源量。价值量表核算遵循"期末余额＝期初余额＋本期变化量"的平衡关系，样表如表 8 - 3 所示。

表 8 – 3                               矿产资源价值量表

| 矿产种类 | | | 期初余额 | 本期变化量 | 期末余额 |
|---|---|---|---|---|---|
| 固体矿产 | 能源矿产 | 煤炭 | | | |
| | | 泥炭 | | | |
| | | …… | | | |
| | 金属矿产 | 铁矿 | | | |
| | | 铅矿 | | | |
| | | 锌矿 | | | |
| | | …… | | | |
| | 非金属矿产 | 硫铁矿 | | | |
| | | 磷矿 | | | |
| | | 高岭土 | | | |
| | | …… | | | |
| 油气矿产 | 石油 | | | | |
| | 天然气 | | | | |
| | …… | | | | |
| 合计 | | | | | |

### 三、矿产资源资产负债表

从实用和管理的角度看，矿产资源资产负债表应是矿产资源管理部门编制的，用于反映矿产资源期初实物量、价值量与期末变化的综合列表和信息报告，不是一张严格意义上的会计报表，而是一张管理报表，国内研究大多停留在资产分类、账户设置、负债确认和价值量核算等方面，存在理论、方法、技术和数据的障碍（范振林和李晶，2019）。

国家是矿产资源的唯一所有权主体，拥有绝对的控制权，而政府和企业在矿产的具体生产过程中起到代理和使用的作用，拥有使用权、转让权和收益权。我国实行矿产资源有偿使用制度和矿业权有偿取得制度，矿产资源资产价值一方面体现在处置最终矿产品所带来的经济利益，另一方面还包括出让探矿权和采矿权所收取的费用、价款以及税费，所以将矿产资源资产负债表的账户分为有形矿产资产账户和无形矿产资产账户，有形矿产资产账户包括固体矿产资产和油气矿产资产，无形矿产资产账户包括探矿权和采矿权转让的收益以及税金。

　　本章认为不存在矿产资源资产负债，矿产资源资产负债表中也仅有资产项，矿产资源资产即为净资产。整个矿产资源资产负债表体系包括一张总表，即矿产资源资产负债表（见表8-4）和三张子表，分别为第一层次矿产资源资产实物量表、第二层次矿产资源资产实物量表，以及矿产资源价值量表。

表8-4 矿产资源资产负债表

| 矿产种类 | | | 期初余额 | 本期变化 | 期末余额 |
|---|---|---|---|---|---|
| 有形矿产资产 | 固体矿产 | 能源 | | | |
| | | 金属 | | | |
| | | 非金属 | | | |
| | 油气矿产 | 石油 | | | |
| | | 天然气 | | | |
| | | …… | | | |
| 有形矿产资产合计 | | | | | |
| 无形矿产资产 | 探矿权 | | | | |
| | 采矿权 | | | | |
| | 税金 | | | | |
| 无形矿产资产合计 | | | | | |
| 资产合计 | | | | | |
| 净资产 | | | | | |

# 第三部分

# 中国自然资源资产
# 负债表编制实践研究

# 第九章 中国水资源资产负债表
## 编制实践研究

## 第一节 中国水资源基本情况

中国水资源总量较为丰富，但是分布不均衡，呈现出东南多、西北少的格局，人均水资源量低于世界平均水平，多年平均降水量为 687.0 毫米。中国主要河流多数发源于青藏高原，直接或者间接向东、向南流入海洋。截至 2020 年，全国 705 座大型水库和 3 729 座中型水库年末蓄水总量比年初增加 237.5 亿立方米。62 个湖泊年末蓄水总量比年初增加 47.5 亿立方米。全国分为 10 个水资源一级区，分别为松花江区、辽河区、海河区、黄河区、淮河区、长江区、东南诸河区、珠江区、西南诸河区和西北诸河区。①

### 一、水资源量

#### （一）地表水资源量

根据 2018～2020 年《中国水资源公报》，在 2020 年，中国地表水资源量达到 30 407.0 亿立方米，同上年相比偏多 8.62%，同多年平均值相比偏多 10.84%。全国入境水量为 185.1 亿立方米，出境水量为 5 744.7 亿立方米，

---

① 资料来源：2020 年《中国水资源公报》。

入海水量为 19 071.0 亿立方米。全国各水资源一级区近三年的地表水资源量和多年平均值的比较结果如表 9-1 所示，2020 年全国各水资源一级区地表水资源量同上一年及多年平均值的比较结果如图 9-1 所示。

表 9-1　　　　　全国各水资源一级区近三年的地表水资源量
和多年平均值比较　　　　　　　　单位：亿立方米

| 水资源一级区 | 2018 年 | 2019 年 | 2020 年 | 多年平均值 |
|---|---|---|---|---|
| 全国 | 26 323.2 | 27 993.3 | 30 407.0 | 27 433.5 |
| 松花江区 | 1 441.7 | 1 935.1 | 1 950.5 | 1 511.9 |
| 辽河区 | 307.8 | 305.7 | 470.3 | 355.4 |
| 海河区 | 173.9 | 104.5 | 121.5 | 148.6 |
| 黄河区 | 755.3 | 690.2 | 796.2 | 610.9 |
| 淮河区 | 769.9 | 328.1 | 1 042.5 | 630.8 |
| 长江区 | 9 238.1 | 10 427.6 | 12 741.7 | 10 197.0 |
| 东南诸河区 | 1 505.5 | 2 475.0 | 1 665.1 | 2 135.0 |
| 珠江区 | 4 762.9 | 5 065.8 | 4 655.9 | 4 976.9 |
| 西南诸河区 | 5 986.5 | 5 312.0 | 5 751.1 | 5 550.3 |
| 西北诸河区 | 1 381.5 | 1 349.4 | 1 213.1 | 1 316.6 |

资料来源：2018～2020 年《中国水资源公报》。

从表 9-1 中可以看出，无论是 2020 年、2019 年、2018 年的地表水资源量，还是多年的平均值，长江区都是中国地表水资源最为丰富的一级水资源区，其次依次是西南诸河区、珠江区、东南诸河区、松花江区、西北诸河区、黄河区、淮河区、辽河区和海河区。从图 9-1 可以看出，2020 年全国各水资源一级区地表水资源量同多年平均值相比，海河区、东南诸河区、珠江区和西北诸河区有所下降，松花江区、辽河区、黄河区、淮河区、长江区和西南诸河区有所增加。与 2019 年相比，东南诸河区、珠江区和西北诸河区地表水资源量有所下降，松花江区、辽河区、海河区、黄河区、淮河区、长江区和西南诸河区地表水资源量有所增加，其中淮河区增加幅度达 217.74%。

全国各省级行政区近三年的地表水资源量和多年平均值的比较结果如表 9-2 所示。全国各省级行政区 2020 年地表水资源量同上年和多年平均值的比较结果如图 9-2 所示。

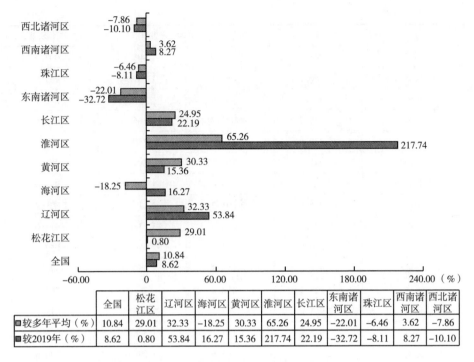

图 9 - 1　2020 年全国各水资源一级区地表水资源量同上一年和多年平均值比较

| | 全国 | 松花江区 | 辽河区 | 海河区 | 黄河区 | 淮河区 | 长江区 | 东南诸河区 | 珠江区 | 西南诸河区 | 西北诸河区 |
|---|---|---|---|---|---|---|---|---|---|---|---|
| ▧ 较多年平均（%） | 10.84 | 29.01 | 32.33 | -18.25 | 30.33 | 65.26 | 24.95 | -22.01 | -6.46 | 3.62 | -7.86 |
| ▨ 较2019年（%） | 8.62 | 0.80 | 53.84 | 16.27 | 15.36 | 217.74 | 22.19 | -32.72 | -8.11 | 8.27 | -10.10 |

表 9 - 2　　　　　全国各省级行政区近三年的地表水资源量

和多年平均值比较　　　　　　　　　单位：亿立方米

| 分区 | 2018 年 | 2019 年 | 2020 年 | 多年平均值 |
|---|---|---|---|---|
| 全国 | 26 323.2 | 27 993.3 | 30 407.0 | 27 433.5 |
| 北京 | 14.3 | 8.6 | 8.2 | 11.0 |
| 天津 | 11.8 | 5.1 | 8.6 | 11.4 |
| 河北 | 85.3 | 51.4 | 55.7 | 72.1 |
| 山西 | 81.3 | 58.5 | 72.2 | 73.1 |
| 内蒙古 | 302.4 | 305.8 | 354.2 | 368.6 |
| 辽宁 | 209.3 | 211.5 | 357.7 | 267.5 |
| 吉林 | 422.2 | 437.4 | 504.8 | 383.3 |
| 黑龙江 | 842.2 | 1 305.7 | 1 221.5 | 867.8 |
| 上海 | 32.0 | 40.9 | 49.9 | 36.5 |
| 江苏 | 274.9 | 163.0 | 486.6 | 346.5 |

续表

| 分区 | 2018 年 | 2019 年 | 2020 年 | 多年平均值 |
|------|---------|---------|---------|-----------|
| 浙江 | 848.3 | 1 303.0 | 1 008.8 | 1 093.5 |
| 安徽 | 766.7 | 482.1 | 1 193.7 | 761.3 |
| 福建 | 777.0 | 1 362.5 | 759.0 | 1 203.7 |
| 江西 | 1 129.9 | 2 032.7 | 1 666.7 | 1 684.6 |
| 山东 | 230.6 | 119.7 | 259.8 | 164.2 |
| 河南 | 241.7 | 105.8 | 294.8 | 205.6 |
| 湖北 | 825.9 | 583.4 | 1 735.0 | 997.0 |
| 湖南 | 1 336.5 | 2 091.2 | 2 111.2 | 1 801.4 |
| 广东 | 1 885.2 | 2 058.3 | 1 616.3 | 1 915.0 |
| 广西 | 1 829.7 | 2 103.8 | 2 113.7 | 2 052.5 |
| 海南 | 414.6 | 249.3 | 260.6 | 370.1 |
| 重庆 | 524.2 | 498.1 | 766.9 | 561.5 |
| 四川 | 2 951.5 | 2 747.7 | 3 236.2 | 2 611.6 |
| 贵州 | 978.7 | 1 117 | 1 328.6 | 1 026.8 |
| 云南 | 2 206.5 | 1 533.8 | 1 799.2 | 1 830.6 |
| 西藏 | 4 658.2 | 4 496.9 | 4597.3 | 4 442.9 |
| 陕西 | 347.6 | 469.7 | 385.6 | 378.5 |
| 甘肃 | 325.7 | 312.2 | 396 | 252.9 |
| 青海 | 939.5 | 898.2 | 989.5 | 775.3 |
| 宁夏 | 12.0 | 10.3 | 9.0 | 8.8 |
| 新疆 | 817.8 | 829.7 | 759.6 | 858.1 |

资料来源：2018～2020 年《中国水资源公报》。

从表 9 - 2 中可以看出，就全国各省级行政区而言，2020 年，西藏的地表水资源量最为丰富，然后依次是四川、广西、湖南、云南、湖北、江西、广东、贵州、黑龙江、安徽、浙江、青海、重庆、新疆、福建、吉林、江苏、甘肃、陕西、辽宁、内蒙古、河南、海南、山东、山西、河北、上海、宁夏、天津、北京。综合 2018～2020 年及多年平均值的情况来看，西藏和四川仍然是地表水资源最为丰富的地区，而山西、河北、上海、宁夏、北京和天津仍是地表水资源最为缺乏的地区，其余各省级行政区名次稍微有些变化。

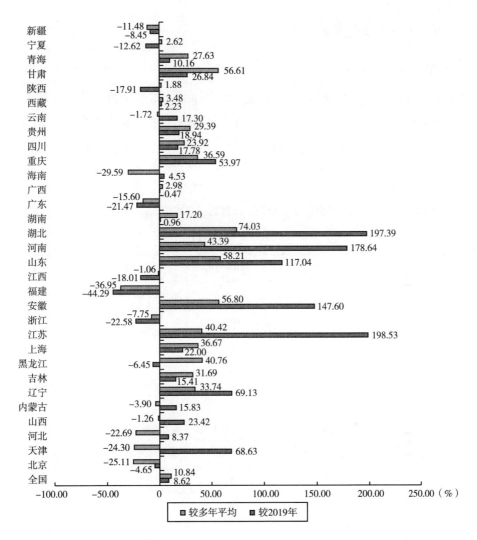

**图 9 – 2　2020 年全国各省级行政区地表水资源量同上一年和多年平均值比较**

从图 9 – 2 中可以看出，就各省级行政区而言，2020 年北京、黑龙江、浙江、福建、江西、广东、陕西、宁夏和新疆的地表水资源量同 2019 年相比均有所下降，其余地区有所上升，其中江苏上升幅度达 198.53%、湖北上升幅度达 197.39%。同多年平均值相比，北京、天津、河北、山西、内蒙古、浙江、福建、江西、广东、海南、云南和新疆的地表水资源有所下降，其余地区均有所上升。

### （二）地下水资源量

2020 年，全国地下水资源量为 8 553.5 亿立方米，同上年相比偏多 4.42%，较多年平均偏多 5.22%，地下水资源与地表水资源不重复计算量为 1 198.2 亿立方米。从绝对量上看，长江区的地下水资源最为丰富，占全国地下水资源总量的 33.00%。全国各水资源一级区近三年的地下水资源量和多年平均值比较结果如表 9 - 3 所示。

表 9 - 3　　　　　　全国各水资源一级区近三年的地下

水资源量和多年平均值比较　　　　　　　单位：亿立方米

| 水资源一级区 | 2018 年 | 2019 年 | 2020 年 | 多年平均值 |
|---|---|---|---|---|
| 全国 | 8 246.5 | 8 191.5 | 8 553.5 | 8 129.0 |
| 松花江区 | 553.0 | 628.4 | 647.3 | 529.3 |
| 辽河区 | 161.6 | 195.1 | 200.0 | 189.6 |
| 海河区 | 257.1 | 190.4 | 238.5 | 235.3 |
| 黄河区 | 449.8 | 415.9 | 451.6 | 398.6 |
| 淮河区 | 431.8 | 274.8 | 463.1 | 384.5 |
| 长江区 | 2 383.6 | 2 580.5 | 2 823.0 | 2 519.9 |
| 东南诸河区 | 420.1 | 542.0 | 429.4 | 500.2 |
| 珠江区 | 1 163.0 | 1 198.4 | 1 068.7 | 1 156.6 |
| 西南诸河区 | 1 537.1 | 1 307.0 | 1 412.4 | 1 353.0 |
| 西北诸河区 | 889.4 | 859.2 | 819.6 | 862.0 |

资料来源：2018～2020 年《中国水资源公报》。

2020 年东南诸河区、珠江区和西北诸河区的地下水资源量较多年平均值有所减少，松花江区、辽河区、海河区、黄河区、淮河区、长江区和西南诸河区较多年平均值有所增加。与 2019 年相比，各水资源一级区除了东南诸河区、珠江区和西北诸河区，其余均有所增加。2020 年全国各水资源一级区地下水资源量同上一年和多年平均值比较结果如图 9 - 3 所示。

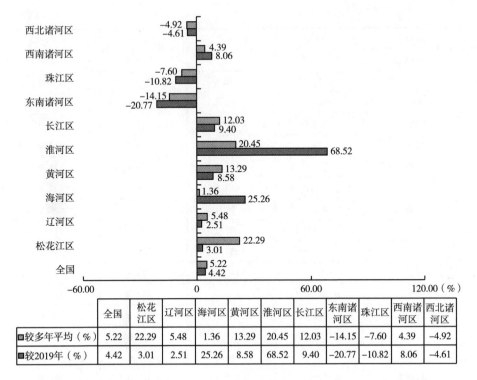

图 9 – 3　2020 年全国各水资源一级区地下水资源量同上一年和多年平均值比较

全国各省级行政区 2018 ~ 2020 年的地下水资源量和多年平均值比较结果
如表 9 – 4 所示，2020 年全国各省级行政区地下水资源量同上一年和多年平
均值比较结果如图 9 – 4 所示。在各省级行政区中，西藏的地下水资源最为丰
富。北京、黑龙江、浙江、福建、江西、湖南、广东、宁夏和新疆 2020 年地
下水资源量较 2019 年有所减少，其余均有所增加，特别是江苏和湖北。相比
较多年平均值，2020 年山西、浙江、福建、江西、广东、广西、海南、云
南、宁夏和新疆地下水资源量有所减少，其余地区均有所增加。

表 9 – 4　　　　　　全国各省级行政区 2018 ~ 2020 年的地下
水资源量和多年平均值比较　　　　　　单位：亿立方米

| 分区 | 2018 年 | 2019 年 | 2020 年 | 多年平均值 |
|---|---|---|---|---|
| 全国 | 8 246. 5 | 8 191. 5 | 8 553. 5 | 8 141. 0 |
| 北京 | 28. 9 | 24. 7 | 22. 3 | 22. 4 |

续表

| 分区 | 2018 年 | 2019 年 | 2020 年 | 多年平均值 |
|---|---|---|---|---|
| 天津 | 7.3 | 4.2 | 5.8 | 5.5 |
| 河北 | 124.4 | 97.8 | 130.3 | 123.5 |
| 山西 | 100.3 | 82.5 | 85.9 | 94.2 |
| 内蒙古 | 253.6 | 233.8 | 243.9 | 236.9 |
| 辽宁 | 79.8 | 106.8 | 115.2 | 107.4 |
| 吉林 | 137.9 | 156.1 | 169.4 | 141.9 |
| 黑龙江 | 347.5 | 413.6 | 406.5 | 321.4 |
| 上海 | 9.6 | 10.4 | 11.6 | 9.9 |
| 江苏 | 119.7 | 77.5 | 137.8 | 119.7 |
| 浙江 | 213.9 | 253.7 | 224.4 | 231.8 |
| 安徽 | 203.7 | 144.8 | 228.6 | 181.7 |
| 福建 | 245.7 | 339.0 | 243.5 | 316.0 |
| 江西 | 298.5 | 482.4 | 386.0 | 406.6 |
| 山东 | 196.7 | 128.4 | 201.8 | 162.5 |
| 河南 | 188.0 | 119.1 | 185.8 | 173.0 |
| 湖北 | 257.7 | 217.3 | 381.6 | 281.7 |
| 湖南 | 333.5 | 472.3 | 466.1 | 413.1 |
| 广东 | 460.6 | 508.2 | 399.1 | 464.1 |
| 广西 | 440.9 | 445.0 | 445.4 | 451.4 |
| 海南 | 98.0 | 73.0 | 74.6 | 93.2 |
| 重庆 | 104.0 | 98.5 | 128.7 | 107.7 |
| 四川 | 635.1 | 616.2 | 649.1 | 609.2 |
| 贵州 | 252.7 | 267.0 | 281.0 | 259.5 |
| 云南 | 772.8 | 554.6 | 619.8 | 627.9 |
| 西藏 | 1 105.7 | 1 037.0 | 1 045.7 | 1 002.5 |
| 陕西 | 125.0 | 139.4 | 146.7 | 131.8 |
| 甘肃 | 165.6 | 148.7 | 158.2 | 133.5 |
| 青海 | 424.2 | 412.7 | 437.3 | 355.8 |
| 宁夏 | 18.1 | 18.4 | 17.8 | 20.0 |
| 新疆 | 497.0 | 508.5 | 503.5 | 535.3 |

资料来源：2018～2020 年《中国水资源公报》。

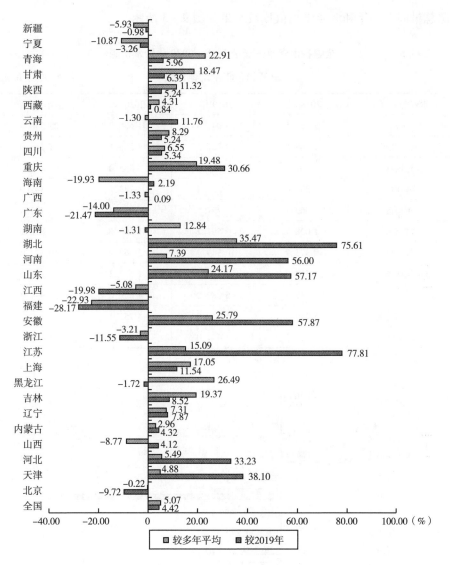

**图 9 - 4　2020 年全国各省级行政区地下水资源量同上一年和多年平均值比较**

## （三）水资源总量

2020 年水资源总量为 31 605.2 亿立方米，与上年相比偏多 8.83%，与多年平均值相比偏多 10.78%。全国各水资源一级区 2018~2020 年的水资源总量和多年平均值比较结果如表 9 - 5 所示，2020 年全国各水资源一级区水资源总量同上一年和多年平均值比较结果如图 9 – 5 所示。

表 9 – 5 　　　　　 全国各水资源一级区 2018 ~ 2020 年的水资源

总量和多年平均值比较　　　　　　　　　　单位：亿立方米

| 水资源一级区 | 2018 年 | 2019 年 | 2020 年 | 多年平均值 |
|---|---|---|---|---|
| 全国 | 27 462.5 | 29 041.0 | 31 605.2 | 28 530.9 |
| 松花江区 | 1 688.6 | 2 223.2 | 2 253.1 | 1 745.0 |
| 辽河区 | 387.1 | 407.6 | 565.0 | 444.6 |
| 海河区 | 338.4 | 221.4 | 283.1 | 307.0 |
| 黄河区 | 869.1 | 797.5 | 917.4 | 723.4 |
| 淮河区 | 1 028.7 | 507.2 | 1 303.6 | 872.0 |
| 长江区 | 9 373.7 | 10 549.7 | 12 862.9 | 10 327.0 |
| 东南诸河区 | 1 517.7 | 2 488.5 | 1 677.3 | 2 146.0 |
| 珠江区 | 4 777.5 | 5 080.0 | 4 669.0 | 4 991.7 |
| 西南诸河区 | 5 986.5 | 5 312.0 | 5 751.1 | 5 550.3 |
| 西北诸河区 | 1 495.3 | 1 454.0 | 1 322.8 | 1 424.0 |

资料来源：2018 ~ 2020 年《中国水资源公报》。

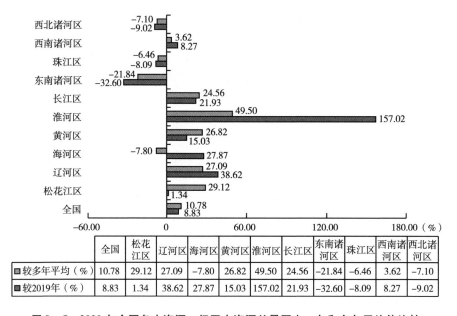

| | 全国 | 松花江区 | 辽河区 | 海河区 | 黄河区 | 淮河区 | 长江区 | 东南诸河区 | 珠江区 | 西南诸河区 | 西北诸河区 |
|---|---|---|---|---|---|---|---|---|---|---|---|
| ■较多年平均（%） | 10.78 | 29.12 | 27.09 | -7.80 | 26.82 | 49.50 | 24.56 | -21.84 | -6.46 | 3.62 | -7.10 |
| ■较2019年（%） | 8.83 | 1.34 | 38.62 | 27.87 | 15.03 | 157.02 | 21.93 | -32.60 | -8.09 | 8.27 | -9.02 |

图 9 – 5 　 2020 年全国各水资源一级区水资源总量同上一年和多年平均值比较

从表 9 - 5 中可以看出，无论是 2020 年、2019 年、2018 年，还是多年平均值，长江区是中国水资源总量最为丰富的水资源一级区。其次依次是西南诸河区、珠江区、松花江区、东南诸河区、西北诸河区、淮河区、黄河区，辽河区和海河区的水资源量最少。2020 年，淮河区的水资源总量增加幅度最大，比 2019 年增加 157.02%，比多年平均值增加 49.50%。与多年平均值相比，除海河区、东南诸河区、珠江区和西北诸河区外，中国各水资源一级区的水资源总量都有所增加。

全国各省级行政区 2018~2020 年水资源总量和多年平均值比较结果如表 9 - 6 所示，2020 年全国各省级行政区水资源总量同上年及多年平均值的比较结果如图 9 - 6 所示。

表 9 - 6　　　　　全国各省级行政区 2018~2020 年的水资源
总量和多年平均值比较　　　　　单位：亿立方米

| 分区 | 2018 年 | 2019 年 | 2020 年 | 多年平均值 |
|---|---|---|---|---|
| 全国 | 27 462.5 | 29 041.0 | 31 605.2 | 28 530.9 |
| 北京 | 35.5 | 24.6 | 25.8 | 28.9 |
| 天津 | 17.6 | 8.1 | 13.3 | 15.8 |
| 河北 | 164.1 | 113.5 | 146.3 | 158.0 |
| 山西 | 121.9 | 97.3 | 115.2 | 116.1 |
| 内蒙古 | 461.5 | 447.9 | 503.9 | 511.4 |
| 辽宁 | 235.4 | 256.0 | 397.1 | 303.7 |
| 吉林 | 481.2 | 506.1 | 586.2 | 447.8 |
| 黑龙江 | 1 011.4 | 1 511.4 | 1 419.9 | 1 017.8 |
| 上海 | 38.7 | 48.3 | 58.6 | 43.4 |
| 江苏 | 378.4 | 231.7 | 543.4 | 441.9 |
| 浙江 | 866.2 | 1 321.5 | 1 026.6 | 1 109.3 |
| 安徽 | 835.8 | 539.9 | 1 280.4 | 826.8 |
| 福建 | 778.5 | 1 363.9 | 760.3 | 1 205.1 |
| 江西 | 1 149.1 | 2 051.6 | 1 685.6 | 1 703.2 |
| 山东 | 343.3 | 195.2 | 375.3 | 259.0 |
| 河南 | 339.8 | 168.6 | 408.6 | 305.5 |
| 湖北 | 857.0 | 613.7 | 1 754.7 | 1 026.4 |

续表

| 分区 | 2018 年 | 2019 年 | 2020 年 | 多年平均值 |
|------|---------|---------|---------|-----------|
| 湖南 | 1 342.9 | 2 098.3 | 2 118.9 | 1 808.6 |
| 广东 | 1 895.1 | 2 068.2 | 1 626.0 | 1 924.7 |
| 广西 | 1 831.0 | 2 105.1 | 2 114.8 | 2 053.7 |
| 海南 | 418.1 | 252.3 | 263.6 | 374.0 |
| 重庆 | 524.2 | 498.1 | 766.9 | 561.5 |
| 四川 | 2 952.6 | 2 748.9 | 3 237.3 | 2 612.7 |
| 贵州 | 978.7 | 1 117.0 | 1 328.6 | 1 026.8 |
| 云南 | 2 206.5 | 1 533.8 | 1 799.2 | 1 830.6 |
| 西藏 | 4 658.2 | 4 496.9 | 4 597.3 | 4 442.9 |
| 陕西 | 371.4 | 495.3 | 419.6 | 404.1 |
| 甘肃 | 333.3 | 325.9 | 408.0 | 261.6 |
| 青海 | 961.9 | 919.3 | 1 011.9 | 794.9 |
| 宁夏 | 14.7 | 12.6 | 11.0 | 10.9 |
| 新疆 | 858.8 | 870.1 | 801 | 904.1 |

资料来源：2018~2020 年《中国水资源公报》。

由此可见，2020 年，在全国各省级行政区中，西藏水资源总量最为丰富，然后依次是四川、湖南、广西、云南、湖北、江西、广东、黑龙江、贵州、安徽、浙江、青海、新疆、重庆、福建、吉林、江苏、内蒙古、陕西、河南、甘肃、辽宁、山东、海南、河北、山西、上海、北京、天津和宁夏。从 2019 年、2018 年和多年平均值的情况来看，西藏仍然是水资源总量最为丰富的地区，而上海、北京、天津和宁夏仍是水资源总量最为缺乏的地区，其余地区名次稍有些变化。其中，西藏的水资源总量占全国水资源总量的 14.54%，宁夏的水资源总量最为匮乏，仅为全国水资源总量的 0.03%。2020 年，湖北的水资源总量同 2019 年和多年平均值相比增加的幅度最大，分别增加了 185.92% 和 70.96%。

### （四）人均水资源量

2020 年，全国人均水资源量为 2 239.8 立方米，同上年相比偏多 7.80%。

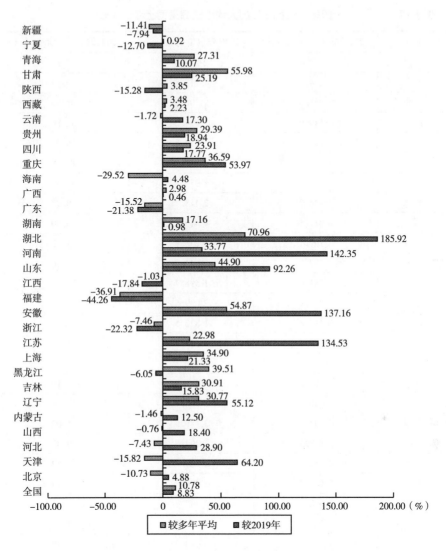

**图 9 - 6  2020 年全国各省级行政区水资源总量同上一年和多年平均值比较**

2020 年全国各省级行政区的人均水资源量同上年的比较结果如表 9 - 7 所示。2020 年，湖北的人均水资源量增加的幅度最大，增加了 190.14%。其次是安徽，增加了 146.74%。广西、海南、西藏、新疆、江西、宁夏、陕西、广东、浙江和福建人均水资源量有所减少，其中福建减少幅度最大，减少了 46.83%。

表 9 – 7 全国各省级行政区的人均水资源量同上年的比较

| 分区 | 2019 年（立方米/人） | 2020 年（立方米/人） | 2020 年比上年增加（%） |
|---|---|---|---|
| 全国 | 2 077.7 | 2 239.8 | 7.80 |
| 北京 | 114.2 | 117.8 | 3.15 |
| 天津 | 51.9 | 96.0 | 84.97 |
| 河北 | 149.9 | 196.2 | 30.89 |
| 山西 | 261.3 | 329.8 | 26.22 |
| 内蒙古 | 1 765.5 | 2 091.7 | 18.48 |
| 辽宁 | 587.8 | 930.8 | 58.35 |
| 吉林 | 1 876.2 | 2 418.8 | 28.92 |
| 黑龙江 | 4 017.5 | 4 419.2 | 10.00 |
| 上海 | 199.1 | 235.9 | 18.48 |
| 江苏 | 287.5 | 641.3 | 123.06 |
| 浙江 | 2 281.0 | 1 598.7 | − 29.91 |
| 安徽 | 850.9 | 2 099.5 | 146.74 |
| 福建 | 3 446.8 | 1 832.5 | − 46.83 |
| 江西 | 4 405.4 | 3 731.9 | − 15.30 |
| 山东 | 194.1 | 370.3 | 90.78 |
| 河南 | 175.2 | 411.9 | 135.10 |
| 湖北 | 1 036.3 | 3 006.7 | 190.14 |
| 湖南 | 3 037.3 | 3 189.9 | 5.02 |
| 广东 | 1 808.9 | 1 294.9 | − 28.42 |
| 广西 | 4 258.7 | 4 229.2 | − 0.69 |
| 海南 | 2 685.5 | 2 626.8 | − 2.19 |
| 重庆 | 1 600.1 | 2 397.7 | 49.85 |
| 四川 | 3 288.9 | 3 871.9 | 17.73 |
| 贵州 | 3 092.9 | 3 448.2 | 11.49 |
| 云南 | 3 166.4 | 3 813.5 | 20.44 |
| 西藏 | 129 407.2 | 126 473.2 | − 2.27 |
| 陕西 | 1 279.8 | 1 062.4 | − 16.99 |
| 甘肃 | 1 233.5 | 1 628.7 | 32.04 |
| 青海 | 15 182.5 | 17 107.4 | 12.68 |
| 宁夏 | 182.2 | 153.0 | − 16.03 |
| 新疆 | 3 473.5 | 3 111.3 | − 10.43 |

资料来源：《2020 年中国统计年鉴》《2019 年中国统计年鉴》。

就人均水资源量而言，西藏的人均水资源量最多，为 126 473.2 立方米/人，其次依次是青海、黑龙江、广西、四川、云南、江西、贵州、湖南、新疆、湖北、海南、吉林、重庆、安徽、内蒙古、福建、甘肃、浙江、广东、陕西、辽宁、江苏、河南、山东、山西、上海、河北、宁夏、北京、天津。其中，排名前 14 位地区的人均水资源量超过了全国人均水资源量。天津的人均水资源量最少，仅为 96.0 立方米/人，为第一名西藏人均水资源量的 0.08%，为全国人均水资源量的 4.29%。

## 二、降水量

### （一）各水资源一级区降水量

中国的降水量存在时空分布不均匀，地区差异显著的特点。全国各水资源一级区近三年的降水量和多年平均值比较结果如表 9 - 8 所示。2020 年全国各水资源一级区降水量同 2019 年和多年平均值比较结果如图 9 - 7 所示。

表 9 - 8　　　　　全国各水资源一级区 2018 ~ 2020 年的降水量
和多年平均值比较　　　　　　　　　单位：毫米

| 水资源一级区 | 2018 年 | 2019 年 | 2020 年 | 多年平均值 |
|---|---|---|---|---|
| 全国 | 682.5 | 651.3 | 706.5 | 687.0 |
| 松花江区 | 569.9 | 603.4 | 649.4 | 559.5 |
| 辽河区 | 511.3 | 557.9 | 589.4 | 544.3 |
| 海河区 | 540.7 | 449.2 | 552.4 | 531.4 |
| 黄河区 | 551.6 | 496.9 | 507.3 | 505.4 |
| 淮河区 | 925.2 | 610.0 | 1 060.9 | 872.8 |
| 长江区 | 1 086.3 | 1 059.8 | 1 282.0 | 1 151.0 |
| 东南诸河区 | 1 607.2 | 1 844.9 | 1 582.3 | 1 766.1 |
| 珠江区 | 1 599.7 | 1 627.5 | 1 540.5 | 1 653.9 |
| 西南诸河区 | 1 147.9 | 1 013.6 | 1 091.9 | 1 108.4 |
| 西北诸河区 | 203.9 | 183.2 | 159.6 | 187.3 |

资料来源：2018 ~ 2020 年《中国水资源公报》。

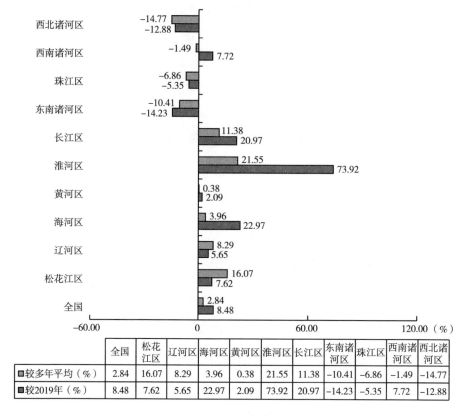

| | 全国 | 松花江区 | 辽河区 | 海河区 | 黄河区 | 淮河区 | 长江区 | 东南诸河区 | 珠江区 | 西南诸河区 | 西北诸河区 |
|---|---|---|---|---|---|---|---|---|---|---|---|
| ■较多年平均（%） | 2.84 | 16.07 | 8.29 | 3.96 | 0.38 | 21.55 | 11.38 | -10.41 | -6.86 | -1.49 | -14.77 |
| ■较2019年（%） | 8.48 | 7.62 | 5.65 | 22.97 | 2.09 | 73.92 | 20.97 | -14.23 | -5.35 | 7.72 | -12.88 |

**图9－7　2020年全国各水资源一级区降水量同2019年和多年平均值比较**

从表9－8和图9－7中可以看出，2020年中国的降水量与2019年、2018年和多年平均值相比，只有小幅度的增加。就2020年和多年平均值而言，在各水资源一级区中，东南诸河区、珠江区、长江区、西南诸河区和淮河区显著高于全国平均降水量，松花江区、辽河区、海河区和黄河区略低于全国平均降水量，西北诸河区远远低于全国平均降水量。相较于2019年，除了东南诸河区、珠江区和西北诸河区2020年降水量有所减少外，其余水资源一级区均有所增加，其中淮河区增加幅度达73.92%。相较于多年平均值，东南诸河区、珠江区、西北诸河区和西南诸河区降水量有所减少，松花江区、辽河区、海河区、黄河区、淮河区和长江区降水量有所增加。

## （二）各省级行政区降水量

全国各省级行政区 2018～2020 年的降水量和多年平均值比较结果如表 9-9 所示。2020 年全国各省级行政区降水量同 2019 年和多年平均值比较结果如图 9-8 所示。

表 9-9　　全国各省级行政区 2018～2020 年的降水量和多年平均值比较　单位：毫米

| 分区 | 2018 年 | 2019 年 | 2020 年 | 多年平均值 |
|---|---|---|---|---|
| 全国 | 682.5 | 651.3 | 706.5 | 687.0 |
| 北京 | 590.4 | 506.0 | 560.0 | 581.7 |
| 天津 | 581.8 | 436.2 | 534.4 | 534.2 |
| 河北 | 507.6 | 442.7 | 546.7 | 514.3 |
| 山西 | 522.9 | 458.1 | 561.3 | 547.4 |
| 内蒙古 | 328.2 | 279.5 | 311.2 | 282.0 |
| 辽宁 | 586.1 | 687.2 | 748.0 | 664.1 |
| 吉林 | 672.9 | 679.3 | 769.1 | 689.7 |
| 黑龙江 | 633.3 | 728.3 | 723.1 | 635.1 |
| 上海 | 1 266.6 | 1 389.2 | 1 554.6 | 1 394.4 |
| 江苏 | 1 088.1 | 798.5 | 1 236.0 | 1 108.0 |
| 浙江 | 1 640.2 | 1 950.3 | 1 701.0 | 1 760.3 |
| 安徽 | 1 314.7 | 935.8 | 1 665.6 | 1 356.8 |
| 福建 | 1 566.6 | 1 730.7 | 1 439.1 | 1 750.5 |
| 江西 | 1 487.6 | 1 710.0 | 1 853.1 | 1 741.3 |
| 山东 | 789.5 | 558.9 | 838.1 | 696.1 |
| 河南 | 755.0 | 529.1 | 874.3 | 754.7 |
| 湖北 | 1 072.2 | 893.5 | 1 642.6 | 1 268.2 |
| 湖南 | 1 363.7 | 1 498.5 | 1 726.8 | 1 551.5 |
| 广东 | 1 843.1 | 1 993.6 | 1 574.1 | 1 901.5 |
| 广西 | 1 560.0 | 1 602.7 | 1 669.4 | 1 653.9 |
| 海南 | 2 095.9 | 1 594.4 | 1 641.1 | 1 947.0 |
| 重庆 | 1 134.8 | 1 106.8 | 1 435.6 | 1 237.9 |
| 四川 | 1 050.3 | 953.2 | 1 055.0 | 984.2 |
| 贵州 | 1 162.9 | 1 246.1 | 1 417.4 | 1 243.1 |

续表

| 分区 | 2018 年 | 2019 年 | 2020 年 | 多年平均值 |
|------|---------|---------|---------|-----------|
| 云南 | 1 337.5 | 1 008.0 | 1 157.2 | 1 230.0 |
| 西藏 | 619.0 | 596.3 | 600.6 | 611.8 |
| 陕西 | 703.0 | 759.4 | 690.5 | 716.1 |
| 甘肃 | 371.9 | 362.1 | 334.4 | 335.4 |
| 青海 | 403.9 | 374.0 | 367.1 | 357.7 |
| 宁夏 | 389.2 | 345.7 | 309.7 | 335.4 |
| 新疆 | 186.0 | 174.7 | 141.7 | 184.9 |

资料来源：2018～2020 年《中国水资源公报》。

从表9-9和图9-8中可以看出，就 2020 年而言，全国降水量最多的省份为江西，降水量最少的省份为新疆，江西、湖南、浙江、广西、安徽、湖北、海南、广东、上海、福建、重庆、贵州、江苏、云南、四川、河南、山东、吉林、辽宁和黑龙江高于全国平均值，陕西、西藏、山西、北京、河北、天津、青海、甘肃、内蒙古、宁夏和新疆低于全国平均值。就多年平均值而言，海南、广东和浙江降水量最多，内蒙古和新疆降水量最少。除了黑龙江、浙江、福建、广东、陕西、甘肃、青海、宁夏和新疆外，其余地区 2020 年降水量较 2019 年均有所增加，其中湖北和安徽增加幅度最大，分别为 83.84% 和 77.99%。北京、浙江、福建、广东、海南、云南、西藏、陕西、甘肃、宁夏和新疆 2020 年降水量较多年平均值有所减少，其余地区均有所增加。

### 三、供水量与耗水量

#### （一）供水量与用水量

从供给和使用上看，供水量等于用水量。前者表明了水资源的来源，后者表明了水资源的去向。

2020 年全国年总供水量为 5 812.9 亿立方米，其中地表水源供水量为 4 792.3 亿立方米，占供水总量的 82.4%；地下水源供水量为 892.5 亿立方米，占供水总量的 15.4%；其他水源供水量为 128.1 亿立方米，占供水总量

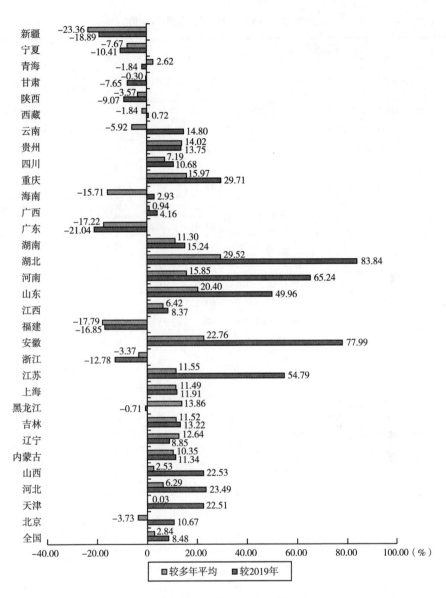

**图 9 – 8 2020 年全国各省级行政区降水量同 2019 年和多年平均值比较**

的 2.2%，2020 年各省级行政区供水量和用水量如表 9 – 10 所示。与 2019 年相比，供水量减少 208.3 亿立方米，其中，地表水供水量减少 190.2 亿立方米，地下水源供水量减少 41.8 亿立方米，其他水源供水量增加 23.7 亿立方米。

表 9 - 10　　　　　　　　2020 年各省级行政区供水量和用水量　　　　单位：亿立方米

| 分区 | 供水量 | | | | 用水量 | | | | |
|---|---|---|---|---|---|---|---|---|---|
| | 地表水 | 地下水 | 其他 | 总量 | 生活 | 工业 | 农业 | 人工生态环境补水 | 总量 |
| 全国 | 4 792.3 | 892.5 | 128.1 | 5 812.9 | 863.1 | 1 030.4 | 3 612.4 | 307.0 | 5 812.9 |
| 北京 | 15.1 | 13.5 | 12.0 | 40.6 | 17.2 | 3.0 | 3.2 | 17.2 | 40.6 |
| 天津 | 19.2 | 3.0 | 5.6 | 27.8 | 6.6 | 4.5 | 10.3 | 6.4 | 27.8 |
| 河北 | 84.8 | 88.2 | 9.8 | 182.8 | 27.0 | 18.2 | 107.7 | 29.9 | 182.8 |
| 山西 | 39.5 | 27.7 | 5.5 | 72.8 | 14.6 | 12.4 | 41.0 | 4.8 | 72.8 |
| 内蒙古 | 105.7 | 81.6 | 7.1 | 194.4 | 11.6 | 13.4 | 140.0 | 29.4 | 194.4 |
| 辽宁 | 72.9 | 50.8 | 5.7 | 129.3 | 25.4 | 16.9 | 79.6 | 7.4 | 129.3 |
| 吉林 | 79.5 | 36.0 | 2.3 | 117.7 | 13.3 | 10.0 | 83.0 | 11.4 | 117.7 |
| 黑龙江 | 182.9 | 129.4 | 1.8 | 314.1 | 14.9 | 18.5 | 278.4 | 2.3 | 314.1 |
| 上海 | 97.4 | 0 | 0.1 | 97.5 | 23.6 | 57.9 | 15.2 | 0.8 | 97.5 |
| 江苏 | 556.0 | 4.3 | 11.7 | 572.0 | 63.7 | 236.9 | 266.6 | 4.8 | 572.0 |
| 浙江 | 159.7 | 0.3 | 4.0 | 163.9 | 47.4 | 35.7 | 73.9 | 7.0 | 163.9 |
| 安徽 | 233.8 | 28.7 | 5.8 | 268.3 | 35.1 | 80.4 | 144.5 | 8.3 | 268.3 |
| 福建 | 177.8 | 3.4 | 1.8 | 183.0 | 33.0 | 41.1 | 99.7 | 9.3 | 183.0 |
| 江西 | 235.8 | 6.0 | 2.3 | 244.1 | 28.5 | 50.4 | 161.9 | 3.2 | 244.1 |
| 山东 | 135.7 | 75.0 | 11.9 | 222.5 | 37.5 | 31.9 | 134.0 | 19.1 | 222.5 |
| 河南 | 120.8 | 105.8 | 10.6 | 237.1 | 43.1 | 35.6 | 123.5 | 35.0 | 237.1 |
| 湖北 | 273.8 | 4.6 | 0.4 | 278.9 | 50.3 | 77.6 | 139.1 | 11.8 | 278.9 |
| 湖南 | 297.9 | 4.8 | 2.4 | 305.1 | 44.4 | 58.0 | 195.8 | 6.9 | 305.1 |
| 广东 | 390.4 | 11.1 | 3.6 | 405.1 | 107.9 | 80.4 | 210.9 | 6.0 | 405.1 |
| 广西 | 249.8 | 9.1 | 2.2 | 261.1 | 35.4 | 34.7 | 186.9 | 4.1 | 261.1 |
| 海南 | 42.6 | 1.1 | 0.3 | 44.0 | 8.0 | 1.5 | 33.4 | 1.1 | 44.0 |
| 重庆 | 64.6 | 1.0 | 4.6 | 70.1 | 22.4 | 17.1 | 29.0 | 1.7 | 70.1 |
| 四川 | 227.8 | 7.9 | 1.1 | 236.9 | 53.6 | 23.5 | 153.9 | 5.9 | 236.9 |
| 贵州 | 87.1 | 2.0 | 1.0 | 90.1 | 18.0 | 18.7 | 51.8 | 1.7 | 90.1 |
| 云南 | 149.9 | 3.8 | 2.3 | 156.0 | 25.1 | 16.5 | 110.0 | 4.4 | 156.0 |
| 西藏 | 28.5 | 3.6 | 0.1 | 32.2 | 3.3 | 1.2 | 27.4 | 0.3 | 32.2 |
| 陕西 | 55.7 | 30.9 | 4.0 | 90.6 | 18.9 | 10.9 | 55.6 | 5.2 | 90.6 |
| 甘肃 | 82.1 | 23.6 | 4.2 | 109.9 | 9.3 | 6.2 | 83.7 | 10.7 | 109.9 |
| 青海 | 18.9 | 4.8 | 0.5 | 24.3 | 3.0 | 2.4 | 17.7 | 1.1 | 24.3 |
| 宁夏 | 63.6 | 6.1 | 0.5 | 70.2 | 3.7 | 4.2 | 58.6 | 3.7 | 70.2 |
| 新疆 | 442.9 | 124.3 | 3.1 | 570.4 | 17.3 | 10.7 | 496.2 | 46.2 | 570.4 |

资料来源：2020 年《中国水资源公报》。

在地表水源供水量中，蓄水工程供水量占 32.9%，引水工程供水量占 31.3%，提水工程供水量占 31.0%，水资源一级区间调水量占 4.8%。在地下水源供水量中，浅层地下水占 95.7%，深层承压水占 3.9%，微咸水占 0.4%。在其他水源供水量中，再生水、集雨工程利用量分别占 85.0%、6.2%。

2020 年全国全年总用水量为 5 812.9 亿立方米，其中，生活用水为 863.1 亿立方米，占用水总量的 14.8%；工业用水为 1 030.4 亿立方米（其中火核电直流冷却水 470.3 亿立方米），占用水总量的 17.7%；农业用水为 3 612.4 亿立方米，占用水总量的 62.1%；人工生态环境补水为 307.0 亿立方米，占用水总量的 5.3%。2020 年各水资源一级区供水量和用水量如表 9 – 11 所示。与 2019 年相比，总用水量减少 208.3 亿立方米，其中，工业用水减少 187.2 亿立方米，农业用水减少 69.9 亿立方米，生活用水减少 8.6 亿立方米，人工生态环境补水增加 57.4 亿立方米。

表 9 – 11　　　　　　　2020 年各水资源一级区供水量和用水量　　　　单位：亿立方米

| 水资源一级区 | 供水量 | | | | 用水量 | | | | |
|---|---|---|---|---|---|---|---|---|---|
| | 地表水 | 地下水 | 其他 | 总量 | 生活 | 工业 | 农业 | 人工生态环境补水 | 总量 |
| 全国 | 4 792.3 | 892.5 | 128.1 | 5 812.9 | 863.1 | 1 030.4 | 3 612.4 | 307.0 | 5 812.9 |
| 松花江区 | 276.1 | 168.1 | 4.9 | 449.1 | 27.8 | 28.5 | 372.7 | 20.1 | 449.1 |
| 辽河区 | 88.8 | 95.2 | 7.0 | 191.0 | 30.5 | 19.9 | 128.7 | 11.9 | 191.0 |
| 海河区 | 192.5 | 147.8 | 31.7 | 372.0 | 65.8 | 41.3 | 199.5 | 65.4 | 372.0 |
| 黄河区 | 263.7 | 110.5 | 18.5 | 392.7 | 53.3 | 46.3 | 262.6 | 30.4 | 392.7 |
| 淮河区 | 438.2 | 141.2 | 21.5 | 600.8 | 94.4 | 76.2 | 391.5 | 38.8 | 600.8 |
| 长江区 | 1891 | 40.3 | 26.3 | 1 957.6 | 330.2 | 599.8 | 981.8 | 45.7 | 1 957.6 |
| 东南诸河区 | 287.2 | 3.6 | 4.3 | 295.1 | 67.1 | 67.7 | 145.3 | 15.0 | 295.1 |
| 珠江区 | 741.4 | 23.9 | 7.6 | 772.9 | 160.3 | 127.7 | 472.3 | 12.6 | 772.9 |
| 西南诸河区 | 100.8 | 1 013.6 | 1 147.9 | 1 084.5 | 12.1 | 7.0 | 84.9 | 2.0 | 106.1 |
| 西北诸河区 | 512.5 | 183.2 | 203.9 | 182.2 | 21.5 | 16.1 | 573.0 | 65.1 | 675.7 |

资料来源：2020 年《中国水资源公报》。

**（二）耗水量**

2020 年，全国总耗水量为 3 141.7 亿立方米，平均耗水率为 54.0%。其中，农业耗水量为 2 354.6 亿立方米，占总耗水量的 74.9%，耗水率为 65.2%；工业耗水量为 237.8 亿立方米，占总耗水量的 7.6%，耗水率为 23.1%；生活耗水量为 349.3 亿立方米，占总耗水量的 11.1%，耗水率为 40.5%；人工生态环境补水耗水量为 200.0 亿立方米，占耗水总量的 6.4%，耗水率为 65.2%。与 2019 年相比，总耗水量减少 1.9%，农业耗水量减少 1.4%，工业耗水量减少 16.6%，生活耗水量减少 0.1%，人工生态环境补水耗水量增加 12.0%。[①]

# 第二节　中国水资源资产存量变动表（实物量形式）

中国水资源资产负债表编制的目的是摸清某一时点上中国的水资源资产"家底"，了解水资源资产的增减变动情况，客观地评估当期水资源资产的变化，准确把握经济主体对水资源的使用、消耗、恢复和增值情况。其核算范围包括中国大陆辖区内的所有水体，由内陆水体中的淡水和微咸水组成，不包括海洋和大气中的水。由于水资源是流动的，故而存量意义上的水资源量难以计算，因此在中国水资源资产负债表的编制中，可以选定某年作为基期，将当年年初的水资源存量设为零，期末存量就是当期的净流量（高敏雪，2016）。

根据前文，水资源负债可以分为两类：一类是基于取水环节的水资源负债；另一类是基于排水环节的水资源负债。基于取水环节的水资源负债临界值就是在不对水环境和水生态产生影响的情况下，该流域所能够允许的最大取水量。基于排水环节的水资源负债临界值就是在不对水环境和水生态产生影响的情况下，该流域所能够允许的最大污染物排放量。中国政府于 2011 年

---

① 资料来源：2020 年《中国水资源公报》。

就提出要实行最严格的水资源管理制度，并建立三条红线——水资源开发利用控制红线、用水效率控制红线、水功能区限制纳污红线。其中，水资源开发利用控制红线是在保证河流水域生态环境用水的前提下，通过对江河流域水量进行分配，从管理的视角规定了各地允许的用水总量。水功能区限制纳污红线是根据水域的环境功能区划，计算确定河流和主要水域的纳污能力，从管理的视角规定了各项污染物允许排放的最大数量（Wang and Shi，2011）。因此，在实际操作中，可以将政府所划定的"水资源开发利用控制红线"中的用水总量控制目标作为取水环节的水资源负债值，将"水功能区限制纳污红线"中各种污染物的排放总量控制目标作为排水环节的水资源负债值，并以此对水资源负债进行确认。由于在"十三五"时期，全国各省的用水总量均达到了"十三五"期末控制目标，因此就省域范围来看，各省均不存在取水环节的负债。而由于缺乏具体的污水排放数据，本章未能计算排水环节上的负债。

中国水资源资产负债表共包括两个层次：第一个层次为中国水资源资产存量及其变动表；第二个层次为中国水资源资产负债表。由于上述原因，本章未编制第二层次的中国水资源资产负债表，仅编制了第一个层次的中国水资源资产存量表。又因为本章将期初的水资源存量设置为零，故而本章未编制中国水资源存量表，而是直接编制了中国水资源资产存量变动表。

本节编制了 2018 年中国水资源存量变动表（实物量形式）、2019 年中国水资源存量变动表（实物量形式）以及 2020 年中国水资源存量变动表（实物量形式）。该表可以反映中国期初期末的水资源变化情况以及变化原因。

## 一、指标解释

水资源期初存量是指核算期期初地表水和地下水的水资源存量之和，包括核算期期初人工水库水存量、湖泊水存量、河川溪流水存量以及地下水存量。其中，人工水库水存量是指某一时点的水库蓄水量，其核算范围包括所有的大中型水库、小型水库及山塘；湖泊水存量是指在某一时点的湖泊蓄水量；河川溪流水存量是指在某一时点的河槽蓄水量。由于冰川雪水只代表暂时储存的水，在编制水资源资产负债表时也可不予分别列示，因此根据中国实际情况，仅将地表水分为人工水库水、湖泊水和河川溪流水，不包括冰川雪水。

降水形成的水资源是指核算期间，在核算主体辖区范围内由降水所形成的地表产水量和地下产水量之和，即地表径流量与降水入渗补给量之和。其中，地表水资源量是指河流、湖泊、冰川等地表水体中，由当地降水所形成的，可以逐年更新的动态水量，也即天然河川径流量；地下水资源量是指地下饱和含水层逐年更新的动态水量，也即降水和地表水入渗对地下水的补给量。考虑到地表水资源和地下水资源评价成果中存在部分重复计算量，降水形成的水资源量＝地表水资源量＋地下水资源量－重复计算量。

流入是指核算期内流进核算区域的水量。根据来源，可以将其分为从区域外流入、从区域外调入以及从区域内其他水体流入。从区域外流入包括从区域外流入地表水和从区域外流入地下水。从区域外流入地表水指通过天然河道或人工河道经上游流入本区域的地表水量，即入境水量。从区域外调入是指通过调水工程从区域外调入本区域的水量。从区域内其他水体流入是指本区域内不同水体之间的水量交换，例如从区域内河流流入水库、湖泊，或水库弃水流入下游河流或湖泊等。

经济社会用水回归量是指核算期内经济社会用水，也即取水，回归到地表水和地下水的总量。回归水可根据其类型划分为灌溉水回归量和废污水入河量。回归水的分类应与取水分类相对应，回归水量等于用水量减去耗水量，耗水量可根据分类用水户取水量与其对应的耗水系数计算得出。废污水入河量包括排入河流、湖泊、水库等地表水体的废污水量，为用户废污水排放量与排水损失量之差。废污水排放量是指第二产业、第三产业和居民生活等用水户排放的已被污染的水量，不包括火电直流冷却水排放量和矿坑排水量。

取水是指核算期内各类河道外用水户取用的包括输水损失在内的毛水量之和，按生活用水、工业用水、农业用水和人工生态环境补水四大类用户统计，不包括海水直接利用量以及水力发电、航运等河道内用水量。生活用水，包括城镇生活用水和农村生活用水，其中，城镇生活用水由城镇居民生活用水和公共用水（含第三产业及建筑业等用水）组成；农村生活用水指农村居民生活用水。工业用水，指工矿企业在生产过程中用于制造、加工、冷却、空调、净化、洗涤等方面的用水，按新水取用量计，不包括企业内部的重复利用水量。农业用水，包括耕地和林地、园地、牧草地灌溉，鱼塘补水及牲畜用水。人工生态环境补水仅包括人为措施供给的城镇环境用水和部分河湖、湿地补水，而不包括降水、径流自然满足的水量。

流出是指核算期内流向外区域的水量。可根据去向将其分为流向区域外、流向海洋、调出区域外、流向区域内其他水体。其中，流向区域外包括流向区域外的地表水和流向区域外的地下水。流向区域外的地表水是指本区域地表水通过天然河道或人工河道流向区域外下游地区的水量，即出境水量。流向区域外的地下水是指本区域地下水侧向流出的水量。流向海洋是指本区域入海水量，内陆地区不存在此项。调出区域外是指通过调水工程调出本区域的水量。流向区域内其他水体是指本区域内不同水体之间的水量转换，如区域内河川溪流水量流向水库、湖泊，或水库弃水流向下游河流或湖泊等。

河湖生态耗水量是指核算期内从区域地表水体的水面蒸发、植被蒸腾蒸发、渗漏等消耗的水量。

## 二、数据来源及计算方法

中国水资源资产存量变动表的数据主要来源于《中国水资源公报》和《中国统计年鉴》。在中国水资源资产存量变动表中，每项指标的数据来源及计算方法均列示在表 9 – 12 中。

表 9 – 12　　　　　　　　　　　指标计算方法

| 指标名称 | 代码 | 数据来源 | 相应指标或计算方法 |
|---|---|---|---|
| 年初存量 | 01 | — | 设定为零 |
| 存量增加 | 02 | 计算 | (03) + (04) + (08) |
| 降水形成的水资源 | 03 | 《中国水资源公报》 | 全国水资源总量 |
| 流入 | 04 | 计算 | (05) |
| 从区域外流入 | 05 | 《中国水资源公报》 | 全国入境水量 |
| 从区域外调入 | 06 | — | — |

续表

| 指标名称 | 代码 | 数据来源 | 相应指标或计算方法 |
|---|---|---|---|
| 从区域内其他水体流入 | 07 | — | — |
| 经济社会用水回归量 | 08 | 《中国水资源公报》 | 全国用水总量 − 全国耗水总量 |
| 灌溉水回归量 | 09 | 根据《中国水资源公报》数据计算 | （15）− 农业耗水量 |
| 废污水入河量 | 10 | 根据《中国水资源公报》数据计算 | （13）+（14）−（工业耗水量 + 生活耗水量） |
| 存量减少 | 11 | 计算 | （12）+（17）+（22） |
| 取水 | 12 | 《中国水资源公报》 | 全国用水总量 |
| 生活用水 | 13 | 《中国水资源公报》 | 生活用水 |
| 工业用水 | 14 | 《中国水资源公报》 | 工业用水 |
| 农业用水 | 15 | 《中国水资源公报》 | 农业用水 |
| 人工生态环境补水 | 16 | 《中国水资源公报》 | 生态补水 |
| 流出 | 17 | 计算 | （18）+（19） |
| 流向区域外 | 18 | 《中国水资源公报》 | 全国出境水量 |
| 流向海洋 | 19 | 《中国水资源公报》 | 全国入海水量 |
| 调出区域外 | 20 | — | — |
| 流向区域内其他水体 | 21 | — | — |
| 河湖生态耗水量 | 22 | — | — |
| 年末存量 | 23 | 计算 | （01）+（02）−（11） |

### 三、中国水资源资产存量变动表（实物量形式）

中国水资源资产存量变动表如表 9 − 13、表 9 − 14、表 9 − 15 所示。表 9 − 13 为数量形式的 2018 年中国水资源资产存量变动表。由于获取数据的局限性，本部分所涉及的水资源资产只包括地表水资源和地下水资源，暂不包括土壤水。由于缺乏年初、年末的水资源存量数据，故将 2018 年期初水资源存量设定为零。由于"年初存量（01）+ 存量增加（02）− 存量减少（11）= 年末存量（23）"，因此 2018 年末存量也为 2018 年水资源存量的变化量。除以上平衡关系以外，该表还遵循以下平衡关系：

"存量增加（02）= 降水形成的水资源（03）+ 流入（04）+ 经济社会用水回

归量(08)";

"流入(04)=从区域外流入(05)+从区域外调入(06)+从区域内其他水体流入(07)";

"经济社会用水回归量(08)≥灌溉水回归量(09)+废污水入河量(10)";

"存量减少(11)=取水(12)+流出(17)+河湖生态耗水量(22)";

"流出(17)=流向区域外(18)+流向海洋(19)+调出区域外(20)+流向区域内其他水体(21)"。

表 9-13　　　　2018 年中国水资源资产存量变动表（实物量形式）　单位：亿立方米

| 指标名称 | 代码 | 地表水 | 地下水 | 合计 |
|---|---|---|---|---|
| 年初存量 | 1 | 0 | 0 | 0 |
| 存量增加 | 2 | 23 491.901 | 7 013.0995 | 30 505.0 |
| 降水形成的水资源 | 3 | 21 148.871 | 6 313.6288 | 27 462.5 |
| 流入 | 4 | 158.40957 | 47.29043 | 205.7 |
| 从区域外流入 | 5 | 158.40957 | 47.29043 | 205.7 |
| 从区域外调入 | 6 | — | — | — |
| 从区域内其他水体流入 | 7 | — | — | — |
| 经济社会用水回归量 | 8 | 2 184.6197 | 652.18032 | 2 836.8 |
| 灌溉水回归量 | 9 | 999.97485 | 298.52515 | 1 298.5 |
| 废污水入河量 | 10 | 1 140.5951 | 340.50489 | 1 481.1 |
| 存量减少 | 11 | 21 349.713 | 6 373.5867 | 27 723.3 |
| 取水 | 12 | 4 632.5366 | 1 382.9635 | 6 015.5 |
| 生活用水 | 13 | 662.20899 | 197.69101 | 859.9 |
| 工业用水 | 14 | 971.55816 | 290.04184 | 1 261.6 |
| 农业用水 | 15 | 2 844.0563 | 849.04369 | 3 693.1 |
| 人工生态环境补水 | 16 | 154.71309 | 46.18691 | 200.9 |
| 流出 | 17 | 16 717.177 | 4 990.6232 | 21 707.8 |
| 流向区域外 | 18 | 4 704.6179 | 1 404.4821 | 6 109.1 |
| 流向海洋 | 19 | 12 012.559 | 3 586.1411 | 15 598.7 |
| 调出区域外 | 20 | — | — | — |
| 流向区域内其他水体 | 21 | — | — | — |
| 河湖生态耗水量 | 22 | | | |
| 年末存量 | 23 | 2 142.1872 | 639.51283 | 2 781.7 |

注："—"表示数据缺失。

资料来源：《中国水资源公报》及笔者计算得到。

表 9-13 中，由于缺少细化的地表水和地下水变动资料，无法得到精确的地表水和地下水资源量。但经过计算，地表水和地下水占水资源总量的比例基本稳定，故本章根据该比例（地表水占 77.01%，地下水占 22.99%），对地表水和地下水水资源量进行了分配。

根据表 9-13 可知，2018 年中国水资源增加量为 30 505.0 亿立方米。其中，降水形成的水资源为 27 462.5 亿立方米，从区域外流入 205.7 亿立方米，经济社会用水回归量为 2 836.8 亿立方米。水资源减少 27 723.3 亿立方米，其中取水 6 015.5 亿立方米，流出 21 707.8 亿立方米。在取水中，农业用水的比重最大，为 3 693.1 亿立方米，占全部取水量的 61.4%。其次是工业用水和生活用水，分别占全部取水量的 21.0% 和 14.3%。

表 9-14 为数量形式的 2019 年中国水资源资产存量变动表。2019 年的年初水资源存量为 2018 年的年末存量，由于 2018 年初的地表水和地下水存量比例未知，本章按照地表水资源和地下水资源的形成比例对其进行了分配。

表 9-14　　　　2019 年中国水资源资产存量变动表（实物量形式）　单位：亿立方米

| 指标名称 | 代码 | 地表水 | 地下水 | 合计 |
|---|---|---|---|---|
| 年初存量 | 01 | 2 142.2 | 639.5 | 2 781.7 |
| 存量增加 | 02 | 25 185.0 | 6 676.2 | 31 861.2 |
| 降水形成的水资源 | 03 | 22 364.0 | 6 676.2 | 29 041.0 |
| 流入 | 04 | 195.0 | 0.0 | 195.0 |
| 从区域外流入 | 05 | 195.0 | 0.0 | 195.0 |
| 从区域外调入 | 06 | — | — | — |
| 从区域内其他水体流入 | 07 | — | — | — |
| 经济社会用水回归量 | 08 | 2 820.2 | 0.0 | 2 820.2 |
| 灌溉水回归量 | 09 | 1 294.7 | 0.0 | 1 294.7 |
| 废污水入河量 | 10 | 1 454.5 | 0.0 | 1 454.5 |
| 存量减少 | 11 | 28 144.7 | 934.2 | 29 078.9 |
| 取水 | 12 | 5 087.0 | 934.2 | 6 021.2 |
| 生活用水 | 13 | 736.5 | 135.2 | 871.7 |
| 工业用水 | 14 | 1 028.7 | 188.9 | 1 217.6 |
| 农业用水 | 15 | 3 111.0 | 571.3 | 3 682.3 |
| 人工生态环境补水 | 16 | 210.9 | 38.7 | 249.6 |

| 指标名称 | 代码 | 地表水 | 地下水 | 合计 |
|---|---|---|---|---|
| 流出 | 17 | 23 057.7 | 0.0 | 23 057.7 |
| 流向区域外 | 18 | 5 521.8 | 0.0 | 5 521.8 |
| 流向海洋 | 19 | 17 535.9 | 0.0 | 17 535.9 |
| 调出区域外 | 20 | — | — | — |
| 流向区域内其他水体 | 21 | — | — | — |
| 河湖生态耗水量 | 22 | — | — | — |
| 年末存量 | 23 | −817.5 | 6 381.5 | 5 564.0 |

注:"—"表示数据缺失。

资料来源:《中国水资源公报》及笔者计算得到。

根据表 9 – 14 可知,2019 年中国水资源增加量为 31 861.2 亿立方米。其中,降水形成的水资源为 29 041.0 亿立方米,从区域外流入 195.0 亿立方米,经济社会用水回归量为 2 820.2 亿立方米。水资源减少 29 078.9 亿立方米,其中取水 6 021.2 亿立方米,流出 23 057.7 亿立方米。在取水中,农业用水的比重最大,为 3 682.3 亿立方米,占全部取水量的 61.2%。其次是工业用水和生活用水,分别占全部取水量的 20.2% 和 14.5%。

表 9 – 15 为数量形式的 2020 年中国水资源资产存量变动表。2020 年的年初水资源存量为 2019 年的年末存量。根据表 9 – 15 可知,2020 年中国水资源增加量为 34 461.5 亿立方米。其中,降水形成的水资源为 31 605.2 亿立方米,从区域外流入 185.1 亿立方米,经济社会用水回归量为 2 671.2 亿立方米。水资源减少 30 628.6 亿立方米,其中取水 5 812.9 亿立方米,流出 24 815.7 亿立方米。在取水中,农业用水的比重最大,为 3 612.4 亿立方米,占全部取水量的 62.1%。其次是工业用水和生活用水,分别占全部取水量的 17.7% 和 14.8%。

表 9 –15    2020 年中国水资源资产存量变动表 (实物量形式)    单位: 亿立方米

| 指标名称 | 代码 | 地表水 | 地下水 | 合计 |
|---|---|---|---|---|
| 年初存量 | 01 | −817.5 | 6 381.5 | 5 564.0 |
| 存量增加 | 02 | 27 195.8 | 7 265.7 | 34 461.5 |
| 降水形成的水资源 | 03 | 24 339.5 | 7 265.7 | 31 605.2 |

续表

| 指标名称 | 代码 | 地表水 | 地下水 | 合计 |
|---|---|---|---|---|
| 流入 | 04 | 185.1 | 0.0 | 185.1 |
| 从区域外流入 | 05 | 185.1 | 0.0 | 185.1 |
| 从区域外调入 | 06 | — | — | — |
| 从区域内其他水体流入 | 07 | — | — | — |
| 经济社会用水回归量 | 08 | 2 671.2 | 0.0 | 2 671.2 |
| 灌溉水回归量 | 09 | 1 257.8 | 0.0 | 1 257.8 |
| 废污水入河量 | 10 | 1 306.4 | 0.0 | 1 306.4 |
| 存量减少 | 11 | 29 736.1 | 892.5 | 30 628.6 |
| 取水 | 12 | 4 920.4 | 892.5 | 5 812.9 |
| 生活用水 | 13 | 730.6 | 132.5 | 863.1 |
| 工业用水 | 14 | 872.2 | 158.2 | 1 030.4 |
| 农业用水 | 15 | 3 057.8 | 554.6 | 3 612.4 |
| 人工生态环境补水 | 16 | 259.9 | 47.1 | 307.0 |
| 流出 | 17 | 24 815.7 | 0.0 | 24 815.7 |
| 流向区域外 | 18 | 5 744.7 | 0.0 | 5 744.7 |
| 流向海洋 | 19 | 19 071.0 | 0.0 | 19 071.0 |
| 调出区域外 | 20 | — | — | — |
| 流向区域内其他水体 | 21 | — | — | — |
| 河湖生态耗水量 | 22 | | | |
| 年末存量 | 23 | − 3 357.8 | 12 754.7 | 9 396.9 |

注:"—"表示数据缺失。

资料来源:《中国水资源公报》及笔者计算得到。

从总量上看,中国 2018 年末水资源资产比上一年末增加了 2 781.7 亿立方米,2019 年末的水资源资产总量比 2018 年末增加了 2 782.3 亿立方米。2020 年末的水资源资产总量比 2019 年末增加了 3 832.9 亿立方米。

## 第三节　中国水资源资产负债表

本节编制了水资源资产负债表。从各省对水资源的使用情况上看,各省的取水量均不超过目标值，不存在负债。因此本节编制的水资源资产负债表仅显示了水资源存量的变动情况，包括 2018 年中国水资源存量变动表（价值量形式）、2019 年中国水资源存量变动表（价值量形式）以及 2020 年中国水资源存量变动表（价值量形式）。该表可以反映中国期初期末的水资源变化情况以及变化原因。

## 一、数据来源及计算方法

在价值量的计算上，本章采用水资源费（税）作为市场价格计算水资源的货币价值。为此，收集了各个省份物价局等单位公布的水资源费（税）①征收标准，并以最低标准作为各类取水的水资源费。由于地表水和地下水资源费存在较大差异，因此首先根据各个省份生活用水和生产用水的取水量计算全国的地表水资源费均值和地下水资源费均值，计算得到，全国地表水资源费约为每立方米 0.21 元，全国地下水资源费约为每立方米 1.04 元。在计算水资源费时，未考虑超额累进加价。

## 二、中国水资源资产存量变动表（价值量形式）

根据前文中的水资源实物量计算结果，以及水资源费的数据，可以得到价值量形式的中国水资源资产存量变动表，2018 年、2019 年和 2020 年的中国水资源资产存量变动表分别如表 9 – 16、表 9 – 17 和表 9 – 18 所示。

表 9 – 16　　　　2018 年中国水资源资产存量变动表（价值量形式）　　　单位：亿元

| 指标名称 | 代码 | 地表水 | 地下水 | 合计 |
|---|---|---|---|---|
| 年初存量 | 1 | 0 | 0 | 0 |
| 存量增加 | 2 | 4 869.08 | 7 307.77 | 12 176.85 |
| 降水形成的水资源 | 3 | 4 383.45 | 6 578.91 | 10 962.36 |

---

① 河北、北京、天津、山西、内蒙古、河南、山东、四川、宁夏、陕西等 10 个省市启动了水资源税扩大改革试点，以水资源税替代水资源费。

续表

| 指标名称 | 代码 | 地表水 | 地下水 | 合计 |
|---|---|---|---|---|
| 流入 | 4 | 32.83 | 49.28 | 82.11 |
| 从区域外流入 | 5 | 32.83 | 49.28 | 82.11 |
| 从区域外调入 | 6 | — | — | — |
| 从区域内其他水体流入 | 7 | — | — | — |
| 经济社会用水回归量 | 8 | 452.80 | 679.58 | 1 132.38 |
| 灌溉水回归量 | 9 | 207.26 | 311.07 | 518.33 |
| 废污水入河量 | 10 | 236.41 | 354.81 | 591.22 |
| 存量减少 | 11 | 4 425.08 | 6 641.38 | 11 066.46 |
| 取水 | 12 | 960.17 | 1 441.07 | 2 401.24 |
| 生活用水 | 13 | 137.25 | 206.00 | 343.25 |
| 工业用水 | 14 | 201.37 | 302.23 | 503.60 |
| 农业用水 | 15 | 589.48 | 884.72 | 1 474.20 |
| 人工生态环境补水 | 16 | 32.07 | 48.13 | 80.19 |
| 流出 | 17 | 3 464.91 | 5 200.31 | 8 665.22 |
| 流向区域外 | 18 | 975.11 | 1 463.49 | 2 438.60 |
| 流向海洋 | 19 | 2 489.80 | 3 736.82 | 6 226.62 |
| 调出区域外 | 20 | — | — | — |
| 流向区域内其他水体 | 21 | — | — | — |
| 河湖生态耗水量 | 22 | | | |
| 年末存量 | 23 | 444.00 | 666.38 | 1 110.39 |

注："—"表示数据缺失。下同。

资料来源：笔者计算得到。

**表 9-17　　　2019 年中国水资源资产存量变动表（价值量形式）**　　　单位：亿元

| 指标名称 | 代码 | 地表水 | 地下水 | 合计 |
|---|---|---|---|---|
| 年初存量 | 1 | 444.01 | 666.37 | 1 110.38 |
| 存量增加 | 2 | 5 220.01 | 6 956.71 | 12 176.72 |
| 降水形成的水资源 | 3 | 4 635.31 | 6 956.71 | 11 592.02 |
| 流入 | 4 | 40.42 | 0.0 | 40.42 |
| 从区域外流入 | 5 | 40.42 | 0.0 | 40.42 |
| 从区域外调入 | 6 | — | — | — |
| 从区域内其他水体流入 | 7 | — | — | — |

| 指标名称 | 代码 | 地表水 | 地下水 | 合计 |
|---|---|---|---|---|
| 经济社会用水回归量 | 8 | 584.53 | 0.0 | 584.53 |
| 灌溉水回归量 | 9 | 268.35 | 0.0 | 268.35 |
| 废污水入河量 | 10 | 301.47 | 0.0 | 301.47 |
| 存量减少 | 11 | 5 833.45 | 973.45 | 6 806.90 |
| 取水 | 12 | 1 054.36 | 973.45 | 2 027.82 |
| 生活用水 | 13 | 152.65 | 140.88 | 293.53 |
| 工业用水 | 14 | 213.21 | 196.84 | 410.05 |
| 农业用水 | 15 | 644.81 | 595.30 | 1 240.11 |
| 人工生态环境补水 | 16 | 43.71 | 40.33 | 84.04 |
| 流出 | 17 | 4 779.09 | 0.0 | 4 779.09 |
| 流向区域外 | 18 | 1 144.48 | 0.0 | 1 144.48 |
| 流向海洋 | 19 | 3 634.60 | 0.0 | 3 634.60 |
| 调出区域外 | 20 | — | — | — |
| 流向区域内其他水体 | 21 | — | — | — |
| 河湖生态耗水量 | 22 | — | — | — |
| 年末存量 | 23 | −169.44 | 6 649.63 | 6 480.19 |

资料来源：笔者计算得到。

表 9 – 18　　　　**2020 年中国水资源资产存量变动表（价值量形式）**　　　单位：亿元

| 指标名称 | 代码 | 地表水 | 地下水 | 合计 |
|---|---|---|---|---|
| 年初存量 | 1 | −169.44 | 6 649.63 | 6 480.19 |
| 存量增加 | 2 | 5 636.78 | 7 570.98 | 13 207.76 |
| 降水形成的水资源 | 3 | 5 044.76 | 7 570.98 | 12 615.74 |
| 流入 | 4 | 38.37 | 0.0 | 38.37 |
| 从区域外流入 | 5 | 38.37 | 0.0 | 38.37 |
| 从区域外调入 | 6 | — | — | — |
| 从区域内其他水体流入 | 7 | — | — | — |
| 经济社会用水回归量 | 8 | 553.65 | 0.0 | 553.65 |
| 灌溉水回归量 | 9 | 260.70 | 0.0 | 260.70 |
| 废污水入河量 | 10 | 270.77 | 0.0 | 270.77 |
| 存量减少 | 11 | 6 163.30 | 930.00 | 7 093.30 |
| 取水 | 12 | 1 019.83 | 930.00 | 1 949.83 |

| 指标名称 | 代码 | 地表水 | 地下水 | 合计 |
|---|---|---|---|---|
| 生活用水 | 13 | 151.43 | 138.07 | 289.50 |
| 工业用水 | 14 | 180.78 | 164.85 | 345.62 |
| 农业用水 | 15 | 633.78 | 577.90 | 1 211.68 |
| 人工生态环境补水 | 16 | 53.87 | 49.08 | 102.95 |
| 流出 | 17 | 5 143.46 | 0.0 | 5 143.46 |
| 流向区域外 | 18 | 1 190.68 | 0.0 | 1 190.68 |
| 流向海洋 | 19 | 3 952.78 | 0.0 | 3 952.78 |
| 调出区域外 | 20 | — | — | — |
| 流向区域内其他水体 | 21 | — | — | — |
| 河湖生态耗水量 | 22 | — | — | — |
| 年末存量 | 23 | −695.96 | 13 290.61 | 12 594.65 |

资料来源: 笔者计算得到。

可以看出, 2018 年水资源存量增加价值为 12 176.85 亿元, 存量减少价值为 11 066.46 亿元, 水资源净增加量价值为 1 110.39 亿元。在存量增加中, 降水形成的水资源价值为 10 962.36 亿元, 流入水资源价值为 82.11 亿元, 经济社会用水回归量价值为 1 132.38 亿元; 在存量减少中, 生活用水、工业用水、农业用水等取水使水资源减少 2 401.24 亿元, 流出水资源价值为 8 665.22 亿元。

2019 年水资源存量增加价值为 12 176.72 亿元, 存量减少价值为 6 806.90 亿元, 水资源净增加价值为 5 369.81 亿元。在存量增加中, 降水形成的水资源价值为 11 592.02 亿元, 流入水资源价值为 40.42 亿元, 经济社会用水回归量价值为 584.53 亿元; 在存量减少中, 生活用水、工业用水、农业用水等取水使水资源减少 2 027.82 亿元, 流出水资源价值为 4 779.09 亿元。

2020 年水资源存量增加价值为 13 207.76 亿元, 存量减少价值为 7 093.30 亿元, 水资源净增加量价值为 6 114.46 亿元。在存量增加中, 降水形成的水资源价值为 12 615.74 亿元, 流入水资源价值为 38.37 亿元, 经济社会用水回归量价值为 553.65 亿元; 在存量减少中, 生活用水、工业用水、农业用水等取水使水资源减少 1 949.83 亿元, 流出水资源价值为 5 143.46 亿元。

# 第十章　中国林木资源资产负债表
编制实践研究

## 第一节　中国林木资源基本情况

我国幅员辽阔，丰富多样的气候类型和自然地理环境孕育了种类繁多、类型多样的森林资源，为人类提供了丰厚的物质资源。第九次全国森林资源清查显示，我国森林面积 22 044.62 万公顷，森林覆盖率为 22.96%，林木蓄积 1 850 509.80 万立方米。林木资源相关的数量指标主要有林木蓄积和林地面积两类。林木蓄积是一定范围的土地上现存活立木材积的总量，也称活立木蓄积，包括森林蓄积、疏林蓄积、散生木蓄积和四旁树蓄积。林地面积是用于培育、恢复和发展森林植被的土地面积。

### 一、林木蓄积情况

第九次全国森林资源清查结果显示，我国有活立木蓄积共计 1 850 509.80 万立方米，其中森林蓄积 1 705 819.59 万立方米，疏林蓄积 10 027.00 万立方米，散生木蓄积 87 803.41 万立方米，四旁树蓄积 46 859.80 万立方米，其构成情况如图 10 - 1 所示。

由此可见，森林是我国林木资源的主要来源。由于缺乏疏林蓄积、散生木蓄积和四旁树蓄积的具体情况，因此本节对林木资源基本情况的介绍主要围绕森林进行。

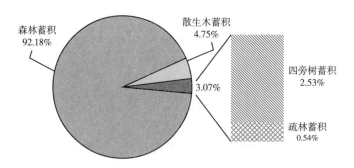

**图 10 - 1  我国林木蓄积构成情况**

资料来源：根据第九次全国森林资源清查数据计算而得。

森林按照起源可以分为天然林和人工林；按照所有权可以分为国有林、集体林和个人所有林；按照林种可以分为用材林、薪炭林、防护林、特用林和经济林。我国森林分林木所有权和林种面积、蓄积情况如表 10 - 1 所示。

表 10 - 1　　　　　　我国森林分林木所有权和林种面积、蓄积情况

| 项目 | | 天然林 | | 人工林 | | 合计 | |
|---|---|---|---|---|---|---|---|
| | | 面积<br>（万公顷） | 蓄积<br>（万立方米） | 面积<br>（万公顷） | 蓄积<br>（万立方米） | 面积<br>（万公顷） | 蓄积<br>（万立方米） |
| 林木<br>所有权 | 国有林 | 7 305.03 | 931 732.60 | 968.98 | 75 339.45 | 8 274.01 | 1 007 072.05 |
| | 集体林 | 2 557.91 | 190 484.91 | 1 316.33 | 64 218.43 | 3 874.24 | 254 703.34 |
| | 个人所有林 | 4 004.83 | 244 842.12 | 5 668.97 | 199 202.08 | 9 673.80 | 444 044.20 |
| 林种 | 用材林 | 3 977.10 | 347 456.59 | 3 265.25 | 194 075.95 | 7 242.35 | 541 532.54 |
| | 薪炭林 | 105.07 | 5 304.49 | 18.07 | 361.19 | 123.14 | 5 665.68 |
| | 防护林 | 7 635.59 | 765 487.64 | 2 446.33 | 116 319.26 | 10 081.92 | 881 806.90 |
| | 特用林 | 2 077.63 | 248 493.87 | 202.77 | 13 349.18 | 2 280.40 | 261 843.05 |
| | 经济林 | 72.38 | 317.04 | 2 021.86 | 14 654.38 | 2 094.24 | 14 971.42 |
| 合计 | | 13 867.77 | 1 367 059.63 | 7 954.28 | 338 759.96 | 21 822.05 | 1 705 819.59 |

资料来源：《中国森林资源报告 2014~2018》。

分省份来看，各省份的森林蓄积分布差异较大，森林蓄积较大的省份主要集中在我国的西南地区和东北地区。西藏、云南、四川、黑龙江、内蒙古和吉林省森林蓄积较大，均超过 10 000 万立方米。从森林蓄积的累计百分比来看，森林蓄积排名前四位的省份——西藏、云南、四川和黑龙江占了全国森林蓄积总量的将近 50%，合计达到 1 050 323.24 立方米；排名前十二位的

省份——西藏、云南、四川、黑龙江、内蒙古、吉林、福建、广西、江西、陕西、广东、湖南的森林蓄积总和占了全国森林蓄积总量的 80% 以上。各省森林蓄积及其累计百分比情况如表 10 - 2 所示。

表 10 - 2　　　　　　　各省份森林蓄积情况及其累计百分比

| 排序 | 省级行政单位 | 森林蓄积（万立方米） | 占全国比重（%） | 累计百分比（%） |
|---|---|---|---|---|
| 1 | 西藏 | 228 254.42 | 13.38 | 13.38 |
| 2 | 云南 | 197 265.84 | 11.56 | 24.95 |
| 3 | 四川 | 186 099.00 | 10.91 | 35.85 |
| 4 | 黑龙江 | 184 704.09 | 10.83 | 46.68 |
| 5 | 内蒙古 | 152 704.12 | 8.95 | 55.63 |
| 6 | 吉林 | 101 295.77 | 5.94 | 61.57 |
| 7 | 福建 | 72 937.63 | 4.28 | 65.85 |
| 8 | 广西 | 67 752.45 | 3.97 | 69.82 |
| 9 | 江西 | 50 665.83 | 2.97 | 72.79 |
| 10 | 陕西 | 47 866.70 | 2.81 | 75.60 |
| 11 | 广东 | 46 755.09 | 2.74 | 78.34 |
| 12 | 湖南 | 40 715.73 | 2.39 | 80.72 |
| 13 | 新疆 | 39 221.50 | 2.30 | 83.02 |
| 14 | 贵州 | 39 182.90 | 2.30 | 85.32 |
| 15 | 湖北 | 36 507.91 | 2.14 | 87.46 |
| 16 | 辽宁 | 29 749.18 | 1.74 | 89.21 |
| 17 | 浙江 | 28 114.67 | 1.65 | 90.85 |
| 18 | 甘肃 | 25 188.89 | 1.48 | 92.33 |
| 19 | 安徽 | 22 186.55 | 1.30 | 93.63 |
| 20 | 河南 | 20 719.12 | 1.21 | 94.85 |
| 21 | 重庆 | 20 678.18 | 1.21 | 96.06 |
| 22 | 海南 | 15 340.15 | 0.90 | 96.96 |
| 23 | 河北 | 13 737.98 | 0.81 | 97.76 |
| 24 | 山西 | 12 923.37 | 0.76 | 98.52 |
| 25 | 山东 | 9 161.49 | 0.54 | 99.06 |
| 26 | 江苏 | 7 044.48 | 0.41 | 99.47 |
| 27 | 青海 | 4 864.15 | 0.29 | 99.75 |

| 排序 | 省级行政单位 | 森林蓄积（万立方米） | 占全国比重（%） | 累计百分比（%） |
|---|---|---|---|---|
| 28 | 北京 | 2 437.36 | 0.14 | 99.90 |
| 29 | 宁夏 | 835.18 | 0.05 | 99.95 |
| 30 | 天津 | 460.27 | 0.03 | 99.97 |
| 31 | 上海 | 449.59 | 0.03 | 100.00 |
| 32 | 香港 | — | — | — |
| 33 | 澳门 | — | — | — |
| 34 | 台湾 | — | — | — |

注：本部分的排序是按照各行政区中森林蓄积量由高到低进行的。表中缺少香港、澳门和台湾的森林蓄积数据，此处用"—"表示。

资料来源：《中国森林资源报告（2014~2018）》。

在我国森林蓄积①中，用材林有 541 532.54 立方米，薪炭林有 5 665.68 立方米，防护林有 881 806.90 立方米，特用林有 261 843.05 立方米，经济林有 14 971.42 立方米，其蓄积构成如图 10 - 2 所示。

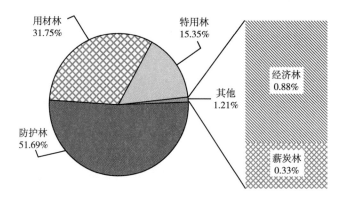

**图 10 - 2　我国森林分林种蓄积构成情况**

从林龄上看，我国的森林蓄积中，幼龄林有 213 913.86 万立方米，中龄林有 482 135.45 万立方米，近熟林有 351 428.80 万立方米，成熟林有 401 111.45 万立方米，过熟林有 257 230.03 万立方米，其蓄积构成情况如图 10 - 3 所示。

---

① 森林包括乔木林、竹林和特殊灌木林，森林蓄积主要指乔木林蓄积。

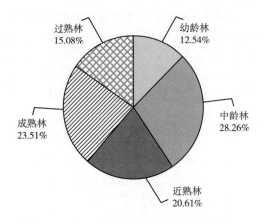

图 10 - 3　我国森林分林龄蓄积构成情况

乔木林是森林的主体。在全国乔木林中，按优势树种排名，前十位分别为栎树林、杉木林、落叶松林、桦木林、杨树林、马尾松林、桉树林、云杉林、云南松林、柏木林，其蓄积及占比情况如表 10 - 3 所示。

表 10 - 3　　　　　　　全国乔木林优势树种蓄积及占比情况

| 树种 | 面积（万公顷） | 蓄积（万立方米） | 蓄积占比（%） |
|---|---|---|---|
| 栎树林 | 1 656. 26 | 141 832. 30 | 8. 32 |
| 杉木林 | 1 138. 66 | 85 201. 65 | 5. 00 |
| 落叶松林 | 1 083. 51 | 112 295. 74 | 6. 58 |
| 桦木林 | 1 038. 34 | 92 285. 35 | 5. 41 |
| 杨树林 | 825. 49 | 61 241. 06 | 3. 59 |
| 马尾松林 | 804. 30 | 62 606. 28 | 3. 67 |
| 桉树林 | 546. 74 | 21 562. 90 | 1. 26 |
| 云杉林 | 439. 34 | 97 266. 27 | 5. 70 |
| 云南松林 | 425. 74 | 50 100. 92 | 2. 94 |
| 柏木林 | 370. 82 | 23 202. 71 | 1. 36 |
| 合计 | 8 329. 20 | 747 595. 18 | 43. 83 |

资料来源：《中国森林资源报告（2014～2018）》。

全国乔木林蓄积按照组成树种排名，前十位分别为栎树、冷杉、桦木、云杉、杉木、落叶松、马尾松、杨树、云南松、山杨，其蓄积共计 1 149 748.81 万立方米，占全国乔木林蓄积的 67.40%，其蓄积及其占比如表 10 - 4 所示。

表 10 – 4 全国乔木林主要组成树种蓄积及占比情况

| 组成树种 | 蓄积（万立方米） | 蓄积占比（%） |
|---|---|---|
| 栎树 | 246 692.71 | 14.46 |
| 冷杉 | 186 145.49 | 10.91 |
| 桦木 | 149 945.87 | 8.79 |
| 云杉 | 121 951.62 | 7.15 |
| 杉木 | 108 424.24 | 6.36 |
| 落叶松 | 108 287.01 | 6.35 |
| 马尾松 | 90 822.30 | 5.32 |
| 杨树 | 53 407.26 | 3.13 |
| 云南松 | 50 066.08 | 2.94 |
| 山杨 | 34 006.23 | 1.99 |
| 合计 | 1 149 748.81 | 67.40 |

资料来源：《中国森林资源报告（2014~2018）》。

我国竹林面积共 641.16 万公顷，以毛竹林为主，占 72.96%，其他竹林有 173.38 万公顷，占 27.04%。毛竹株数为 141.25 亿株，其中毛竹林株数为 113.60 亿株，占 80.42%；零散毛竹株数为 27.65 亿株，占 19.58%。全国毛竹株数分布情况如表 10 – 5 所示。

表 10 – 5 全国毛竹株数

| 省级行政单位 | 毛竹株数（亿株） | 占比（%） | 累计占比（%） | 毛竹林株数（亿株） |
|---|---|---|---|---|
| 福建 | 32.97 | 23.34 | 23.34 | 26.89 |
| 江西 | 32.30 | 22.87 | 46.21 | 25.58 |
| 浙江 | 25.74 | 18.22 | 64.43 | 21.41 |
| 湖南 | 20.48 | 14.50 | 78.93 | 15.69 |
| 安徽 | 9.28 | 6.57 | 85.50 | 7.84 |
| 广西 | 5.10 | 3.61 | 89.11 | 4.31 |
| 广东 | 5.09 | 3.60 | 92.72 | 4.04 |
| 湖北 | 3.52 | 2.49 | 95.21 | 2.87 |
| 四川 | 3.27 | 2.32 | 97.52 | 2.19 |
| 贵州 | 1.53 | 1.08 | 98.61 | 1.34 |
| 江苏 | 1.01 | 0.72 | 99.32 | 0.93 |

续表

| 省级行政单位 | 毛竹株数（亿株） | 占比（%） | 累计占比（%） | 毛竹林株数（亿株） |
|---|---|---|---|---|
| 重庆 | 0.60 | 0.42 | 99.75 | 0.34 |
| 河南 | 0.29 | 0.21 | 99.95 | 0.17 |
| 云南 | 0.05 | 0.04 | 99.99 | 0.00 |
| 上海 | 0.02 | 0.01 | 100.00 | 0.00 |
| 全国 | 141.25 | 100.00 | 100.00 | 113.60 |

资料来源：《中国森林资源报告（2014～2018）》。

由此可见，我国的毛竹分布比较集中，毛竹株数20亿株以上的省份有福建、江西、浙江和湖南，这四个省份的毛竹共计111.49亿株，占全国的78.93%。

## 二、林地面积

第九次全国森林资源清查结果显示，我国林地面积共计32 368.55万公顷，其中乔木林地有17 988.85万公顷，竹林地有641.16万公顷，灌木林地有7 384.96万公顷，疏林地有342.18万公顷，未成林造林地有699.14万公顷，苗圃地有71.98万公顷，迹地有242.49万公顷，宜林地有4 997.79万公顷。各地类面积构成情况如图10-4所示。

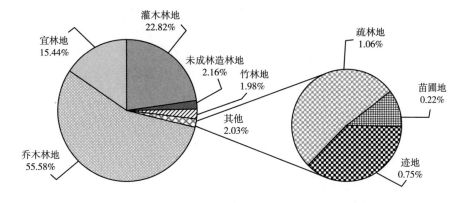

**图10-4　各地类面积构成情况**

资料来源：《中国森林资源报告（2014～2018）》。

在全国林地中，国有林地有 13 081.41 万公顷，占比 40.41%；集体林地有 19 287.10 万公顷，占比 59.59%。在全国林地面积中，森林面积共计 21 822.05 万公顷，占全国林地面积的 67.42%。而在全国森林面积中，国有林有 8 436.61 万公顷，占比 38.66%；集体林地有 13 385.44 万公顷，占比 61.34%。在全国森林面积中，乔木林面积有 17 988.85 万公顷，占 82.43%；特殊灌木林面积有 3 192.04 万公顷，占 14.63%；竹林面积有 641.16 万公顷，占 2.94%。[①] 分省份来看，内蒙古、云南森林面积最大，均超过 2 000 万公顷；其次是黑龙江、四川、西藏、广西。我国各省份森林面积及其累计百分比如表 10 - 6 所示。

**表 10 - 6**                  我国各省份森林面积

| 省份 | 森林面积（万公顷） | 省份 | 森林面积（万公顷） |
|---|---|---|---|
| 内蒙古 | 2 614.85 | 甘肃 | 509.73 |
| 云南 | 2 106.16 | 河北 | 502.69 |
| 黑龙江 | 1 990.46 | 青海 | 419.75 |
| 四川 | 1 839.77 | 河南 | 403.18 |
| 西藏 | 1 490.99 | 安徽 | 395.85 |
| 广西 | 1 429.65 | 重庆 | 354.97 |
| 湖南 | 1 052.58 | 山西 | 321.09 |
| 江西 | 1 021.02 | 山东 | 266.51 |
| 广东 | 945.98 | 海南 | 194.49 |
| 陕西 | 886.84 | 江苏 | 155.99 |
| 福建 | 811.58 | 北京 | 71.82 |
| 新疆 | 802.23 | 宁夏 | 65.60 |
| 吉林 | 784.87 | 天津 | 13.64 |
| 贵州 | 771.03 | 上海 | 8.90 |
| 湖北 | 736.27 | 香港 | — |
| 浙江 | 604.99 | 澳门 | — |
| 辽宁 | 571.83 | 台湾 | — |

注：香港、澳门、台湾数据缺失，此处填"—"。
资料来源：《中国森林资源报告（2014~2018）》。

---

[①] 资料来源：《中国森林资源报告（2014~2018）》。

　　从林龄上看，在全国乔木林面积中，幼龄林有 5 877.54 万公顷，中龄林有 5 625.92 万公顷，近熟林有 2 861.33 万公顷，成熟林有 2 467.66 万公顷，过熟林有 1 156.40 万公顷，我国森林分林龄面积构成情况如图 10 − 5 所示。在全国乔木林中，针叶林面积为 6 183.35 万公顷，占总面积的 34.37%；针阔混交林面积为 1 420.59 万公顷，占总面积的 7.90%；阔叶林面积为 10 384.91 万公顷，占总面积的 57.73%。

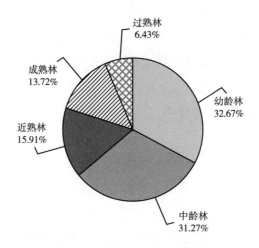

**图 10 − 5　我国森林分林龄面积构成情况**

资料来源：《中国森林资源报告（2014～2018）》。

　　我国竹林面积共计 641.16 万公顷，其中毛竹有 467.78 万公顷，占比 72.96%；其他竹林有 173.38 万公顷，占比 27.04%。从起源上看，天然竹林共计 390.38 万公顷，占比 60.89%；人工竹林共计 250.78 万公顷，占比 39.11%。从所有权上看，国有竹林共计 25.28 万公顷，占比 3.94%；集体竹林共计 65.38 万公顷，占比 10.20%；个人所有竹林共计 550.50 万公顷，占比 85.86%。从林种上看，防护林共计 178.30 万公顷，占比 27.81%；特用林共计 22.42 万公顷，占比 3.50%；用材林共计 438.99 万公顷，占比 68.47%；经济林共计 1.45 万公顷，占比 0.22%。①

―――――――――――

① 资料来源：《中国森林资源报告（2014～2018）》。

# 第二节　中国林木资源资产存量及其变动表

我国林木资源资产负债表体系包括实物量形式的林木资源资产存量及其变动表，以及价值量形式的林木资源资产负债表。由于我国的森林资源清查是在一个时期进行的，得到的相关数据并非是同一个时点上的数据，因此本章编制的林木资源存量及其变动表，以及林木资源资产负债表也并不是某个年份的，而是根据相应的森林资源清查结果得到的。

## 一、林木资源资产存量表

本节分别根据第七次（2004～2008 年）、第八次（2009～2013 年）和第九次（2014～2018 年）全国森林资源清查结果，编制了 2008 年全国林木资源存量表（根据第七次森林资源清查数据）、2013 年全国林木资源存量表（根据第八次全国森林资源清查数据），以及 2018 年全国林木资源存量表（根据第九次全国森林资源清查数据），分别如表 10 - 7、表 10 - 8 和表 10 - 9 所示。

表 10 - 7　　　　　　　　　　2008 年全国林木资源存量表　　　　　　单位：万立方米

| 项目及编号 | | 合计 | 培育资产 | 非培育资产 |
| --- | --- | --- | --- | --- |
| 1 | 林木 | 1 347 683. 23 | 197 578. 64 | 1 150 104. 59 |
| 1.1 | 天然林 | 1 150 104. 59 | — | 1 150 104. 59 |
| 1.1.1 | 有林地 | 1 140 207. 18 | — | 1 140 207. 18 |
| 1.1.1.1 | 用材林 | 295 655. 38 | | 295 655. 38 |
| 1.1.1.2 | 薪炭林 | 3 536. 07 | | 3 536. 07 |
| 1.1.1.3 | 防护林 | 672 831. 16 | | 672 831. 16 |
| 1.1.1.4 | 特种用途林 | 168 184. 57 | | 168 184. 57 |
| 1.1.1.5 | 经济林 | | — | |
| 1.1.2 | 疏林地 | 9 897. 41 | | 9 897. 41 |

续表

| 项目及编号 | | 合计 | 培育资产 | 非培育资产 |
|---|---|---|---|---|
| 1.2 | 人工林 | 197 578.64 | 197 578.64 | — |
| 1.2.1 | *有林地* | 196 052.28 | 196 052.28 | — |
| 1.2.1.1 | 用材林 | 127 049.44 | 127 049.44 | — |
| 1.2.1.2 | 薪炭林 | 375.96 | 375.96 | — |
| 1.2.1.3 | 防护林 | 62 201.96 | 62 201.96 | — |
| 1.2.1.4 | 特种用途林 | 6 424.92 | 6 424.92 | — |
| 1.2.1.5 | 经济林 | | | |
| 1.2.2 | *疏林地* | 1 526.36 | 1 526.36 | — |
| 2 | 其他林木 | 107 710.56 | 33 242.44 | 74 468.12 |
| 2.1 | 散生木 | 74 468.12 | — | 74 468.12 |
| 2.2 | 四旁树 | 33 242.44 | 33 242.44 | — |
| 合计 | | 1 455 393.79 | 230 821.08 | 1 224 572.71 |

注：实物量核算数据不包括经济林和竹林，价值量中包括。在林木资源存量表中，为了同我国森林资源清查数据的分类相匹配，此处沿用了培育资产和非培育资产的分类方法，其中培育资产对应本书中的第二个层次的林木资源资产，林木资源资产总量（培育资产和非培育资产之和）对应本书构建的第一个层次的林木资源资产，下同。

资料来源：中国森林资源核算研究项目组（2015）。

表 10－8 　　　　　　　　　**2013 年全国林木资源存量表**　　　　　单位：万立方米

| 项目及编号 | | 合计 | 培育资产 | 非培育资产 |
|---|---|---|---|---|
| 1 | 林木 | 1 488 478.85 | 249 943.91 | 1 238 534.94 |
| 1.1 | 天然林 | 1 238 534.94 | — | 1 238 534.94 |
| 1.1.1 | *有林地* | 1 229 583.97 | — | 1 229 583.97 |
| 1.1.1.1 | 用材林 | 305 001.50 | — | 305 001.50 |
| 1.1.1.2 | 薪炭林 | 5 544.91 | — | 5 544.91 |
| 1.1.1.3 | 防护林 | 710 778.49 | — | 710 778.49 |
| 1.1.1.4 | 特种用途林 | 208 259.07 | — | 208 259.07 |
| 1.1.1.5 | 经济林 | | | |
| 1.1.2 | *疏林地* | 8 950.97 | — | 8 950.97 |
| 1.2 | 人工林 | 249 943.91 | 249 943.91 | — |
| 1.2.1 | *有林地* | 248 324.85 | 248 324.85 | — |
| 1.2.1.1 | 用材林 | 155 193.83 | 155 193.83 | — |
| 1.2.1.2 | 薪炭林 | 364.67 | 364.67 | — |

续表

| 项目及编号 | | 合计 | 培育资产 | 非培育资产 |
|---|---|---|---|---|
| 1.2.1.3 | 防护林 | 84 037.53 | 84 037.53 | — |
| 1.2.1.4 | 特种用途林 | 8 728.82 | 8 728.82 | — |
| 1.2.1.5 | 经济林 | | | — |
| 1.2.2 | 疏林地 | 1 619.06 | 1 619.06 | — |
| 2 | 其他林木 | 118 927.37 | 40 068.34 | 78 859.03 |
| 2.1 | 散生木 | 78 859.03 | — | 78 859.03 |
| 2.2 | 四旁树 | 40 068.34 | 40 068.34 | — |
| 合计 | | 1 607 406.26 | 290 012.25 | 1 317 394.01 |

注：2008 年、2013 年的核算数据中不包括经济林和竹林。

资料来源：中国森林资源核算研究项目组（2015）。

**表 10 – 9**　　　　　　　　**2018 年全国林木资源存量表**　　　　单位：万立方米

| 项目及编号 | | 合计 | 培育资产 | 非培育资产 |
|---|---|---|---|---|
| 1 | 林木 | 1 715 846.59 | 340 197.83 | 1 375 648.76 |
| 1.1 | 天然林 | 1 375 648.76 | — | 1 375 648.76 |
| 1.1.1 | 有林地 | 1 367 059.63 | — | 1 367 059.63 |
| 1.1.1.1 | 用材林 | 347 456.59 | | 347 456.59 |
| 1.1.1.2 | 薪炭林 | 5 304.49 | | 5 304.49 |
| 1.1.1.3 | 防护林 | 765 487.64 | | 765 487.64 |
| 1.1.1.4 | 特种用途林 | 248 493.87 | | 248 493.87 |
| 1.1.1.5 | 经济林 | 317.04 | | 317.04 |
| 1.1.2 | 疏林地 | 8 589.13 | — | 8 589.13 |
| 1.2 | 人工林 | 340 197.83 | 340 197.83 | — |
| 1.2.1 | 有林地 | 338 759.96 | 338 759.96 | — |
| 1.2.1.1 | 用材林 | 194 075.95 | 194 075.95 | |
| 1.2.1.2 | 薪炭林 | 361.19 | 361.19 | |
| 1.2.1.3 | 防护林 | 116 319.26 | 116 319.26 | |
| 1.2.1.4 | 特种用途林 | 13 349.18 | 13 349.18 | |
| 1.2.1.5 | 经济林 | 14 654.38 | 14 654.38 | |
| 1.2.2 | 疏林地 | 1 437.87 | 1 437.87 | |
| 2 | 其他林木 | 134 663.21 | 46 859.80 | 87 803.41 |

续表

| 项目及编号 | | 合计 | 培育资产 | 非培育资产 |
|---|---|---|---|---|
| 2.1 | 散生木 | 87 803.41 | — | 87 803.41 |
| 2.2 | 四旁树 | 46 859.80 | 46 859.80 | — |
| 合计 | | 1 850 509.80 | 387 057.63 | 1 463 452.17 |

注：由于计量单位不同，在实物量核算数据中，将竹林和林木分开核算。疏林地没有明确区分培育资产和非培育资产，表中灰色部分的数据是估算得来的。

资料来源：《中国森林资源报告（2014~2018）》。

第七次森林资源清查结果显示，我国林木资源蓄积共计 1 455 393.79 万立方米，其中培育资产 230 821.08 万立方米，非培育资产 1 224 572.71 万立方米①；第八次森林资源清查结果显示，我国林木资源蓄积增加到 1 607 406.26 万立方米，其中培育资产 290 012.25 万立方米，非培育资产 1 317 394.01 万立方米；第九次森林资源清查结果显示，我国林木资源蓄积增加到 1 850 509.80 万立方米，其中培育资产 387 057.63 万立方米，非培育资产 1 463 452.17 万立方米。

由此可见，我国的林木资源从 2004 年到 2018 年明显增多，增加了 395 116.01 万立方米，增加了 27.15%。其中，培育资产从 230 821.08 万立方米增加到 387 057.63 万立方米，增长了 67.69%；非培育资产从 1 224 572.71 万立方米增加到 1 463 452.17 万立方米，增长了 19.51%。我国林木资源在三个清查期间的变化情况如图 10-6 所示。

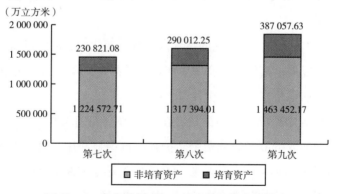

图 10-6　林木资源在三个清查期间的变化情况

---

① 培育资产主要指人工林，非培育资产主要指天然林。

从第九次森林资源清查结果来看，天然林和人工林中的林木蓄积量最大，合计占林木蓄积总量的92.72%。在天然林和人工林中，防护林蓄积最大，为881 806.9万立方米，占比51.39%；其次是用材林和特种用途林，占比分别为31.35%和15.26%；其他三类林木经济林、疏林地和薪炭林的蓄积总和只占1.79%。六类林木的蓄积和占比情况如图10-7所示。

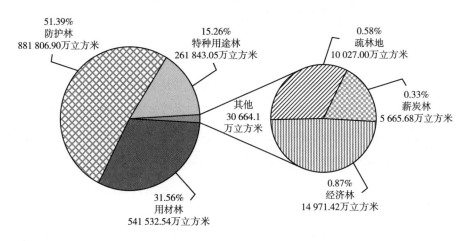

**图10-7　六类林木的蓄积和占比情况**

## 二、林木资源资产存量变动表

根据林木资源资产存量表，可以编制林木资源资产存量变动表，如表10-10所示。

由表10-10可知，在两期的林木资源资产变化中，除了薪炭林和疏林地上的林木资源以外，其他林木资源资产蓄积量都在持续增加。从绝对量上看，非培育资产增加得最多，在三次普查期间增加了225 544.17万立方米；从相对量上看，非培育资产增长得最快，在三次普查期间增加了57.06%。在培育资产中，增加数量最多的分别是防护林、特用林和用材林，在三次普查期间分别增加了92 656.48万立方米、80 309.3万立方米和51 801.21万立方米，占培育资产净增加值的99.66%。在非培育资产中，用材林、防护林和特用林增长得最快，在三次普查期间分别增长了52.76%、87%和107.77%。

表 10 – 10

林木资源资产存量变动表

| 项目 | | | 2008 年林木资源存量（万立方米） | 2008~2013 年林木资源净变化（万立方米） | 2008~2013 年林木资源净变化（%） | 2013 年林木资源存量（万立方米） | 2013~2018 年林木资源净变化（万立方米） | 2013~2018 年林木资源净变化（%） | 2018 年林木资源存量（万立方米） |
|---|---|---|---|---|---|---|---|---|---|
| 林木 | 非培育资产 | 用材林 | 295 655.38 | 9 346.12 | 3.16 | 30 5001.5 | 42 455.09 | 13.92 | 347 456.59 |
| | | 薪炭林 | 3 536.07 | 2 008.84 | 56.81 | 5 544.91 | −240.42 | −4.34 | 5 304.49 |
| | | 防护林 | 672 831.16 | 37 947.33 | 5.64 | 710 778.49 | 54 709.15 | 7.70 | 765 487.64 |
| | | 特用林 | 168 184.57 | 40 074.5 | 23.83 | 208 259.07 | 40 234.8 | 19.32 | 248 493.87 |
| | | 经济林 | — | — | — | — | — | — | 317.04 |
| | | 疏林地 | 9 897.41 | −946.44 | −9.56 | 8 950.97 | −361.84 | −4.04 | 8 589.13 |
| | 培育资产 | 用材林 | 127 049.44 | 28 144.39 | 22.15 | 155 193.83 | 38 882.12 | 25.05 | 194 075.95 |
| | | 薪炭林 | 375.96 | −11.29 | −3.00 | 364.67 | −3.48 | −0.95 | 361.19 |
| | | 防护林 | 62 201.96 | 21 835.57 | 35.10 | 84 037.53 | 32 281.73 | 38.41 | 116 319.26 |
| | | 特用林 | 6 424.92 | 2 303.9 | 35.86 | 8 728.82 | 4 620.36 | 52.93 | 13 349.18 |
| | | 经济林 | — | — | — | — | — | — | 14 654.38 |
| | | 疏林地 | 1 526.36 | 92.7 | 6.07 | 1 619.06 | −181.19 | −11.19 | 1 437.87 |
| 其他林木 | 散生木 | 非培育资产 | 74 468.12 | 4 390.91 | 5.90 | 78 859.03 | 8 944.38 | 11.34 | 87 803.41 |
| | 四旁树 | 培育资产 | 33 242.44 | 6 825.9 | 20.53 | 40 068.34 | 6 791.46 | 16.95 | 46 859.8 |
| 总资产 | | | 1 455 393.79 | 152 012.43 | 10.44 | 1 607 406.22 | 243 103.58 | 15.12 | 1 850 509.8 |

## 第三节　中国林木资源资产负债表

### 一、林木资源估价方法

林木资源的价值评估可按乔木林、经济林和竹林分别进行。

#### （一）乔木林的资产价值评估

乔木林的价格应为采伐者为获得单位体积立木而支付给林木资源所有者的价格，也就是立木的路边价。乔木林的价值评估可根据优势树种的林分，按照不同龄组进行区分，从而对各龄组按照不同的价值核算方法进行核算，最后进行分类汇总。对于幼龄林主要采用重置成本法，对于中龄林主要采用收益净现值法，对于近熟林、成熟林和过熟林主要采用市场价倒算法（张颖和潘静，2016）。鉴于数据的可获得性，乔木林的价值评估可以人工林数据为依据。

通常，商业利率由经济利率（纯利率）、风险率和通货膨胀率三个部分构成。在林木资源资产价值评估中，由于其涉及的成本为重置成本，因此不存在通货膨胀率，仅含有经济利率和风险率两个部分。目前，世界上多数国家确定经济利率的方法是采用国债的年利率（即风险率为0）扣除当年的通货膨胀率，所得的剩余部分即为经济利率，该利率大约为3.5%。就营林而言，商品林经营的年风险率通常不超过1%，因此在林木资源价值评估中采用4.5%的投资收益率。

#### 1. 重置成本法

对幼龄林进行价值评估主要采用重置成本法。该方法的思路是，按照现时价格和生产水平重新营造一块与被评估森林相类似的资产所需要的成本。在实际操作中，往往还需将该成本乘以被评估森林的林分综合调整系数。计算公式如下所示：

$$v_n = K \cdot \sum_{j=1}^{n} C_i \cdot (1 + P)^{n-i+1} \tag{10-1}$$

其中，$v_n$ 代表林龄为 $n$ 的林木资源的评估价值；$K$ 代表林分质量综合调整系数，$C_i$ 代表第 $i$ 年的以现行工价及生产水平为标准的生产成本；$P$ 代表投资收益率。

**2. 收益净现值法**

对中龄林进行价值评估主要采用收益净现值法。该方法是将被评估林木在未来经营期内各年的净收益按照一定的折现率进行折现以后累计求和所得，从而作为林木资源资产的评估价值。其计算公式如下所示：

$$v_n = \sum_{t=n}^{u} \frac{A_t - C_t}{(1 + P)^{t-n+1}} \tag{10-2}$$

其中，$v_n$ 代表林龄为 $n$ 的林木资源的评估价值；$A_t$ 代表第 $t$ 年的收入；$C_t$ 代表第 $t$ 年的成本支出；$u$ 代表经营期；$P$ 代表投资收益率。

**3. 市场倒算法**

对近熟林、成熟林和过熟林的价值评估主要采用市场倒算法。该方法用被评估林木采伐后取得的木材市场销售总收入，扣除木材经营所消耗的成本（含有关税费）及应得的利润后，剩余的部分作为林木资产评估价值。其计算公式如下所示：

$$V = W - C - F \tag{10-3}$$

其中，$V$ 代表近熟林、成熟林、过熟林的评估价值；$W$ 代表木材销售总收入；$C$ 代表木材的生产经营成本（包括采运成本、有关税费）；$F$ 代表木材生产经营利润。

**（二）经济林的资产价值评估**

对经济林的资产价值评估主要采用收益现值法，其计算公式如下所示：

$$V_n = R \cdot \frac{(1+P)^{u-n} - 1}{P \cdot (1+P)^{u-n}} \tag{10-4}$$

其中，$V_n$ 代表经济林的评估价值；$R$ 代表经济林的年净收益；$u$ 代表经济寿命期；$n$ 代表经济林林龄；$P$ 代表投资收益率。

由于经济林的投资收益较高，因此目前国内对经济林的林木价值评估普遍采用 6% 的投资收益率。

### （三）竹林的资产价值评估

对竹林的资产价值评估一般采用净现值法，新造未成熟竹林可采用重置成本法，其计算公式如下所示：

$$V = \frac{R}{P} \tag{10-5}$$

其中，$V$ 代表竹林价值评估值；$R$ 代表竹林的年净收益；$P$ 代表投资收益率。竹林的投资收益率取 6% 左右。

## 二、林木资源资产负债表

由于数据不足，本章难以根据上述方法计算林木资源的价格，因此本部分根据中国森林资源核算研究项目组（2015）的研究成果计算林木的平均价格。经计算，2008 年和 2013 年我国林木资源的平均价格分别为416.49 元/立方米和 554.06 元/立方米。在计算第九次全国森林资源清查期间我国林木资源价格时，本章参照张颖和潘静（2016），根据林木投资收益率对 2013 年的林木价格进行了调整，并采用目前我国实际平均的4.5% 的数据，得到 2018 年我国林木资源的估算价格为 691.71 元/立方米（不包含经济林）。

由于森林资源清查只记录了森林资源的变化情况，并没有记录森林资源的变化原因，因此，本部分并未确认我国的林木资源负债，而只是编制了不包含负债项的价值量形式的林木资源资产负债表。2008 年、2013 年和 2018 年我国林木资源资产负债如表 10-11、表 10-12 和表 10-13所示。

表 10 – 11　　　　　　　**2008 年我国林木资源资产负债表**　　　　单位：亿元

| 项目及编号 | | 合计 | 培育资产 | 非培育资产 |
|---|---|---|---|---|
| 1 | 林木 | 90 297.25 | 38 128.58 | 52 168.67 |
| 1.1 | 天然林 | 52 168.67 | | 52 168.67 |
| 1.1.1 | *有林地* | 51 774.35 | | 51 774.35 |
| 1.1.1.1 | 用材林 | 12 500.48 | | 12 500.48 |
| 1.1.1.2 | 薪炭林 | 312.89 | | 312.89 |
| 1.1.1.3 | 防护林 | 28 713.68 | | 28 713.68 |
| 1.1.1.4 | 特种用途林 | 5 806.28 | | 5 806.28 |
| 1.1.1.5 | 经济林 | 1 165.70 | | 1 165.70 |
| 1.1.1.6 | 竹林 | 3 275.31 | | 3 275.31 |
| 1.1.2 | *疏林地* | 394.32 | | 394.32 |
| 1.2 | 人工林 | 38 128.58 | 38 128.58 | |
| 1.2.1 | *有林地* | 38 057.66 | 38 057.66 | |
| 1.2.1.1 | 用材林 | 4 792.52 | 4 792.52 | |
| 1.2.1.2 | 薪炭林 | 71.33 | 71.33 | |
| 1.2.1.3 | 防护林 | 3 214.55 | 3 214.55 | |
| 1.2.1.4 | 特种用途林 | 302.34 | 302.34 | |
| 1.2.1.5 | 经济林 | 27 660.00 | 27 660.00 | |
| 1.2.1.6 | 竹林 | 2 016.92 | 2 016.92 | |
| 1.2.2 | *疏林地* | 70.92 | 70.92 | |
| 2 | 其他林木 | 4 436.23 | 1 462.51 | 2 973.72 |
| 2.1 | 散生木 | 2 973.72 | | 2 973.72 |
| 2.2 | 四旁树 | 1 462.51 | 1 462.51 | |
| 合计 | | 94 733.49 | 39 591.10 | 55 142.39 |

资料来源：中国森林资源核算研究项目组（2015）。

表 10 – 12　　　　　　　**2013 年我国林木资源资产负债表**　　　　单位：亿元

| 项目及编号 | | 合计 | 培育资产 | 非培育资产 |
|---|---|---|---|---|
| 1 | 林木 | 130 076.94 | 55 480.42 | 74 596.52 |
| 1.1 | 天然林 | 74 596.52 | | 74 596.52 |
| 1.1.1 | *有林地* | 74 140.78 | | 74 140.78 |
| 1.1.1.1 | 用材林 | 16 622.66 | | 16 622.66 |

续表

| 项目及编号 | | 合计 | 培育资产 | 非培育资产 |
|---|---|---|---|---|
| 1.1.1.2 | 薪炭林 | 436.21 | | 436.21 |
| 1.1.1.3 | 防护林 | 40 545.29 | | 40 545.29 |
| 1.1.1.4 | 特种用途林 | 10 095.61 | | 10 095.61 |
| 1.1.1.5 | 经济林 | 1 291.45 | | 1 291.46 |
| 1.1.1.6 | 竹林 | 5 149.56 | | 5 149.56 |
| 1.1.2 | 疏林地 | 455.75 | | 455.75 |
| 1.2 | 人工林 | 55 480.42 | 55 480.42 | |
| 1.2.1 | 有林地 | 55 384.14 | 55 384.14 | |
| 1.2.1.1 | 用材林 | 8 200.69 | 8 200.69 | |
| 1.2.1.2 | 薪炭林 | 82.87 | 82.87 | |
| 1.2.1.3 | 防护林 | 5 600.03 | 5 600.03 | |
| 1.2.1.4 | 特种用途林 | 484.04 | 484.04 | |
| 1.2.1.5 | 经济林 | 38 353.84 | 38 353.84 | |
| 1.2.1.6 | 竹林 | 2 662.67 | 2 662.67 | |
| 1.2.2 | 疏林地 | 96.28 | 96.28 | |
| 2 | 其他林木 | 6 439.84 | 2 274.88 | 4 164.96 |
| 2.1 | 散生木 | 4 164.96 | | 4 164.96 |
| 2.2 | 四旁树 | 2 274.88 | 2 274.88 | |
| 合计 | | 136 516.79 | 57 755.30 | 78 761.48 |

资料来源：中国森林资源核算研究项目组（2015）。

**表 10 – 13**          **2018 年我国林木资源资产负债表**       单位：亿元

| 项目及编号 | | 合计 | 培育资产 | 非培育资产 |
|---|---|---|---|---|
| 1 | 林木 | 179 967.80 | 78 482.31 | 101 485.49 |
| 1.1 | 天然林 | 101 485.49 | | 101 485.49 |
| 1.1.1 | 有林地 | 100 875.59 | | 100 875.59 |
| 1.1.1.1 | 用材林 | 22 244.87 | | 22 244.87 |
| 1.1.1.2 | 薪炭林 | 583.75 | | 583.75 |

续表

| 项目及编号 | | 合计 | 培育资产 | 非培育资产 |
|---|---|---|---|---|
| 1.1.1.3 | 防护林 | 54 415.89 | | 54 415.89 |
| 1.1.1.4 | 特种用途林 | 15 011.56 | | 15 011.56 |
| 1.1.1.5 | 经济林 | 1 728.25 | | 1 728.25 |
| 1.1.1.6 | 竹林 | 6 891.27 | | 6 891.27 |
| 1.1.2 | *疏林地* | 609.90 | | 609.90 |
| 1.2 | 人工林 | 78 482.31 | 78 482.31 | |
| 1.2.1 | *有林地* | 78 353.47 | 78 353.47 | |
| 1.2.1.1 | 用材林 | 12 779.95 | 12 779.95 | |
| 1.2.1.2 | 薪炭林 | 102.29 | 102.29 | |
| 1.2.1.3 | 防护林 | 9 659.40 | 9 659.40 | |
| 1.2.1.4 | 特种用途林 | 922.49 | 922.49 | |
| 1.2.1.5 | 经济林 | 51 326.09 | 51 326.09 | |
| 1.2.1.6 | 竹林 | 3 563.25 | 3 563.25 | |
| 1.2.2 | *疏林地* | 128.84 | 128.84 | |
| 2 | 其他林木 | 9 094.42 | 3 315.42 | 5 778.99 |
| 2.1 | 散生木 | 5 778.99 | | 5 778.99 |
| 2.2 | 四旁树 | 3 315.42 | 3 315.42 | |
| 合计 | | 189 062.22 | 81 797.74 | 107 264.48 |

注：由于缺乏 2013 年的经济林和竹林中的林木资源实物量数据，无法计算单位立木资源价值，因此表 10 - 13 中的经济林和竹林的林木资源价值量是根据 2013 年的价值量，采用 6% 的收益率估算调整得到的。

资料来源：笔者根据表 10 - 9 计算得到。

　　由此可知，在三次森林资源清查期间，我国的林木资源资产价值由 2008 年的 94 733.49 亿元，涨到了 2018 年的 189 062.22 亿元，增长了近一倍。其中，天然林中的林木资源价值从 52 168.67 亿元增长到 101 485.49 亿元，增加了 49 316.82 亿元，增长了 94.53%；人工林中的林木资源价值从 38 128.58 亿元增长到 78 482.31 亿元，增加了 40 353.73 亿元，增长了 105.84 亿元。

　　从林木资源价值量的变化原因上看，2008 ~ 2013 年、2013 ~ 2018 年的林木资源价值变动情况及原因分别如表 10 - 14 和表 10 - 15 所示。

表 10 – 14 2008 ~ 2013 年我国林木资源价值变动情况及原因 单位：亿元

| 项目 | 天然林 | 人工林 | 其他林木 |
|---|---|---|---|
| 期初存量 | 52 168.66 | 38 128.58 | 4 436.23 |
| 数量变动引起的净增加 | 5 538.13 | 13 640.27 | 475.65 |
| 重估价引起的净增加 | 16 889.72 | 3 711.57 | 1 527.96 |
| 期末存量 | 74 596.52 | 55 480.42 | 6 439.84 |

资料来源：笔者根据表 10 – 11 和表 10 – 12 计算得到。

表 10 – 15 2013 ~ 2018 年我国林木资源价值变动情况及原因 单位：亿元

| 项目 | 天然林 | 人工林 | 其他林木 |
|---|---|---|---|
| 期初存量 | 74 596.52 | 55 480.42 | 6 439.84 |
| 数量变动引起的净增加 | 9 526.23 | 18 323.03 | 857.98 |
| 重估价引起的净增加 | 17 362.74 | 4 678.87 | 1 796.59 |
| 期末存量 | 101 485.49 | 78 482.31 | 9 094.42 |

资料来源：笔者根据表 10 – 12 和表 10 – 13 计算得到。

从表 10 – 14 中可以看出，对天然林而言，重估价（价格变化）引起的林木资源资产价值增加是天然林价值增加的主要原因，由于价格变化引起的林木资源资产价值增长 16 889.72 亿元；对于人工林而言，蓄积量的增加是人工林中林木资源价值增加的主要原因，由于蓄积量的增加引起林木资源资产价值增长 13 640.27 亿元；对于其他林木而言，重估价（价格变化）引起的林木资源资产价值增加是其他林木价值增加的主要原因，由于价格变化引起的林木资源资产价值增长 1 527.96 亿元。

# 第十一章　中国土地资源资产负债表编制实践研究

土地是人类赖以生存的基础。SEEA2012（中心框架）将土地提供空间的功能与作为生产要素投入的功能进行了区分，并据此将其分为土地和土壤两部分核算内容。本章参照 SEEA2012（中心框架），构建了土地资源资产负债表和土壤资源资产负债表。

在数据的获取方面，由于我国的国土资源统计年鉴上没有较为完整的土地利用面积数据，仅有 2017 年以前的全国农用地和建设用地的面积情况，因此，本章在编制土地资源资产负债表时，并未利用统计数据，而采用了遥感数据。

## 第一节　中国土地资源基本情况

中国陆地面积约为 960 万平方千米，东部和南部大陆海岸线 1.8 万多千米，内海和边海的水域面积约 470 多万平方千米。省级行政区划为 23 个省、5 个自治区、4 个直辖市、2 个特别行政区。

多种多样的地形为农林牧副渔多种经营提供了有利条件。我国山区面积广大，森林、矿产、水力、旅游资源丰富，有利于发展林业、采矿业及旅游业。平原面积较小，耕地面积不足，不利于大规模商品化农业的生产。

我国地势西高东低，大致呈三级阶梯状分布。第一级阶梯地形以高原为主，平均海拔 4 000 米以上，主要的地形区为青藏高原和柴达木盆地。第二级阶梯地形以高原、盆地为主，平均海拔在 1 000~2 000 米，主要的地形区为内蒙古高原、黄土高原、云贵高原、准噶尔盆地、塔里木盆地和四川盆地。第三级阶梯地形以平原、丘陵为主，海拔多在 500 米以下，主要的地形区为东北平原、华北平原、长江中下游平原、辽东丘陵、山东丘陵和东南丘陵。随着地势逐级下降，河流在一、二级阶梯的过渡地带形成巨大落差，蕴藏着丰富的水能资源。

## 第二节　中国土地资源资产存量及其变动表
## （实物量形式）

本节编制了我国土地资源资产负债表，具体包括实物量形式的土地资源资产存量表，以及土地资源资产存量变动表。

### 一、土地资源资产存量及其变动表

#### （一）土地资源资产存量表

我国 2000 年、2005 年、2010 年、2015 年以及 2020 年的各类土地资源存量情况如表 11 – 1 所示，表中数据来自资源环境科学与数据中心的 2000 ~ 2020 年中国土地利用遥感监测数据。该数据将土地利用类型分为耕地、林地、草地、水域、城乡工矿居民用地和未利用土地 6 个一级类型以及 25 个二级类型。从表 11 – 1 中可以看到，2020 年我国草地面积占比最大，约为 28.51%；林地和未利用土地面积占比次之，占比分别为 23.76% 和 23.02%；耕地面积占比为 18.75%；水域和城乡居民用地占比分别为 3.13% 和 2.83%（见图 11 – 1）。

表 11 – 1　　　　　2000 ~ 2020 年我国土地资源存量情况　　　　单位：平方千米

| 一级土地分类 | 分类编码 | 二级土地分类 | 2000 年 | 2005 年 | 2010 年 | 2015 年 | 2020 年 |
|---|---|---|---|---|---|---|---|
| 耕地 | 11 | 水田 | 474 081 | 465 834 | 474 081 | 464 950 | 459 742 |
| | 12 | 旱地 | 1 326 468 | 1 327 386 | 1 326 468 | 1 321 053 | 1 322 370 |

| 一级土地分类 | 分类编码 | 二级土地分类 | 2000 年 | 2005 年 | 2010 年 | 2015 年 | 2020 年 |
|---|---|---|---|---|---|---|---|
| 林地 | 21 | 有林地 | 1 365 471 | 1 360 560 | 1 365 471 | 1 353 990 | 1 371 129 |
| | 22 | 灌木林 | 488 011 | 489 149 | 488 011 | 486 920 | 469 018 |
| | 23 | 疏林地 | 349 660 | 351 002 | 349 660 | 347 288 | 362 020 |
| | 24 | 其他林地 | 39 624 | 45 149 | 39 624 | 51 954 | 55 448 |
| 草地 | 31 | 高覆盖度草地 | 996 416 | 995 835 | 996 416 | 995 106 | 776 267 |
| | 32 | 中覆盖度草地 | 1 092 280 | 1 086 049 | 1 092 280 | 1 081 483 | 961 007 |
| | 33 | 低覆盖度草地 | 922 381 | 918 330 | 922 381 | 913 987 | 971 678 |
| 水域 | 41 | 河渠 | 36 347 | 36 797 | 36 347 | 36 966 | 47 542 |
| | 42 | 湖泊 | 75 643 | 76 235 | 75 643 | 76 659 | 82 324 |
| | 43 | 水库坑塘 | 36 006 | 39 134 | 36 006 | 41 524 | 54 075 |
| | 44 | 永久性冰川雪地 | 69 177 | 69 156 | 69 177 | 69 009 | 45 457 |
| | 45 | 滩涂 | 5 960 | 5 571 | 5 960 | 5 874 | 4 756 |
| | 46 | 滩地 | 50 453 | 48 550 | 50 453 | 50 069 | 63 160 |
| 城乡、工矿、居民用地 | 51 | 城镇用地 | 33 060 | 41 965 | 33 060 | 52 117 | 74 497 |
| | 52 | 农村居民点 | 125 334 | 127 657 | 125 334 | 131 529 | 144 376 |
| | 53 | 其他建设用地 | 14 029 | 18 748 | 14 029 | 38 217 | 50 415 |
| 未利用土地 | 61 | 沙地 | 571 831 | 573 860 | 571 831 | 569 837 | 597 499 |
| | 62 | 戈壁 | 487 432 | 486 189 | 487 432 | 483 066 | 579 072 |
| | 63 | 盐碱地 | 136 391 | 134 510 | 136 391 | 130 929 | 106 970 |
| | 64 | 沼泽地 | 81 970 | 80 621 | 81 970 | 78 377 | 108 021 |
| | 65 | 裸土地 | 29 129 | 29 493 | 29 129 | 29 321 | 98 003 |
| | 66 | 裸岩石质地 | 601 751 | 601 706 | 601 751 | 601 888 | 662 914 |
| | 67 | 其他 | 91 729 | 91 594 | 91 729 | 91 118 | 35 508 |
| 海洋 | 99 | 海洋 | 773 | 1 033 | 773 | 1 037 | 802 |

资料来源：资源环境科学与数据中心 2000～2020 年中国土地利用遥感监测数据。

根据表 11-1，可以绘制我国 2000～2020 年土地利用变化图（见图 11-2）。从土地利用的变化情况上看，从 2000～2020 年，我国草地面积下降幅度最大，由 2000 年的 3 011 077 平方千米下降到 2020 年的 2 708 952 平方千米；林地面积有所上升，从 2000 年的 2 242 766 平方千米上升到 2020 年的 2 257 615 平方千米；未利用土地略有上升，从 2000 年的 2 000 233 平方千米增长到了

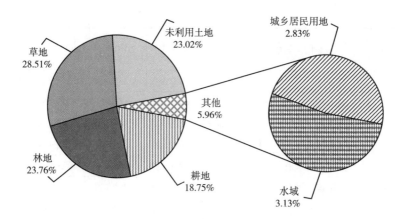

图 11 - 1    2020 年我国各类土地占比情况

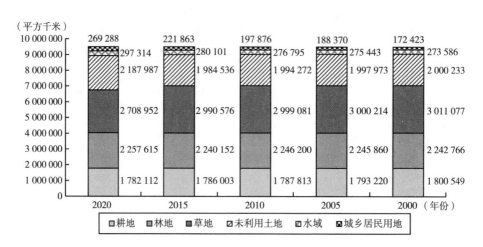

图 11 - 2    2000 ~ 2020 年我国土地利用变化情况

2 187 987 平方千米；耕地面积有所下降，从 2000 年的 1 800 549 平方千米降到了 2020 年的 1 782 112 平方千米；水域面积从 2000 年的 273 586 平方千米增长到 2020 年的 297 314 平方千米；城乡居民用地从 2000 年的 172 423 平方千米增长到 2020 年的 269 288 平方千米。

### （二）土地资源资产存量变动表

根据土地资源存量变化情况，可以编制我国的土地资源资产存量变动表，如表 11 - 2 所示。从我国土地资源的变化上看，20 年间，草地面积下降幅度最大，下降了 302 125 平方千米，降幅为 10% 左右；城乡、工矿、居民用地的增幅最大，增加了 96 865 平方千米，增幅高达 56.18%；未利用土地和水域面积也有所增加，分别增加了 187 783 平方千米和 23 728 平方千米，增幅分别为 9.38% 和 8.67%。除此以外，耕地面积和林地面积变化不大，耕地面积稍有下降，下降了 18 437 平方千米，降幅为 1.02%；林地面积略有增加，增加了 14 849 平方千米，增加了 0.66%。

表 11 - 2　　　　　　　2000 ~ 2020 年土地资源资产存量变动情况

| 土地资源一级类别 | 2000 年<br>（平方千米） | 2020 年<br>（平方千米） | 变化情况<br>（平方千米） | 变化比例<br>（%） |
|---|---|---|---|---|
| 耕地 | 1 800 549 | 1 782 112 | - 18 437 | - 1.02 |
| 林地 | 2 242 766 | 2 257 615 | 14 849 | 0.66 |
| 草地 | 3 011 077 | 2 708 952 | - 302 125 | - 10.03 |
| 水域 | 273 586 | 297 314 | 23 728 | 8.67 |
| 城乡、工矿、居民用地 | 172 423 | 269 288 | 96 865 | 56.18 |
| 未利用土地 | 2 001 006 | 2 188 789 | 187 783 | 9.38 |

资料来源：根据资源环境科学与数据中心的 2000 ~ 2020 年中国土地利用遥感监测数据整理得到。

　　具体来看，草地资源的变化情况如图 11 - 3 所示。从中可知，高覆盖度草地面积下降最多，下降了 220 149 平方千米，下降了 22.09%；中覆盖度草地下降了 131 273 平方千米，下降了 12.02%；低覆盖度草地面积有所增加，

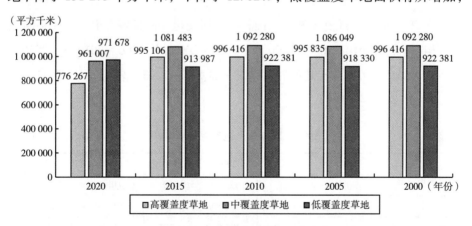

图 11 - 3　草地资源变化情况

增加了 49 297 平方千米，增长了 5.34%。由此可见，就草地资源而言，其面积有较大程度的下降。同时，高覆盖度草地降幅较大，超过平均降幅 12.06 个百分点，而低覆盖度草地的面积反而有所提高，证明草地资源的质量也有较大幅度下降，需要重点引起关注。

从城乡、工矿、居民用地的变化上看，三种类型土地的面积均有所增加，其中城镇用地增加最多，增加了 41 437 平方千米；农村居民点和其他建设用地分别增加了 19 042 平方千米和 36 386 平方千米。从增加幅度上看，其他建设用地增加的幅度最大，增加了 2.59 倍；城镇用地增加了 1.25 倍；农村居民点增加幅度不大，增加了 15.20%（见图 11 - 4）。

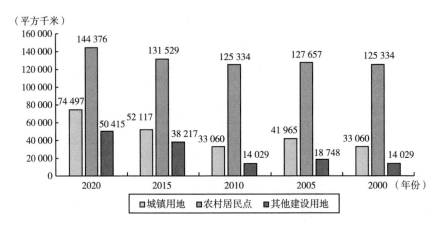

图 11 - 4　城乡、工矿、居民用地变化情况

在 20 年间，土地资源不仅在面积上有所变化，而且各类土地还在不断地进行相互的转移变化。2000～2020 年、2000～2005 年、2005～2010 年、2010～2015 年、2015～2020 年土地的转移情况分别如表 11 - 3、表 11 - 4、表 11 - 5、表 11 - 6、表 11 - 7 所示。

表 11 - 3　　　　　　　　　　2000～2020 年土地利用转移矩阵　　　　　　单位：平方千米

| 2020 年土地利用类型 | 2000 年土地利用类型 | | | | | |
| --- | --- | --- | --- | --- | --- | --- |
| | 耕地 | 林地 | 草地 | 水域 | 城乡居民用地 | 未利用土地 |
| 耕地 | 1 085 407 | 309 200 | 208 500 | 42 118 | 91 904 | 41 903 |
| 林地 | 303 606 | 1 538 970 | 335 609 | 18 525 | 13 066 | 38 873 |

续表

| 2020 年土地利用类型 | 2000 年土地利用类型 | | | | | |
|---|---|---|---|---|---|---|
| | 耕地 | 林地 | 草地 | 水域 | 城乡居民用地 | 未利用土地 |
| 草地 | 185 667 | 300 850 | 1 798 097 | 41 418 | 9 788 | 368 475 |
| 水域 | 45 235 | 22 599 | 67 270 | 106 722 | 8 922 | 39 217 |
| 城乡居民用地 | 153 812 | 27 789 | 21 300 | 10 478 | 45 704 | 6 540 |
| 未利用土地 | 21 872 | 35 195 | 572 798 | 51 010 | 2 030 | 1 501 364 |

资料来源：根据资源环境科学与数据中心的 2000~2020 年中国土地利用遥感监测数据整理得到。

**表 11 - 4**　　　　　**2000~2005 年土地利用转移矩阵**　　　单位：平方千米

| 2005 年土地利用类型 | 2000 年土地利用类型 | | | | | |
|---|---|---|---|---|---|---|
| | 耕地 | 林地 | 草地 | 水域 | 城乡居民用地 | 未利用土地 |
| 耕地 | 1 775 904 | 2 251 | 9 297 | 1 380 | 216 | 4 166 |
| 林地 | 4 046 | 2 235 505 | 5 698 | 137 | 52 | 411 |
| 草地 | 5 047 | 2 345 | 2 989 200 | 655 | 59 | 2 905 |
| 水域 | 3 169 | 505 | 844 | 268 523 | 105 | 1 805 |
| 城乡居民用地 | 11 656 | 1 881 | 973 | 959 | 171 966 | 759 |
| 未利用土地 | 727 | 279 | 5 065 | 1 932 | 25 | 1 990 960 |

资料来源：根据资源环境科学与数据中心的 2000~2020 年中国土地利用遥感监测数据整理得到。

**表 11 - 5**　　　　　**2005~2010 年土地利用转移矩阵**　　　单位：平方千米

| 2010 年土地利用类型 | 2005 年土地利用类型 | | | | | |
|---|---|---|---|---|---|---|
| | 耕地 | 林地 | 草地 | 水域 | 城乡居民用地 | 未利用土地 |
| 耕地 | 1 781 868 | 1 045 | 2 527 | 424 | 111 | 1 838 |
| 林地 | 1 810 | 2 242 135 | 2 111 | 52 | 30 | 59 |
| 草地 | 1 257 | 1 313 | 2 994 149 | 395 | 13 | 1 952 |
| 水域 | 1 051 | 226 | 547 | 273 559 | 117 | 732 |
| 城乡居民用地 | 7 087 | 1 021 | 535 | 453 | 188 082 | 386 |
| 未利用土地 | 147 | 120 | 345 | 560 | 17 | 1 994 039 |

资料来源：根据资源环境科学与数据中心的 2000~2020 年中国土地利用遥感监测数据整理得到。

表 11 – 6             2010 ~ 2015 年土地利用转移矩阵           单位：平方千米

| 2015 年土地利用类型 | 2010 年土地利用类型 | | | | | |
|---|---|---|---|---|---|---|
| | 耕地 | 林地 | 草地 | 水域 | 城乡居民用地 | 未利用土地 |
| 耕地 | 1 768 512 | 2 427 | 7 816 | 824 | 1 187 | 5 204 |
| 林地 | 1 070 | 2 237 338 | 984 | 106 | 251 | 401 |
| 草地 | 1 451 | 2 123 | 2 983 522 | 658 | 158 | 2 595 |
| 水域 | 1 505 | 570 | 1 816 | 273 222 | 193 | 2 238 |
| 城乡居民用地 | 14 945 | 3 619 | 3 861 | 975 | 196 018 | 1 978 |
| 未利用土地 | 329 | 122 | 1 082 | 994 | 60 | 1 982 932 |

资料来源：根据资源环境科学与数据中心的 2000 ~ 2020 年中国土地利用遥感监测数据整理得到。

表 11 – 7             2015 ~ 2020 年土地利用转移矩阵           单位：平方千米

| 2020 年土地利用类型 | 2015 年土地利用类型 | | | | | |
|---|---|---|---|---|---|---|
| | 耕地 | 林地 | 草地 | 水域 | 城乡居民用地 | 未利用土地 |
| 耕地 | 1 087 851 | 307 869 | 198 438 | 43 102 | 107 211 | 34 766 |
| 林地 | 298 962 | 1 538 827 | 333 407 | 19 557 | 19 393 | 38 662 |
| 草地 | 186 739 | 301 497 | 1 795 945 | 41 973 | 13 346 | 364 889 |
| 水域 | 43 276 | 22 240 | 65 749 | 110 503 | 11 809 | 37 222 |
| 城乡居民用地 | 139 731 | 26 442 | 19 336 | 10 167 | 65 229 | 5 397 |
| 未利用土地 | 24 612 | 35 143 | 570 198 | 51 075 | 3 386 | 1 499 948 |

资料来源：根据资源环境科学与数据中心的 2000 ~ 2020 年中国土地利用遥感监测数据整理得到。

根据表 11 – 3，从转出上来看，在 20 年间，耕地转化为林地的面积最多，为 303 606 平方千米；林地转化为耕地和草地的最多，分别为 309 200 平方千米和 300 850 平方千米；草地转化为未利用土地的最多，为 572 798 平方千米；水域转化为未利用土地的最多，为 51 010 平方千米；城乡居民用地转化为耕地的最多，为 91 904 平方千米；未利用土地转化为草地的最多，为 368 475 平方千米。

从转入上来看，林地转化为耕地的最多，为 309 200 平方千米；草地转化为林地的最多，为 335 609 平方千米；未利用地转化为草地的最多，为 368 475平方千米；草地转化为水域的最多，为 67 270 平方千米；耕地转化为城乡居民用地的最多，为 153 812 平方千米；草地转化为未利用土地的最多，为572 798平方千米。各类土地的净转入情况如表 11 – 8 所示。

表 11 - 8　　　　　　　　　　**各类土地净转入情况**　　　　　　　单位：平方千米

| 转入 | 转出 | | | | | |
|---|---|---|---|---|---|---|
| | 耕地 | 林地 | 草地 | 水域 | 城乡居民用地 | 未利用土地 |
| 耕地 | 0 | 5 594 | 22 833 | - 3 117 | - 61 908 | 20 031 |
| 林地 | - 5 594 | 0 | 34 759 | - 4 074 | - 14 723 | 3 678 |
| 草地 | - 22 833 | - 34 759 | 0 | - 25 852 | - 11 512 | - 204 323 |
| 水域 | 3 117 | 4 074 | 25 852 | 0 | - 1 556 | - 11 793 |
| 城乡居民用地 | 61 908 | 14 723 | 11 512 | 1 556 | 0 | 4 510 |
| 未利用土地 | - 20 031 | - 3 678 | 204 323 | 11 793 | - 4 510 | 0 |

资料来源：笔者根据表 11 - 3 ~ 表 11 - 7 整理得到。

在表 11 - 8 中，横行标题为各类土地的转入方，纵行标题为各类土地的转出方，表中数据如为正数，则转入方为净转入；如表中数据为负数，则转入方为净转出。从表 11 - 8 中可以看出，耕地的增加主要来源于草地（22 833平方千米）、未利用土地（20 031 平方千米）和林地（5 594 平方千米），耕地的减少主要是用于增加城乡居民用地（61 908 平方千米）或转化为水域（3 117 平方千米）；林地的增加主要来自草地的转换（34 759 平方千米）和对未利用土地的利用（3 678 平方千米），林地的减少主要是用于增加城乡居民用地（14 723 平方千米）以及转化为耕地（5 594 平方千米）和水域（4 074平方千米）；草地的面积在不断减少，减少的原因分别是土地退化（草地转化为未利用土地 204 323 平方千米）、改建为城乡居民用地（11 512 平方千米）、转化为林地（34 759 平方千米）、水域（11 512 平方千米）和耕地（22 833平方千米），其中土地的退化是草地资源减少的主要原因；水域增加的原因分别是变为草地（25 852 平方千米）、林地（4 074 平方千米）和耕地（3 117平方千米），减少的原因主要是转化为未利用土地（11 793 平方千米）和城乡居民用地（1 556 平方千米）；城乡居民用地为净增加，其中，来自耕地的最多，为 61 908 平方千米，其次为林地、草地、未利用土地和水域，分别为14 723 平方千米、11 512 平方千米、4 510 平方千米和 1 556 平方千米；在未利用土地的增加中，最主要的原因是草地资源的退化（204 323 平方千米），其次是水域的转化（11 793 平方千米），在未利用土地的减少中，主要用于将其转化为耕地（20 031 平方千米）、城乡居民用地（4 510 平方千米）和水域（3 678 平方千米）。

## 二、土壤资源资产面积表

### （一）土壤资源面积表

本节根据中国土壤类型空间分布数据，编制了中国土壤资源资产面积表，如表 11 - 9 所示。该数据采用了传统的"土壤发生分类"系统，共划分了 12 个土纲，61 个土类，以及 227 个亚类。本部分仅描绘了土纲的分布情况。

表 11 - 9　　　　　　　　中国土壤资源资产面积表　　　　　单位：平方千米

| 土壤类型 | 面积 |
| --- | --- |
| 淋溶土 | 1 059 643 |
| 半淋溶土 | 427 764 |
| 钙层土 | 591 137 |
| 干旱土 | 306 344 |
| 漠土 | 604 276 |
| 初育土 | 1 624 579 |
| 半水成土 | 747 201 |
| 水成土 | 146 538 |
| 盐碱土 | 183 707 |
| 人为土 | 488 811 |
| 高山土 | 1 977 822 |
| 铁铝土 | 1 123 078 |

资料来源：资源环境科学与数据中心。

从表 11 - 9 中可以看出，在所有的土壤类型中，高山土分布面积最广，为 1 977 822 平方千米；初育土次之，分布面积为 1 624 579 平方千米；铁铝土和淋溶土的分布面积分别为 1 123 078 平方千米和 1 059 643 平方千米。按分布面积的大小来看，剩余的土壤类型依次是半水成土、漠土、钙层土、人为土、半淋溶土、干旱土、盐碱土、水成土。

### （二）土壤资源质地分布表

土壤质地是土壤中不同大小直径的矿物颗粒的组合情况，是土壤的物理特征之一。土壤质地与土壤的通气状况、保水状况、保肥状况，以及耕作的难易程度均有密切关系。同时，土壤质地状况还是确定土壤利用、改良和管理措施的重要依据。虽然土壤质地主要取决于成土母质类型，相对稳定，但耕作层的质地仍能够通过耕作、施肥等活动进行调节。根据土壤中粉砂土、黏土和砂土的含量占比情况，我国的土壤资源质地情况如表 11–10 所示。从分布情况上看，粉砂土占比较高的地方主要位于我国的中部和北部地区，西北地区占比较少。黏土占比较高的地区主要为我国的南方各省，特别是云南、广西和广东；黏土占比较少的地区主要是我国的西北地区各省份，例如新疆、西藏、甘肃、内蒙古和青海。砂土占比较高的地区主要是我国的新疆、西藏、内蒙古、甘肃以及青海，南方省份砂土占比较少。

表 11–10　　　　　　　　　粉砂土、黏土占比分布面积

| 占比情况（%） | 粉砂土（平方千米） | 黏土（平方千米） |
|---|---|---|
| 0 ~ 10 | 611 619 | 1 569 080 |
| 11 ~ 20 | 1 749 621 | 2 988 935 |
| 21 ~ 30 | 3 036 585 | 3 519 405 |
| 31 ~ 40 | 3 382 376 | 844 170 |
| 41 ~ 50 | 531 495 | 400 816 |
| 51 ~ 60 | 10 315 | 66 |
| 61 ~ 100 | 2 163 | 1 702 |

资料来源：资源环境科学与数据中心的中国土壤质地空间分布数据。

## 第三节　中国土地资源资产存量表（价值量形式）

价值量形式的土地资源资产存量表是将土地资源的实物量信息乘以对应的价值之后汇总得到的。本章根据土地资源的不同类型来分别计算其单位价

值，并据此编制价值量形式的中国土地资源资产存量表。

目前，对土地资源进行估价仍是个争议较大的话题，因而官方统计年鉴中从未有关于土地资源资产价值的统计数据。但是，对土地资源进行估价仍是需要的。由于数量指标不涉及估价问题，因此相较于价值指标而言，会更加精确和客观。但是通常来说，一个国家的国土面积并不会轻易变动，因此土地资源资产数量变化的原因是土地利用类型的转移。因此从理论上看，土地资源数量会存在上限，而价值量就不同了。价值量受数量和价格的双重影响，可以同时体现数量的变化和价值量的变化，从理论上看不存在上限，能够衡量土地资源资产存量的变动情况。

## 一、土地资源的估价方法

### （一）耕地和林地资源的估价方法

若每期的预期净收益和折现率都相等（分子分母都为除去通货膨胀影响的实际值），则可采用净现值对土地资源进行估价（可参考第二章第四节）。净现值法的计算公式可以写作：

$$V = \frac{R}{r} \tag{11-1}$$

其中，$R$ 为资源租金，$r$ 为投资收益率。

### （二）城乡、工矿、居民用地的估价方法

在我国，获得土地使用权的途径主要有土地供应和土地流转两种，前者针对一级市场，后者针对二级市场；前者主要有划拨、出让、租赁和其他供地方式四种方式，后者主要有转让、出租和抵押三种方式（赵学刚、林文轩和郭俊琳，2017）。

关于土地价格，《中国国土资源统计年鉴》中并没有全部的数据，只有国有建设用地的供应数据。按理来说，以出让方式供应土地是存在使用权年限限制的，例如居住用地70年、工业用地50年、商业旅游娱乐用地40年，

因此出让价格并不能反映土地的真实价格，应采用租赁价值来估算土地的真实价格。但目前以租赁方式供应的土地较少，且各省份之间分布不均衡，难以获取全国建设用地的平均租赁价值，因此本章仍以出让方式的成交价款为基础计算土地资源价值。但由于以出让方式供应的土地（包含工业用地、商业用地和住宅用地）占据了建设用地供应总量的绝大部分，并且，对于土地使用年限届满之后的续期问题，目前暂无明确规定，因而本章暂不考虑土地使用权的期间问题，直接将土地使用权的成交价款作为土地价格的替代。

## 二、土地资源资产存量表（价值量形式）

### （一）各类土地的价值

本章采用净现值法计算耕地价值。对于耕地的投资收益率，本章参照刘尚睿等（2020），采用4%的利率。对于资源租金，由于不同类型土地的用途和投资收益存在较大差异，因此本书认为不能采用一种资源租金，而是应对不同土地采用不同的资源租金。本书将生产粮食的土地租金作为耕地资源租金，根据《全国农产品成本收益资料汇编》，2000年、2005年、2010年、2015年、2020年我国三种粮食生产的平均土地租金分别为46.96元/亩、62.02元/亩、133.28元/亩、217.76元/亩、238.82元/亩，本书将其作为相应年份耕地资源的平均资源租金，计算得到2000年、2005年、2010年、2015年、2020年耕地资源的价格分别为176.1万元/平方千米、232.58万元/平方千米、499.80万元/平方千米、816.60万元/平方千米、895.58万元/平方千米。

对于林地资源的价格，本书参照张颖和潘静（2016），2008年、2013年林地资源的平均价格分别为18 225.0元/公顷、24 770.0元/公顷。对于林地的投资收益率，国内目前采用4% ～5%的投资收益率，本书选取4.5%，计算得到2000年、2005年、2010年、2015年、2020年林地资源的价格分别为128.16万元/平方千米、159.71万元/平方千米、199.02万元/平方千米、270.49万元/平方千米、337.09万元/平方千米。

根据《中国国土资源统计年鉴》，2017 年全国以出让方式供应土地 148 909.65 公顷①，成交价格为 519 844 752.67 万元，平均成交价格为 3 491 万元/公顷；2015 年平均成交价格为 2 075.76 万元/公顷。计算历年的土地平均出让价格，并建立模型可以预测 2010 年、2020 年的土地平均出让价格分别为 1 116.26 万元/公顷和 4 036.53 万元/公顷②，本书以此作为城乡、工矿、居民用地等建设用地的平均价值。

由于缺少其他土地类型的地租数据，因此本书仅计算了林地、耕地和城乡、工矿、居民用地的价值。

### （二）土地资源资产存量表

根据前文，可编制价值量形式的土地资源资产存量表，如表 11 - 11 所示。

表 11 - 11　　　　　　　　　土地资源资产存量表　　　　　单位：亿元

| 土地资源一级类别 | 2000 年 | 2005 年 | 2010 年 | 2015 年 | 2020 年 |
|---|---|---|---|---|---|
| 耕地 | 31 707.67 | 41 705.81 | 89 991.44 | 145 845.00 | 159 601.50 |
| 林地 | 28 742.28 | 35 867.52 | 44 635.88 | 60 594.90 | 76 100.92 |
| 城乡、工矿、居民用地 | — | — | 19 246.89 | 46 053.43 | 108 698.91 |

资料来源：根据 2000~2020 年中国土地利用遥感监测数据及前文估算的历年土地平均出让价格计算得到。

可以看到，20 年间，我国耕地资源的价值从 2000 年的 31 707.67 亿元，增长到了 2020 年的 159 601.50 亿元；林地资源价值从 2020 年的 28 742.28 亿元，增长到了 2020 年的 76 100.92 亿元；城乡、工矿、居民用地从 2010 年的 19 246.89 亿元增长到 2020 年的 108 698.91 亿元。

---

① 截至目前，能够搜索到的《中国国土资源统计年鉴》只有 2011~2017 年的土地出让价格数据。

② 本章没有估计 2000 年和 2005 年的建设用地价格，因为时间较少，估价结果不准确。

# 第十二章 中国矿产资源资产负债表
## 编制实践研究

## 第一节 中国矿产资源基本情况

截至 2020 年底，全国已发现 173 种矿产，其中，能源矿产 13 种，金属矿产 59 种，非金属矿产 95 种，水气矿产 6 种。采矿业固定资产投资减少 14.1%，主要矿产品生产增速放缓。2020 年全国税金收入总额 1 755 亿元，较上年下降 3.7%，占国家税收总额的 1.1%；矿业权出让收益总额 1 123.23 亿元，较上年增长 19.3%。相比 2019 年，2020 年全国新设探矿权中，以招标拍卖挂牌等市场竞争方式出让占比由 43% 提高到 73%，以协议方式出让同比减少 26% 且大多为已设矿山深部勘查项目；2020 年全国新设采矿权以招标拍卖挂牌等市场竞争方式出让的占比超 80%，以协议方式出让的采矿权数量仅占 2%。[①]

### 一、能源矿产和油气矿产基本情况

2020 年全国各省级行政区主要能源矿产和主要油气矿产资源储量如表 12 - 1 所示，由表可知，我国主要能源矿产为煤炭。2020 年全国煤炭储量为 1 622.88 亿吨，其中河北煤炭储量最多，达 507.25 亿吨，占全国煤炭储量的 31.26%；其次是西藏，煤炭储量为 293.90 亿吨，占比为 18.11%；其次是山

---

① 资料来源：《中国矿产资源报告（2021）》。

西，煤炭储量为 194.47 亿吨，占比为 11.98%。我国主要油气矿产为石油和天然气，2020 年全国石油储量为 361 885.75 万吨。其中宁夏的石油储量最多，达 62 590.34 万吨，占全国石油储量的 17.30%；其次是陕西和西藏，占比分别为 10.93% 和 10.17%。2020 年全国天然气储量为 62 665.78 亿立方米，其中重庆的天然气储量最多，达 15 274.98 亿立方米，占全国天然气储量的 24.28%；其次是宁夏和西藏，占比分别为 17.93% 和 17.71%。

表 12-1　　2020 年全国各省级行政区主要能源矿产和主要油气矿产资源储量

| 分区 | 煤炭（亿吨） | 石油（万吨） | 天然气（亿立方米） |
|---|---|---|---|
| 全国 | 1 622.88 | 361 885.75 | 62 665.78 |
| 北京 | 0.00 | 3 999.87 | 293.09 |
| 天津 | 26.05 | 25 538.63 | 372.26 |
| 河北 | 507.25 | 0.00 | 1 402.04 |
| 山西 | 194.47 | 6 676.91 | 10 123.53 |
| 内蒙古 | 12.57 | 14 372.28 | 164.53 |
| 辽宁 | 7.03 | 16 902.02 | 767.11 |
| 吉林 | 25.81 | 36 287.27 | 1 494.64 |
| 黑龙江 | 0.00 | 0.00 | 0.00 |
| 上海 | 3.74 | 1 951.10 | 21.39 |
| 江苏 | 0.15 | 0.00 | 0.00 |
| 浙江 | 58.27 | 135.23 | 0.24 |
| 安徽 | 2.50 | 0.00 | 0.00 |
| 福建 | 2.10 | 0.00 | 0.00 |
| 江西 | 41.32 | 25 493.92 | 343.52 |
| 山东 | 33.65 | 3 022.24 | 62.82 |
| 河南 | 0.10 | 1 055.50 | 44.59 |
| 湖北 | 4.86 | 0.00 | 0.00 |
| 湖南 | 0.01 | 12.27 | 0.97 |
| 广东 | 0.88 | 146.37 | 1.38 |
| 广西 | 0.00 | 454.82 | 21.47 |
| 海南 | 1.87 | 228.34 | 2 500.73 |
| 重庆 | 26.66 | 555.40 | 15 274.98 |
| 四川 | 91.35 | 0.00 | 6.10 |
| 贵州 | 44.54 | 10.15 | 0.47 |

续表

| 分区 | 煤炭（亿吨） | 石油（万吨） | 天然气（亿立方米） |
|------|------------|------------|------------------|
| 云南 | 0.11 | 0.00 | 0.00 |
| 西藏 | 293.90 | 36 812.83 | 11 096.45 |
| 陕西 | 15.31 | 39 560.97 | 588.00 |
| 甘肃 | 2.26 | 8 251.85 | 1 055.32 |
| 青海 | 35.01 | 4 670.51 | 280.67 |
| 宁夏 | 190.14 | 62 590.34 | 11 237.85 |
| 新疆 | 0.97 | 0.00 | 0.00 |

注：表中储量不包括台湾、香港和澳门的相关数据。
资料来源：《中国统计年鉴》和《2020 年全国矿产资源储量统计表》。

## 二、我国金属矿产资源基本情况

2020 年全国各省级行政区主要金属矿产资源储量如表 12 - 2 所示。由表 12 - 2 可知，全国金属矿产主要为铁矿、锰矿、铬铁矿、钒矿、钛矿、铜矿、铅矿、锌矿、铝土矿、镍矿、钨矿、锡矿、钼矿和锑矿。2020 年全国铁矿储量为 108.78 亿吨，其中四川铁矿储量最多，达 18.89 亿吨，占全国铁矿储量的 17.37%；其次是辽宁和山西，占比分别为 12.70% 和 10.58%。2020 年全国锰矿储量为 21 295.69 万吨，其中广西锰矿储量最多，达 11 892.05 万吨，占全国锰矿储量的 55.84%。2020 年全国铬铁矿储量为 276.97 万吨，其中西藏铬铁矿储量最多，达 209.42 万吨，占全国铬铁矿储量的 75.61%。2020 年全国钒矿储量为 951.2 万吨，其中四川钒矿储量最多，达 779.09 万吨，占全国钒矿储量的 81.91%。2020 年全国钛矿储量为 19 432.10 万吨，其中四川钛矿储量最多，达 17 753.79 万吨，占全国钛矿储量的 91.36%。2020 年全国铜矿储量为 2 701.3 万吨，其中西藏铜矿储量最多，达 735.99 万吨，占全国铜矿储量的 27.25%，其次是江西和云南，占比分别为 23.14% 和 13.37%。2020 年全国铅矿储量为 1 233.10 万吨，其中内蒙古铅矿储量最多，达 284.17 万吨，占全国铅矿储量的 23.05%，其次是云南和甘肃，占比分别为 16.89% 和 11.26%。2020 年全国锌矿储量为 3 094.83 万吨，其中云南锌

表 12 - 2

## 2020 年全国各省级行政区主要金属矿产资源储量

| 分区 | 铁矿(亿吨) | 锰矿(万吨) | 铬铁矿(万吨) | 钒矿(万吨) | 钛矿(万吨) | 铜矿(万吨) | 铅矿(万吨) | 锌矿(万吨) | 铝土矿(万吨) | 镍矿(万吨) | 钨矿(万吨) | 锡矿(万吨) | 钼矿(万吨) | 锑矿(万吨) |
|---|---|---|---|---|---|---|---|---|---|---|---|---|---|---|
| 全国 | 108.78 | 21 295.69 | 276.97 | 951.20 | 19 432.10 | 2 701.30 | 1 233.10 | 3 094.83 | 57 650.24 | 399.64 | 222.49 | 72.25 | 373.61 | 35.17 |
| 北京 | 0.67 | 0.00 | 0.00 | 0.00 | 0.00 | 0.00 | 0.00 | 0.00 | 0.00 | 0.00 | 0.00 | 0.00 | 0.00 | 0.00 |
| 天津 | 0.00 | 0.00 | 2.93 | 9.20 | 237.81 | 0.00 | 0.00 | 0.00 | 0.00 | 0.00 | 0.00 | 0.00 | 0.00 | 0.00 |
| 河北 | 7.40 | 0.00 | 0.00 | 0.00 | 0.00 | 0.89 | 6.87 | 26.34 | 0.00 | 0.00 | 0.00 | 0.00 | 3.14 | 0.00 |
| 山西 | 11.51 | 11.15 | 0.00 | 0.00 | 0.00 | 81.08 | 1.47 | 1.92 | 8 962.47 | 0.00 | 0.00 | 0.00 | 0.00 | 2.35 |
| 内蒙古 | 6.12 | 34.02 | 0.00 | 0.00 | 0.00 | 84.55 | 284.17 | 652.65 | 0.00 | 3.43 | 2.27 | 9.26 | 26.03 | 0.00 |
| 辽宁 | 13.81 | 971.04 | 0.00 | 0.00 | 0.00 | 8.71 | 2.31 | 14.30 | 0.00 | 0.00 | 0.00 | 0.00 | 2.11 | 0.00 |
| 吉林 | 4.27 | 0.30 | 0.00 | 0.00 | 0.00 | 17.85 | 12.63 | 39.41 | 0.00 | 4.49 | 0.00 | 0.00 | 87.14 | 2.71 |
| 黑龙江 | 0.50 | 0.00 | 0.00 | 0.00 | 0.00 | 0.82 | 0.86 | 2.76 | 0.00 | 0.00 | 0.00 | 0.00 | 0.00 | 0.00 |
| 上海 | 0.00 | 0.00 | 0.00 | 0.00 | 0.00 | 0.00 | 0.00 | 0.00 | 0.00 | 0.00 | 0.00 | 0.00 | 0.00 | 0.00 |
| 江苏 | 0.63 | 0.00 | 0.00 | 0.00 | 0.00 | 4.21 | 11.37 | 17.00 | 0.00 | 0.00 | 0.00 | 0.00 | 0.11 | 0.00 |
| 浙江 | 0.42 | 0.00 | 0.00 | 3.75 | 0.00 | 3.53 | 8.44 | 28.05 | 0.00 | 0.00 | 0.52 | 0.11 | 0.53 | 0.00 |
| 安徽 | 10.85 | 0.00 | 0.00 | 0.00 | 0.00 | 129.77 | 6.08 | 5.86 | 0.00 | 0.00 | 0.00 | 0.00 | 0.04 | 0.00 |
| 福建 | 2.40 | 73.81 | 0.00 | 0.00 | 0.00 | 140.77 | 15.43 | 31.20 | 0.00 | 0.00 | 9.34 | 0.28 | 4.83 | 0.00 |
| 江西 | 4.94 | 64.06 | 0.00 | 8.41 | 0.00 | 625.08 | 116.22 | 222.90 | 0.00 | 0.00 | 115.70 | 11.81 | 30.91 | 1.54 |
| 山东 | 7.86 | 0.00 | 0.00 | 0.00 | 670.09 | 7.59 | 2.96 | 0.81 | 109.59 | 0.00 | 0.00 | 0.00 | 3.93 | 0.00 |

续表

| 分区 | 铁矿（亿吨） | 锰矿（万吨） | 铬铁矿（万吨） | 钒矿（万吨） | 钛矿（万吨） | 铜矿（万吨） | 铅矿（万吨） | 锌矿（万吨） | 铝土矿（万吨） | 镍矿（万吨） | 钨矿（万吨） | 锡矿（万吨） | 钼矿（万吨） | 锑矿（万吨） |
|---|---|---|---|---|---|---|---|---|---|---|---|---|---|---|
| 河南 | 1.21 | 0.00 | 0.00 | 0.00 | 0.06 | 0.47 | 15.08 | 13.26 | 10 101.49 | 0.00 | 23.20 | 0.00 | 112.05 | 0.00 |
| 湖北 | 2.07 | 280.60 | 0.00 | 2.18 | 676.64 | 63.59 | 3.54 | 14.54 | 104.72 | 0.00 | 0.22 | 0.00 | 0.22 | 0.00 |
| 湖南 | 1.67 | 1 573.67 | 0.00 | 2.06 | 0.00 | 9.84 | 51.19 | 75.81 | 216.59 | 0.32 | 55.43 | 4.59 | 7.28 | 12.62 |
| 广东 | 0.14 | 64.03 | 0.00 | 0.00 | 0.00 | 0.84 | 9.67 | 8.34 | 0.00 | 0.00 | 1.29 | 5.25 | 0.44 | 0.72 |
| 广西 | 0.54 | 11 892.05 | 0.00 | 81.20 | 2.63 | 5.59 | 137.83 | 117.70 | 28 739.87 | 0.06 | 1.18 | 7.63 | 0.00 | 5.00 |
| 海南 | 0.76 | 0.00 | 0.00 | 0.00 | 0.00 | 0.00 | 0.00 | 0.00 |  | 0.00 | 0.00 | 0.00 | 0.00 | 0.00 |
| 重庆 | 0.00 | 830.73 | 0.00 | 0.00 | 0.00 | 0.00 | 0.89 | 3.45 | 95.05 | 0.00 | 0.00 | 0.00 | 0.00 | 0.26 |
| 四川 | 18.89 | 6.40 | 0.00 | 779.09 | 17 753.79 | 31.73 | 31.63 | 92.93 |  | 0.72 | 0.00 | 0.39 | 0.31 | 2.16 |
| 贵州 | 0.11 | 1 996.82 | 0.00 | 0.00 | 0.00 | 0.11 | 7.52 | 73.44 | 9 104.83 | 6.70 | 4.02 | 0.00 | 11.56 | 1.71 |
| 云南 | 3.80 | 1 231.43 | 0.00 | 0.03 | 4.24 | 361.26 | 208.28 | 766.81 | 215.63 | 6.03 | 0.00 | 32.27 | 0.30 | 4.98 |
| 西藏 | 0.00 | 0.00 | 209.42 | 0.00 | 0.00 | 735.99 | 71.66 | 79.68 | 0.00 | 0.00 | 0.00 | 0.00 | 50.94 | 0.02 |
| 陕西 | 0.98 | 277.45 | 0.00 | 49.31 | 86.81 | 18.03 | 18.02 | 75.73 | 0.00 | 7.94 | 4.76 | 0.11 | 31.45 | 0.49 |
| 甘肃 | 2.87 | 1 421.43 | 49.10 | 15.84 | 0.00 | 202.56 | 138.82 | 483.40 | 0.00 | 263.62 | 0.01 | 0.00 | 0.01 | 0.00 |
| 青海 | 0.72 | 0.00 | 0.00 | 0.00 | 0.00 | 9.53 | 52.25 | 91.27 | 0.00 | 88.19 | 0.00 | 0.53 | 0.00 | 0.00 |
| 宁夏 | 0.00 | 0.00 | 0.00 | 0.00 | 0.00 | 0.00 | 0.00 | 0.00 | 0.00 | 0.00 | 0.00 | 0.00 | 0.00 | 0.00 |
| 新疆 | 3.64 | 566.70 | 15.52 | 0.13 | 0.00 | 156.91 | 17.91 | 155.27 | 0.00 | 18.14 | 4.55 | 0.02 | 0.67 | 0.61 |

注：表中储量不包括台湾、香港和澳门的相关数据。

资料来源：《中国统计年鉴》和《2020年全国矿产资源储量统计表》。

矿储量最多，达 766.81 万吨，占全国锌矿储量的 24.78%，其次是内蒙古和甘肃，占比分别为 21.09% 和 15.62%。2020 年全国铝土矿储量为 57 650.24 万吨，其中广西铝土矿储量最多，达 28 739.87 万吨，占全国铝土矿储量的 49.85%，其次是河南和贵州，占比分别为 17.52% 和 15.79%。2020 年全国镍矿储量为 399.64 万吨，其中甘肃镍矿储量最多，达 263.62 万吨，占全国镍矿储量的 65.96%。2020 年全国钨矿储量为 222.49 万吨，其中江西钨矿储量最多，达 115.70 万吨，占全国钨矿储量的 52.00%。2020 年全国锡矿储量为 72.25 万吨，其中云南锡矿储量最多，达 32.27 万吨，占全国锡矿储量的 44.66%，其次是江西和内蒙古，占比分别为 16.35% 和 12.82%。2020 年全国钼矿储量为 373.61 万吨，其中河南钼矿储量最多，达 112.05 万吨，占全国钼矿储量的 29.99%，其次是吉林和西藏，占比分别为 23.32% 和 13.63%。2020 年全国锑矿储量为 35.17 万吨，其中湖南锑矿储量最多，达 12.62 万吨，占全国锑矿储量的 35.88%，其次是广西和西藏，占比分别为 14.22% 和 14.16%。

## 三、我国非金属矿产资源基本情况

2020 年全国各省级行政区主要非金属矿产资源储量如表 12 - 3 所示，由该表可知，全国非金属矿产主要为菱镁矿、萤石矿、硫铁矿、磷矿、钾盐、钠盐、芒硝、重晶石、石墨、滑石、水泥用灰岩、高岭土、石膏和方解石。2020 年全国菱镁矿储量为 49 475.87 万吨，其中辽宁菱镁矿储量最多，达 47 540.50 万吨，占全国菱镁矿储量的 96.09%。2020 年全国萤石矿储量为 4 857.55 万吨，其中江西萤石矿储量最多，达 1 830.39 万吨，占全国萤石矿储量的 37.68%，其次是浙江和湖南，占比分别为 21.74% 和 18.62%。2020 年全国硫铁矿储量为 66 503.54 万吨，其中江西硫铁矿储量最多，达 21 651.30 万吨，占全国硫铁矿储量的 32.56%，其次是四川和安徽，占比分别为 28.74% 和 13.38%。2020 年全国磷矿储量为 19.13 亿吨，其中湖北磷矿储量最多，达 5.06 亿吨，占全国磷矿储量的 26.45%，其次是四川和云南，占比分别为 25.04% 和 16.52%。2020 年钾盐储量为 28 059.54 万吨，其中青海钾盐储量最多，达 26 247.24 万吨，

表12-3

### 2020年全国各省级行政区主要非金属矿产资源储量

| 分区 | 菱镁矿（万吨） | 萤石矿（万吨） | 硫铁矿（万吨） | 磷矿（亿吨） | 钾盐（万吨） | 钠盐（亿吨） | 芒硝（亿吨） | 重晶石（万吨） | 石墨（万吨） | 滑石（万吨） | 水泥用灰岩（亿吨） | 高岭土（万吨） | 石膏（亿吨） | 方解石（万吨） |
|---|---|---|---|---|---|---|---|---|---|---|---|---|---|---|
| 全国 | 49 475.87 | 4 857.55 | 66 503.54 | 19.13 | 28 059.54 | 207.11 | 17.73 | 3 689.12 | 5 231.85 | 5 581.06 | 342.66 | 57 158.20 | 15.48 | 33 532.20 |
| 北京 | 0.00 | 0.00 | 0.00 | 0.66 | 0.00 | 0.00 | 0.00 | 0.00 | 0.00 | 0.00 | 1.75 | 0.00 | 0.00 | 0.00 |
| 天津 | 0.00 | 0.00 | 0.00 | 0.00 | 0.00 | 0.00 | 0.00 | 0.00 | 0.00 | 0.00 | 0.47 | 0.00 | 0.00 | 0.00 |
| 河北 | 621.55 | 80.06 | 295.94 | 0.00 | 0.00 | 1.55 | 0.00 | 0.00 | 6.28 | 0.00 | 13.64 | 40.10 | 1.16 | 0.00 |
| 山西 | 0.00 | 0.00 | 194.40 | 0.40 | 0.00 | 0.00 | 0.00 | 0.20 | 39.00 | 0.00 | 10.22 | 112.10 | 0.26 | 0.00 |
| 内蒙古 | 0.00 | 328.88 | 4 875.87 | 0.46 | 0.00 | 0.27 | 0.43 | 0.00 | 189.34 | 0.00 | 7.63 | 274.95 | 1.40 | 0.00 |
| 辽宁 | 47 540.50 | 10.29 | 604.76 | 0.00 | 0.00 | 0.00 | 0.00 | 7.49 | 5.23 | 1 358.13 | 8.88 | 330.80 | 0.01 | 1 637.97 |
| 吉林 | 0.50 | 3.52 | 568.40 | 0.00 | 0.00 | 0.00 | 0.00 | 0.43 | 86.96 | 95.62 | 7.49 | 69.28 | 0.16 | 2 881.18 |
| 黑龙江 | 84.95 | 0.00 | 19.30 | 0.02 | 0.00 | 0.00 | 0.00 | 0.00 | 4 556.23 | 0.00 | 0.00 | 0.00 | 0.00 | 0.00 |
| 上海 | 0.00 | 0.00 | 0.00 | 0.00 | 0.00 | 0.00 | 0.00 | 0.00 | 0.00 | 0.00 | 0.00 | 0.00 | 0.00 | 0.00 |
| 江苏 | 0.00 | 0.00 | 304.53 | 0.04 | 0.00 | 2.92 | 0.32 | 0.00 | 0.00 | 0.00 | 2.84 | 128.30 | 0.00 | 390.70 |
| 浙江 | 0.00 | 1 056.09 | 281.11 | 0.00 | 0.00 | 0.00 | 0.00 | 732.79 | 0.00 | 0.00 | 12.01 | 774.40 | 0.00 | 3 409.85 |
| 安徽 | 0.00 | 102.16 | 8 900.78 | 0.02 | 0.00 | 3.45 | 0.26 | 0.00 | 34.28 | 0.00 | 34.02 | 19.05 | 1.57 | 2 413.72 |
| 福建 | 0.00 | 310.10 | 248.10 | 0.00 | 0.00 | 0.00 | 0.00 | 147.42 | 0.00 | 0.00 | 10.34 | 3 647.81 | 0.00 | 239.86 |
| 江西 | 0.00 | 1 830.39 | 21 651.30 | 0.67 | 0.00 | 6.14 | 0.00 | 35.52 | 0.00 | 2 144.29 | 29.50 | 20 472.80 | 0.25 | 1 255.48 |
| 山东 | 1 093.76 | 33.06 | 13.14 | 0.00 | 44.00 | 44.00 | 0.00 | 88.88 | 112.81 | 1 063.50 | 25.71 | 211.57 | 3.81 | 209.90 |

续表

| 分区 | 菱镁矿(万吨) | 萤石矿(万吨) | 硫铁矿(万吨) | 磷矿(亿吨) | 钾盐(万吨) | 钠盐(亿吨) | 芒硝(亿吨) | 重晶石(万吨) | 石墨(万吨) | 滑石(万吨) | 水泥用灰岩(亿吨) | 高岭土(万吨) | 石膏(亿吨) | 方解石(万吨) |
|---|---|---|---|---|---|---|---|---|---|---|---|---|---|---|
| 河南 | 0.00 | 22.90 | 97.21 | 0.00 | 0.00 | 6.80 | 0.00 | 0.00 | 16.23 | 0.00 | 10.15 | 0.00 | 0.00 | 0.00 |
| 湖北 | 0.00 | 0.68 | 112.03 | 5.06 | 0.00 | 28.38 | 2.14 | 51.33 | 7.68 | 0.00 | 13.98 | 189.85 | 0.48 | 374.33 |
| 湖南 | 0.00 | 904.69 | 1 067.71 | 0.12 | 0.00 | 2.14 | 1.20 | 810.76 | 0.00 | 179.70 | 18.79 | 1 515.15 | 1.78 | 425.60 |
| 广东 | 0.00 | 36.33 | 2 703.06 | 0.00 | 0.00 | 0.04 | 0.00 | 0.00 | 0.00 | 0.00 | 4.82 | 1 735.68 | 0.14 | 0.00 |
| 广西 | 0.00 | 22.30 | 1 006.49 | 0.00 | 0.00 | 0.00 | 0.00 | 377.77 | 0.00 | 599.92 | 27.39 | 26 999.40 | 1.14 | 3 156.43 |
| 海南 | 0.00 | 0.00 | 0.00 | 0.00 | 0.00 | 0.00 | 0.00 | 0.00 | 0.00 | 0.00 | 2.07 | 0.00 | 0.00 | 0.00 |
| 重庆 | 0.00 | 34.24 | 1.84 | 0.00 | 0.00 | 0.94 | 0.00 | 90.30 | 0.00 | 0.00 | 11.70 | 0.00 | 0.03 | 262.32 |
| 四川 | 89.70 | 26.58 | 19 110.40 | 4.79 | 0.00 | 3.25 | 7.42 | 29.51 | 3.78 | 0.00 | 17.22 | 67.41 | 1.42 | 0.00 |
| 贵州 | 0.00 | 0.00 | 3 830.84 | 3.10 | 0.00 | 9.87 | 0.00 | 595.86 | 0.00 | 0.00 | 9.59 | 10.40 | 0.00 | 12.23 |
| 云南 | 0.00 | 36.45 | 302.75 | 3.16 | 0.00 | 0.25 | 1.28 | 113.10 | 0.00 | 4.60 | 14.17 | 474.20 | 0.08 | 283.80 |
| 西藏 | 0.00 | 0.00 | 0.00 | 0.00 | 563.83 | 7.91 | 0.00 | 0.00 | 0.00 | 0.00 | 0.00 | 0.00 | 0.00 | 0.00 |
| 陕西 | 0.00 | 0.00 | 9.24 | 0.06 | 0.00 | 0.02 | 0.00 | 30.47 | 174.03 | 90.40 | 22.27 | 60.80 | 0.77 | 0.00 |
| 甘肃 | 0.00 | 18.85 | 0.00 | 0.00 | 0.00 | 0.34 | 4.09 | 574.69 | 0.00 | 0.00 | 5.88 | 0.00 | 0.10 | 0.00 |
| 青海 | 44.90 | 0.00 | 0.00 | 0.57 | 26 247.24 | 48.89 | 0.00 | 0.00 | 0.00 | 44.90 | 3.26 | 0.00 | 0.54 | 0.00 |
| 宁夏 | 0.00 | 0.00 | 0.00 | 0.01 | 0.00 | 0.00 | 0.00 | 0.00 | 0.00 | 0.00 | 2.01 | 0.00 | 0.22 | 0.00 |
| 新疆 | 0.00 | 0.00 | 3 271.64 | 0.00 | 1 248.47 | 39.95 | 0.60 | 2.60 | 0.00 | 0.00 | 14.87 | 24.23 | 0.16 | 16 578.90 |

注: 由于缺乏数据，表中储量不包括台湾、香港和澳门。

资料来源:《中国统计年鉴》和《2020年全国矿产资源储量统计表》。

占全国钾盐储量的 93.54%。2020 年全国钠盐储量为 207.11 亿吨，其中青海钠盐储量最多，达 48.89 亿吨，占全国钠盐储量的 23.61%，其次是山东和新疆，占比分别为 21.24% 和 19.29%。2020 年全国芒硝储量为 17.73 亿吨，其中四川芒硝储量最多，达 7.42 亿吨，占全国芒硝储量的 41.85%，其次是青海和湖北，占比分别为 23.07% 和 12.07%。2020 年全国重晶石储量为 3 689.12 万吨，其中湖南重晶石储量最多，达 810.76 万吨，占全国重晶石储量的 21.98%，其次是浙江和贵州，占比分别为 19.86% 和 16.15%。2020 年全国石墨储量为 5 231.85 万吨，其中黑龙江石墨储量最多，达 4 556.23 万吨，占全国石墨储量的 87.09%。2020 年全国滑石储量为 5 581.06 万吨，其中江西滑石储量最多，达 2 144.29 万吨，占全国滑石储量的 38.42%，其次是辽宁和山东，占比分别为 24.33% 和 19.06%。2020 年全国水泥用灰岩储量为 342.66 亿吨，其中安徽水泥用灰岩储量最多，达 34.02 亿吨，占全国水泥用灰岩储量的 9.93%，其次是江西和广西，占比分别为 8.61% 和 7.99%。2020 年全国高岭土储量为 57 158.20 万吨，其中广西高岭土储量最多，达 26 999.40 万吨，占全国高岭土储量的 47.24%，其次是江西，占比为 35.82%。2020 年全国石膏储量为 15.48 亿吨，其中山东石膏储量最多，达 3.81 亿吨，占全国石膏储量的 24.61%，其次是湖南和安徽，占比分别为 11.50% 和 10.14%。2020 年全国方解石储量为 33 532.20 万吨，其中新疆方解石储量最多，达 16 578.9 万吨，占全国方解石储量的 49.44%。

## 第二节　中国矿产资源资产负债表

### 一、我国矿产资源实物量表

从可获得的数据上看，《中国矿产资源报告（2019）》和《中国矿产资源报告（2020）》公布的数据为 2018 年和 2019 年全国矿产资源查明资源储量，对于这一部分数据，可以编制第一层次矿产资源实物量表，但不能编制第二层次矿产资源实物量表。在《固体矿产资源储量分类》（GB/T

17766 - 2020）和《油气矿产资源储量分类》（GB/T 19492 - 2020）这两项国家标准颁布之后，《中国矿产资源报告（2021）》的核算内容有了一些变化，公布了 2020 年全国矿产资源储量数据。储量即探明资源量和控制资源量，本书针对 2020 年全国矿产资源储量数据，编制了第二层次的全国矿产资源实物量表。

2020 年全国矿产资源实物量表如表 12 - 4 所示，由该表可知，能源矿产中煤炭 2020 年勘查新增量 1 196 400 万吨，为期初存量的 7.76%，采出量为 390 000 万吨，为期初存量的 2.53%，期末存量较期初存量增加了 806 400 万吨，增加幅度达 5.23%。在金属矿产中，就勘查新增方面而言，铝土矿勘查新增量最多，达 37 400.00 万吨；其次是铁矿，勘查新增量 9 900.00 万吨，锰矿勘查新增量 3 172.15 万吨。铜矿、铅矿、锌矿和钨矿勘查新增量较小，铬铁矿、钒矿、钛矿、镍矿、锡矿、钼矿和锑矿无勘查新增量，勘查新增量占期初存量比例最大的分别为铝土矿（184.69%）和钨矿（180.07%）。在采出量方面，铁矿采出量最多，达 87 000.00 万吨，铜矿、铅矿和锌矿采出量较小，锰矿、铬铁矿、钒矿、钛矿、铝土矿、镍矿、钨矿、锡矿、钼矿和锑矿无采出量，采出量占期初存量比例最大的为铅矿（10.02%）；就期末存量与期初存量相比，增加幅度最大的为铝土矿（184.69%）和钨矿（180.07%），减少幅度最大为铅矿（7.04%）和铁矿（6.62%）。在非金属矿产中，就勘查新增方面而言，磷矿勘查新增量最多，达 9 667.50 万吨，其次是石墨，新增 782.83 万吨，菱镁矿、萤石矿、硫铁矿、钾盐、钠盐、芒硝、重晶石、滑石、水泥用灰岩、高岭土、石膏和方解石无勘查新增量；在采出量方面，水泥用灰岩采出量最多，达 240 000.00 万吨，其次是磷矿，为 8 893.30 万吨；就期末存量与期初存量相比，增加幅度最大的为石墨（17.60%），减少幅度最大的为水泥用灰岩（6.55%）。由表 12 - 4 可知，在油气矿产中，2020 年石油采出量为 19 500.00 万吨，为石油期初存量的 5.11%；天然气采出量为 1 925.00 亿立方米，为天然气期初存量的 2.98%。

表 12-4

## 2020 年我国矿产资源实物量表

单位：万吨

| 矿产种类 | | 期初存量 | 本期存量增加量 | | | 采出量 | 本期存量减少量 | | | | 期末存量 |
|---|---|---|---|---|---|---|---|---|---|---|---|
| | | | 勘查新增 | 重算增加 | 合计 | | 损失量 | 勘查减少 | 重算减少 | 合计 | |
| 能源 | 煤炭 | 15 422 400.00 | 1 196 400.00 | — | 1 196 400.00 | 390 000.00 | — | — | — | 390 000.00 | 16 228 800.00 |
| | 铁矿 | 1 164 900.00 | 9 900.00 | — | 9 900.00 | 87 000.00 | — | — | — | 87 000.00 | 1 087 800.00 |
| | 锰矿 | 18 123.54 | 3 172.15 | — | 3 172.15 | — | — | — | — | 0.00 | 21 295.69 |
| | 铬铁矿 | 276.97 | — | — | 0.00 | — | — | — | — | 0.00 | 276.97 |
| | 钒矿 | 951.20 | — | — | 0.00 | — | — | — | — | 0.00 | 951.20 |
| | 钛矿 | 19 432.10 | — | — | 0.00 | — | — | — | — | 0.00 | 19 432.10 |
| 金属 | 铜矿 | 2 782.78 | 85.82 | — | 85.82 | 167.30 | — | — | — | 167.30 | 2 701.30 |
| | 铅矿 | 1 326.43 | 39.57 | — | 39.57 | 132.90 | — | — | — | 132.90 | 1 233.10 |
| | 锌矿 | 3 272.43 | 99.30 | — | 99.30 | 276.90 | — | — | — | 276.90 | 3 094.83 |
| | 铝土矿 | 20 250.24 | 37 400.00 | — | 37 400.00 | — | — | — | — | 0.00 | 57 650.24 |
| 固体矿产 | 镍矿 | 21 437.25 | — | — | 0.00 | — | — | — | — | 0.00 | 21 437.25 |
| | 钨矿 | 79.44 | 143.05 | — | 143.05 | — | — | — | — | 0.00 | 222.49 |
| | 锡矿 | 72.25 | — | — | 0.00 | — | — | — | — | 0.00 | 72.25 |
| | 钼矿 | 373.61 | — | — | 0.00 | — | — | — | — | 0.00 | 373.61 |
| | 锑矿 | 35.17 | — | — | 0.00 | — | — | — | — | 0.00 | 35.17 |

续表

| 矿产种类 | | 期初存量 | 本期存量增加量 | | | 本期存量减少量 | | | | | 期末存量 |
|---|---|---|---|---|---|---|---|---|---|---|---|
| | | | 勘查新增 | 重算增加 | 合计 | 采出量 | 损失量 | 勘查减少 | 重算减少 | 合计 | |
| 固体矿产 | 非金属 菱镁矿 | 49 475.87 | — | — | 0.00 | — | — | — | — | 0.00 | 49 475.87 |
| | 萤石矿 | 4 857.55 | — | — | 0.00 | — | — | — | — | 0.00 | 4 857.55 |
| | 硫铁矿 | 66 503.54 | — | — | 0.00 | — | — | — | — | 0.00 | 66 503.54 |
| | 磷矿 | 190 525.80 | 9 667.50 | — | 9 667.50 | 8 893.30 | — | — | — | 8 893.30 | 191 300.00 |
| | 钾盐 | 28 059.54 | — | — | 0.00 | — | — | — | — | 0.00 | 28 059.54 |
| | 钠盐 | 2 071 100.00 | — | — | 0.00 | — | — | — | — | 0.00 | 2 071 100.00 |
| | 芒硝 | 177 300.00 | — | — | 0.00 | — | — | — | — | 0.00 | 177 300.00 |
| | 重晶石 | 3 689.12 | — | — | 0.00 | — | — | — | — | 0.00 | 3 689.12 |
| | 石墨 | 4 449.02 | 782.83 | — | 782.83 | — | — | — | — | 0.00 | 5 231.85 |
| | 滑石矿石 | 5 581.06 | — | — | 0.00 | — | — | — | — | 0.00 | 5 581.06 |
| | 水泥用灰岩 | 3 666 600.00 | — | — | 0.00 | 240 000.00 | — | — | — | 240 000.00 | 3 426 600.00 |
| | 高岭土 | 57 158.20 | — | — | 0.00 | — | — | — | — | 0.00 | 57 158.20 |
| | 石膏 | 154 800.00 | — | — | 0.00 | — | — | — | — | 0.00 | 154 800.00 |
| | 方解石 | 33 532.20 | — | — | 0.00 | — | — | — | — | 0.00 | 33 532.20 |
| | 合计 | 23 189 345.31 | 1 257 690.22 | — | 1 257 690.22 | 726 470.40 | — | — | — | 726 470.40 | 23 720 565.13 |
| 油气矿产 | 石油（万吨） | 381 400.00 | — | — | 0.00 | 19 500.00 | — | — | — | 19 500.00 | 361 900.00 |
| | 天然气（亿立方米） | 64 590.78 | — | — | 0.00 | 1 925.00 | — | — | — | 1 925.00 | 62 665.78 |

注：由于缺少 2020 年全国矿产资源增减的详细数据，因此用负值表示，"—"表示数据缺失。
资料来源：《中国矿产资源报告（2021）》《中国统计年鉴 2021》。

## 二、我国矿产资源价值量表

### （一）矿产资源估价方法

基于不同的理论和矿产资源的特点，国内的矿产资源的资产价值核算方法主要分为收益法、市场法和成本法。

#### 1. 收益法

SEEA2012 通常采用资源租金来估算自然资源资产的价值，矿产资源也不例外，并可以将矿产品开发收入减去矿产品开发成本作为矿产资源的资源租金。用矿产资源未来可以获得的资源租金流（范振林、李晶和王磊，2020），将其折现到基准时点，来测算矿产资源基准时点的资产价值。

$$V_1 = \sum_{t=1}^{n} \frac{RR_t}{(1 + r)^t} \qquad (12-1)$$

其中，$V_1$ 为矿产资源基准时点的资产价值；$RR_t$ 为矿产资源租金；$n$ 为矿产资源开发年限；$r$ 为贴现率。对于每年的矿产资源租金 $RR$ 而言，

$$RR = TR - C - (\delta + r_1 K) \qquad (12-2)$$

其中，$TR$ 为矿产年收入；$C$ 为矿产运营成本；$\delta$ 为固定资本折旧；$r_1$ 为资本回报率；$K$ 为固定资本存量。

#### 2. 市场法

借鉴范振林（2014）的研究，徐若愚（2021）认为，矿产资源资产价值 $V$ 可表示为实物量、市场价格和各自参数的乘积：

$$V = Q \times K \times D \times P \times S \qquad (12-3)$$

其中，$Q$ 为矿产资源可开采储量，$K$ 为矿产资源储量可信系数，$D$ 为矿产资源开采难度经济价值系数，$P$ 为矿产产品市场价格，$S$ 为品位调整系数。矿产资源储量可信系数 $K$ 为矿产资源转换后的调整系数，取值一般在 $0.5 \sim 1$，其大小主要受矿种类型、矿床勘探类型、矿产地质工作强度、资源储量等的

影响。矿产资源开采难度经济价值系数 $D$ 则需要考虑自然环境、基础设施和矿产的禀赋条件,比如矿体深度、地形地貌、地理位置等,取值在 0~1。矿产产品市场价格 $P$ 在价值核算中起着关键作用,其数值大小取决于矿产产品市场的供求情况。通常选取某段时间内的平均价格,而不是某时点的波动价格。品位调整系数 $S$ 主要取决于矿区的地质品质、产品品质高低,反映了矿产资源的开采开发程度。

### 3. 成本法

成本法指的是重置成本法,重置成本法是将已经和将要发生的各类成本作为成本基数,然后根据各种影响矿产资源资产评估值的因素来确定合理的成本倍数,最后评估出矿产资源的资产价值(宋夏云,2018),计算方法如下:

$$V = P \times i \times \varepsilon \tag{12-4}$$

$$P = E + T \tag{12-5}$$

其中,$V$ 为矿产资源资产价值,$P$ 为矿产资源的重置成本,$i$ 为成本倍数,$\varepsilon$ 为考虑各种影响因素的修正系数,$E$ 为已经发生的各类成本之和,$T$ 为预期将要发生的各类成本之和。

收益法、市场法和成本法是计算精度最高,也是最直接的矿产资源估价方法,但是对于基础资料要求高。本书认为,需要根据不同矿产资源的属性来选择合适的估价方法,例如能源矿产中的煤、石油、天然气等具有完善透明的交易市场,交易价格易获得,宜采取市场价值法来进行估价,而对于那些没有成熟交易市场的矿产资源,可以选取收益法和成本法。矿产资源相比较其他自然资源而言,其市场化程度较高,多数矿产资源在市场上都有着稳定透明的价格,同时,由于矿产资源的价值主要来源于其经济价值,因此可以用矿产资源的市场价值来表示其资产价值。此外,在选择估价方法的时候也需要考虑数据获得的难易性以及数据的真实性。

### (二) 我国矿产资源价值量表

本书通过参考徐若愚(2021)和郝向明(2021)的做法,通过获取各种矿产资源的可信度系数 $K$、开采难度经济价值系数 $D$、平均核算价格 $P$、品位调整系数 $S$，根据市场法来计算我国矿产资源的价值量。

本部分将非金属矿产分为矿物非金属矿产和岩石非金属矿产分别进行核算。菱镁矿、萤石矿、硫铁矿、磷矿、钾盐、钠盐、芒硝、重晶石、石墨、滑石、石膏和方解石属于矿物非金属矿产，水泥用灰岩和高岭土属于岩石非金属矿产。可信度系数 $K$ 和开采难度经济价值系数 $D$ 数据来源于各类矿产资源采矿权出让收益评估报告，平均核算价格 $P$ 数据来源于矿产品交易网，品位调整系数 $S$ 一般取值为 1，全国各类矿产资源影响系数如表 12-5 所示。

表 12-5　　　　　　　　全国各类矿产资源影响系数

| 矿种 | 可信度系数 | 开采难度经济价值系数 | 平均核算价格（元/吨） |
| --- | --- | --- | --- |
| 煤炭 | 0.9 | 0.9 | 592.00 |
| 石油 | 0.9 | 0.9 | 3 090.33 |
| 天然气 | 0.9 | 0.9 | 3.23（元/立方米） |
| 铁矿 | 0.8 | 0.8 | 813.9 |
| 锰矿 | 0.8 | 0.8 | 825 |
| 铬铁矿 | 0.6 | 0.8 | 870.93 |
| 钒矿 | 0.8 | 0.8 | 520 |
| 钛矿 | 0.8 | 0.7 | 1 486.25 |
| 铜矿 | 0.7 | 0.7 | 2 725 |
| 铅矿 | 0.8 | 0.75 | 1 697.47 |
| 锌矿 | 0.75 | 0.8 | 297.33 |
| 铝土矿 | 0.6 | 0.7 | 407 |
| 镍矿 | 0.8 | 0.7 | 759 |
| 钨矿 | 0.75 | 0.7 | 37 750 |
| 锡矿 | 0.6 | 0.7 | 25 290 |
| 钼矿 | 0.7 | 0.7 | 1 950 |
| 锑矿 | 0.75 | 0.7 | 42 639 |
| 矿物非金属矿产 | 0.7 | 0.8 | 120.00 |
| 岩石非金属矿产 | 0.75 | 0.6 | 110.00 |

注：天然气的核算价格单位为元/立方米。
资料来源：各类矿产资源采矿权出让收益评估报告、矿产品交易网。

通过市场法计算得到 2020 年全国矿产资源价值量表，如表 12 – 6 所示。由该表可知，相较于期初余额，2020 年期末余额增加最多的为煤炭，达到 38 668.5 亿元，其次是铝土矿（639.31 亿元），期末余额减少最多的是天然气，达到 5 036.38 亿元，其次是石油（4 881.18 亿元）。期末余额较期初余额增加幅度最大的是铝土矿和钨矿，分别为 184.69% 和 180.07%，减少幅度最大的为铅矿、铁矿和水泥用灰岩，分别为 7.04%、6.62% 和 6.55%，煤炭、锰矿、磷矿和石墨期末余额较期初有所增加，铜矿、锌矿、石油和天然气期末余额较期初有所减少。在期初余额合计中，煤炭占比最高，为 66.82%，其次是天然气（15.27%）和石油（8.62%）。在期末余额合计中，煤炭占比上升到 68.79%，天然气占比下降到 14.49%，石油占比下降到 8.01%。2020 年期末余额合计较期初余额合计增加了 24 622.50 亿元，增加幅度达 2.22%。

表 12 – 6　　　　　　　　　**2020 年全国矿产资源价值量表**　　　　　单位：亿元

| 矿产种类 | | | 期初余额 | 本期变化 | 期末余额 |
|---|---|---|---|---|---|
| 能源 | | 煤炭 | 739 534.92 | 38 668.50 | 778 203.42 |
| 固体矿产 | 金属 | 铁矿 | 60 679.18 | – 4 016.11 | 56 663.07 |
| | | 锰矿 | 956.92 | 167.49 | 1 124.41 |
| | | 铬铁矿 | 11.58 | 0.00 | 11.58 |
| | | 钒矿 | 31.66 | 0.00 | 31.66 |
| | | 钛矿 | 1 617.33 | 0.00 | 1 617.33 |
| | | 铜矿 | 424.65 | – 12.43 | 412.22 |
| | | 铅矿 | 135.09 | – 9.51 | 125.59 |
| | | 锌矿 | 58.38 | – 3.17 | 55.21 |
| | | 铝土矿 | 346.16 | 639.31 | 985.47 |
| | | 镍矿 | 911.17 | 0.00 | 911.17 |
| | | 钨矿 | 157.44 | 283.51 | 440.95 |
| | | 锡矿 | 76.74 | 0.00 | 76.74 |
| | | 钼矿 | 35.70 | 0.00 | 35.70 |
| | | 锑矿 | 78.73 | 0.00 | 78.73 |

续表

| 矿产种类 | | | 期初余额 | 本期变化 | 期末余额 |
|---|---|---|---|---|---|
| 固体矿产 | 非金属 | 菱镁矿 | 332.48 | 0.00 | 332.48 |
| | | 萤石矿 | 32.64 | 0.00 | 32.64 |
| | | 硫铁矿 | 446.90 | 0.00 | 446.90 |
| | | 磷矿 | 1 280.33 | 5.20 | 1 285.54 |
| | | 钾盐 | 188.56 | 0.00 | 188.56 |
| | | 钠盐 | 13 917.79 | 0.00 | 13 917.79 |
| | | 芒硝 | 1 191.46 | 0.00 | 1 191.46 |
| | | 重晶石 | 24.79 | 0.00 | 24.79 |
| | | 石墨 | 29.90 | 5.26 | 35.16 |
| | | 滑石矿石 | 37.50 | 0.00 | 37.50 |
| | | 水泥用灰岩 | 18 149.67 | − 1 188.00 | 16 961.67 |
| | | 高岭土 | 282.93 | 0.00 | 282.93 |
| | | 石膏 | 1 040.26 | 0.00 | 1 040.26 |
| | | 方解石 | 225.34 | 0.00 | 225.34 |
| 油气矿产 | 石油 | | 95 470.80 | − 4 881.18 | 90 589.62 |
| | 天然气 | | 168 988.86 | − 5 036.38 | 163 952.48 |
| 合计 | | | 1 106 695.87 | 24 622.50 | 1 131 318.37 |

资料来源：通过表 12 - 4 和表 12 - 5 计算而来。

### 三、我国矿产资源资产负债表

由于缺乏过往年份的出让探矿权和采矿权的收益以及税金，无法得到无形矿产资产的期初值，因此将 2020 年全国矿产资源资产负债表的探矿权/采矿权的期初余额设置成 0，税金的期初余额设置成 0，2020 年全国矿产资源资产负债表如表 12 - 7 所示。

表 12 - 7　　　　　　　2020 年我国矿产资源资产负债表　　　　　　单位：亿元

| 矿产种类 | | | 期初余额 | 本期变化 | 期末余额 |
|---|---|---|---|---|---|
| 有形矿产资产 | 固体矿产 | 能源矿产 | 739 534.92 | 38 668.49 | 778 203.42 |
| | | 金属矿产 | 65 520.73 | - 2 950.90 | 62 569.83 |
| | | 非金属矿产 | 37 180.55 | - 1 177.54 | 36 003.02 |
| | 油气矿产 | 石油 | 95 470.80 | - 4 881.18 | 90 589.62 |
| | | 天然气 | 168 988.86 | - 5 036.38 | 163 952.48 |
| 有形矿产资产合计 | | | 1 106 695.87 | 24 622.50 | 1 131 318.37 |
| 无形矿产资产 | 探矿权/采矿权 | | 0.00 | 1 123.23 | 1 123.23 |
| | 税金 | | 0.00 | 1 755.00 | 1 755.00 |
| 无形矿产资产合计 | | | 0.00 | 2 878.23 | 2 878.23 |
| 资产合计 | | | 1 106 695.87 | 27 500.73 | 1 134 196.60 |
| 净资产 | | | 1 106 695.87 | 27 500.73 | 1 134 196.60 |

资料来源：通过表 12 - 6 计算而来。

由表 12 - 7 可知，2020 年末全国有形矿产资产总值增加了 24 622.50 亿元，较期初增加了 2.22%，全国无形矿产资产总值增加了 2 878.23 亿元，其中，探矿权和采矿权的转让收入为 1 123.23 亿元，税金收入为 1 755.00 亿元。能源矿产资产总值期初余额在有形矿产资产总值期初余额中的占比最大，达 66.82%，其次是油气矿产的 23.90%，金属矿产的 5.92% 和非金属矿产的 3.36%。在有形矿产资产总值期末余额占比中，能源矿产占比上升到 68.79%，油气矿产占比下降到 22.50%，金属矿产下降到 5.53%，非金属矿产下降到 3.18%。就期初余额而言，油气矿产资产总值期末余额下降幅度最大，达 8.09%，其次是金属矿产（4.50%），能源矿产资产总值期末余额增加幅度最大，达 5.23%。就矿产资源资产总值期末余额而言，有形矿产资源资产价值占比为 99.75%，无形矿产资源资产价值占比为 0.25%。

# 第四部分

# 政策建议和研究结论

# 第十三章　政策建议、研究结论及展望

## 第一节　政策建议

在自然资源部挂牌成立以后，从2018年9月到2018年11月，各省份自然资源厅也相继挂牌成立。在此轮的机构改革中，各省份自然资源主管部门均被赋予了统一行使全民所有自然资源资产所有者的职责，同时，它们也毫无疑问地成为编制自然资源资产负债表的重要部门。改革之后，先前分散在农业、林业、国土资源、海洋等多个部门的自然资源资产负债表（除了水资源资产负债表）编制的工作职能，基本都被转移到了新成立的自然资源部门。然而，自然资源部如何能够对已有资源进行整合，并建立统一的自然资源资产负债表编制体系，进而进行实际的编制，仍是一个难题。笔者认为可从以下五方面入手。

第一，构建标准化的自然资源统计监测制度体系。目前，省级层面的自然资源部门的重组只是实现了"物理重组"，还未能在机能重构上发生"化学重组"，理念、职能、业务等方面整合还未真正到位，统一的自然资源统计监测制度体系还未真正地建立并有效运行。

第二，建立统一的自然资源统计调查制度体系。虽然自然资源部办公厅在系统梳理、整合原国土资源、海洋、测绘地理信息、城乡规划等有关统计调查制度基础上，于2019年7月出台了《自然资源综合统计调查制度》及8套专业统计调查制度，以适应自然资源部组建和新职能要求，建立自然资源统计调查制度和指标体系。但截至目前，还有许多统计调查制度之间未能进行有效统一和衔接。例如，我国对于耕地、林地、草地、土地等自然资源均有各自的统计调查制度，诸多的统计调查制度之间缺乏有效的衔接。又如，我国的国家森林资源连续清查每5年进行一次，目前仅有5年一次的现状数据和变化数据，且各省市的年度不一致（张海明和魏炜，2020）。因此，总体而言，我国的自然资源统计监测基础工作还相对薄弱。

第三，建立一致的自然资源指标体系和分类标准。由于不同自然资源管理部门对同一指标的界定不一致，核算标准不统一，容易造成数值差异较大、数据之间不协调等问题。例如，原国土资源部门和原林业部门由于使用的统计标准不一致，因而在计算湿地面积和林地面积时，两者的数值差异较大。又如一块土地，如果既有林权证，又有草地证或土地经营权证，那么原国土资源部门则将其计入耕地，而原林业部门则将其计入林地，如此一来，会造成重复计算。

第四，完善自然资源的数据库建设。可以建立自然资源数据库，以记录自然资源的变动情况及原因。如果不能充分掌握自然资源的相关信息，就可能会导致对自然资源的不合理利用，进而，也就无法编制出科学合理的自然资源资产负债表。只有摸清每一类自然资源的变动情况及变动原因，才能实现自然资源资产负债表的科学化和精准化。因此，我国应当以政府为主导，尽快完善并充实自然资源领域的各类数据库建设，同时鼓励民间专业力量的参与，这既是自然资源管理和分析的基础，也能够为自然资源的价值评估提供更多可靠、及时的数据来源。

第五，自然资源资产负债表的编制要兼顾统一性和差异性。首先，自然资源资产负债表要具有统一性。国家范围的自然资源资产负债表由省级自然资源资产负债表汇总得来，省级自然资源资产负债表由市级自然资源资产负债表汇总而来。这就要求各层级的资产负债表能够在核算范围、核算口径、核算指标等方面的设置上保持统一，便于进行横向比较以及更大范围上的汇总。其次，自然资源资产负债表要具有差异性。自然资源资产负债表能够体现区域之间的差异，以展现区域特色和典型。可根据各地区的实际情况，多选择一些具有问题导向和目标导向的指标进行列示和剖析。

# 第二节 研究结论和研究展望

## 一、研究结论

探索编制自然资源资产负债表是党的十八届三中全会提出的全新战略构想，其主要目的在于摸清自然资源资产的"家底"及其变动情况，并建立起生态环境损害责任终身追究制，以此来推动生态文明制度的建设。然而，由于学术界对自然资源资产负债表理论内涵的理解存在重大分歧，自然资源资产负债表要素的概念范畴和确认方法尚不明确，不同类别自然资源的特性存在巨大差异，国内外研究尚未形成统一的自然资源资产负债表编制框架。本书在充分梳理和借鉴已有研究经验的基础上，按照"理论阐述→方法设计→实践探索"的逻辑思路，从"客观存在的自然资源"和"进入经济体系的自然资源"两个方面，探索编制自然资源资产负债表，并得出以下研究结论。

第一，自然资源资产负债表是一种利用会计平衡原理，以国家或地区所拥有的自然资源存量作为考察对象，反映某一特定时点上相关责任主体自然资源资产和自然资源负债的总规模及结构状况，旨在评价责任主体生态建设成效的报表。通过自然资源资产负债表，我们不仅能够摸清我国的自然资源"家底"，了解各经济主体对自然资源资产的占有、使用、消耗、恢复和增值情况，还能探究自然资源存量变化背后的经济活动过程和资源管理过程。

第二，自然资源资产应为宏观视角下的自然资源，并包含两个层次：第一个层次的自然资源资产不受经济资产的限制，只需满足"所有权"的条件限制，以便能够摸清我国的自然资源"家底"；第二个层次的自然资源资产要受经济资产的限制，满足"所有权""有效控制"以及"能够产生预期收益"，以便能够反映各经济主体对自然资源资产的占有、使用、消耗、恢复和增值活动。第一个层次的自然资源被称为"客观存在的自然资源"，第二个层次的自然资源被称为"进入经济体系的自然资源"。

第三，资产与负债均是对资产负债表报告主体经济活动的描述，只有纳入经济活动范围的自然资源才有可能存在自然资源负债。因此，自然资源负债的界定应基于宏观视角，并与第二个层次的自然资源资产相对应。可将自然资源负债定义为由于核算主体对自然资源的过度消耗而导致的一种现时义务。该义务既可以是法定义务，也可以是推定义务。将自然资源的"过度消耗"确认为自然资源负债，应以是否能够保持自然资源的可持续发展作为自然资源资产和自然资源负债范围的界定依据。因此，自然资源负债的确认问题就可以转换为自然资源"过度消耗"的确认问题。

第四，自然资源负债应包括数量上的自然资源负债和质量上的自然资源负债两个方面。对于数量上的自然资源负债，需要找到一个自然资源负债临界值，超过该临界值的自然资源消耗就是自然资源的过度消耗，进而可以将自然资源的过度消耗确认为自然资源负债；不超过该临界值的自然资源消耗属于满足可持续发展要求的自然资源消耗，对不超过该临界值的自然资源消耗做自然资源资产的减项处理。对于质量上的自然资源负债，则需要计算自然资源的纳污能力，也就是自然资源在保持质量不变的情况下，所能够允许的各类污染物的最大排放量，将超过纳污能力的污染物排放量视为自然资源负债。

第五，水资源负债产生于取水环节和排水环节。取水环节主要涉及数量上的水资源负债，其负债临界值为保证流域河流健康的条件下，流域可以开发的最大水资源量；排水环节主要涉及质量上的水资源负债，其负债临界值为在满足水域的水质目标要求时，该水域所能容纳的某种污染物的最大数量。林木资源负债主要涉及数量上的负债，其负债临界值为在保证林木资源的可持续发展的前提下，林木资源的最大可采伐量。土地资源负债主要体现为质量上的负债，其负债临界值为在土壤质量不受损害的前提下，土壤所能够容纳的污染物的最大负荷量。

第六，与两个层次的自然资源资产相对应，自然资源资产负债表也应包含两个层次：第一个层次的自然资源资产负债表可以看作自然资源资产存量及其变动表，该表中自然资源资产没有对应的负债项，仅仅记录自然资源的期初、期末资产存量情况及其在核算期间的变化；第二个层次的自然资源资产负债表才是真正意义上的资产负债表，具有资产、负债和净资产等核算项目，能够反映某一时点上核算主体的资产和负债情况。这两个层次的自然资源资产负债表共有四种基本形式，分别是：自然资源资产存量表、自然资源资产存量变动表、自然资源资产负债表（静态型）、自然资源资产负债表（动态型）。

## 二、研究展望

针对研究中存在的不足，未来研究可以从以下四个方面入手，进行拓展和深化。

第一，拓展同一主题下，不同类型自然资源数量形式负债临界值的确认方法。在同一主题下，自然资源负债的确认方法还有很多的拓展空间。例如，在林木资源资产负债表的编制中，本书仅探讨了法正林的负债临界值确认方法。法正林是一种特殊形式的森林，即在每一个年度均有相等数量的木材收获，能够实现严格永久平衡的利用状态，并具备法正龄级分配、法正林分排列、法正生长量、法正蓄积量四个特征。但在实际中，法正林并不常见。因此，在计算林木资源负债临界值时，需要根据森林的实际情况，对模型进行部分调整，以满足现实计算的需要。

第二，进一步探讨质量形式自然资源负债的确认方法，包括非点源污染的确认和计量方法，以及质量形式自然资源资产的理论内涵和列示方式。本书对质量形式自然资源资产负债表的理论探讨还较为薄弱，仅探讨了点源污染对自然资源质量的影响，以及点源污染负债临界值的确认方法，未探讨非点源污染对自然资源质量的影响，以及非点源污染负债临界值的确认方法。这有助于进一步完善自然资源资产负债表编制体系。

第三，探讨其他主题下自然资源资产负债表的编制方法。自然资源种类多样，本书研究所涉及的水资源、林木资源、土地资源和矿产资源，只是自然资源繁多种类中的冰山一角。只有将本书所探讨的自然资源资产负债表编制的一般方法应用于更多种类的自然资源中，才能验证本书所编制的自然资源资产负债表的合理性和有效性。因此，未来研究需要进一步探讨其他主题下自然资源资产负债表的编制方法，在时机适当的时候也可以将自然资源资产负债表的编制范围扩展到生态系统和环境。

第四，统一自然资源的核算口径，探讨更为科学的数据获取方法，进行自然资源专项调查。首先，自然资源的核算口径关系到不同地区获取的自然资源数据的一致性。其次，编制自然资源资产负债表，特别是第二个层次的自然资源资产负债表，需要大量的基础性数据，例如林木蓄积量、森林的年砍伐情况、土地的变化数据、土壤资源的质量数据等。然而，已有数据的储备情况不尽如人意，或是因为缺少科学的数据测度方法，或是因为尚未对此类数据进行专项调查，抑或是虽有相关数据但未曾进行公开，致使在自然资源资产负债表的编制过程中遇到了很多障碍。统一核算口径，探讨科学的数据来源方法，进行自然资源专项调查，有助于编制一致的、可比的自然资源资产负债表。

# 参 考 文 献

一、中文部分

[1] 安晓明. 自然资源价值及其补偿问题研究 [D]. 长春：吉林大学，2004.

[2] 陈波，杨世忠. 会计理论和制度在自然资源管理中的系统应用——澳大利亚水会计准则研究及其对我国的启示 [J]. 会计研究，2015 (2)：13 - 19.

[3] 陈波. 我国建立通用目的水核算制度研究 [D]. 北京：首都经济贸易大学，2016.

[4] 陈进. 长江流域水量分配方法探讨 [J]. 长江科学院院报，2011，28 (12)：1 - 4.

[5] 陈坤. 国外流域水污染治理的三种模式 [J]. 绿色科技，2010，2010 (9)：91 - 93.

[6] 陈明. 澳大利亚的水资源管理 [J]. 中国水利，2000，2 (6)：38 - 39.

[7] 陈星. 自然资源价格论 [D]. 北京：中共中央党校，2007.

[8] 陈艳利，弓锐，赵红云. 自然资源资产负债表编制：理论基础、关键概念、框架设计 [J]. 会计研究，2015 (9)：18 - 26.

[9] 陈英新，刘金芹，赵艳. 《澳大利亚水会计准则第 1 号》的主要内容及对我国的启示 [J]. 会计之友，2014 (29)：45 - 48.

[10] 陈毓圭. 环境会计和报告的第一份国际指南——联合国国际会计和报告标准政府间专家工作组第 15 次会议记述 [J]. 会计研究，1998 (5)：1 - 8.

[11] 陈玥，杨艳昭，闫慧敏，等. 自然资源核算进展及其对自然资源资产负债表编制的启示 [J]. 资源科学，2015，37 (9)：1716 - 1724.

[12] 成小云，任咏川. IASB/FASB 概念框架联合项目中的资产概念研究述评 [J]. 会计研究，2010 (5)：25 – 29.

[13] 崔建远. 自然资源物权法律制度研究 [M]. 北京：法律出版社，2012.

[14] 邓俊，甘泓，缪益平. 对水资源核算的总体认识 [J]. 南水北调与水利科技，2009，7 (2)：29 – 32.

[15] 邓俊，甘泓. 水资源核算体系研究 [J]. 中国人口·资源与环境，2008 (18)：148 – 151.

[16] 段伟杰. 外部性理论探讨 [J]. 经济师，2011 (12)：23 – 24.

[17] 樊辉，赵敏娟. 自然资源非市场价值评估的选择实验法：原理及应用分析 [J]. 资源科学，2013，35 (7)：1347 – 1354.

[18] 范振林，李晶. 矿产资源资产负债表编制框架探讨 [J]. 中国矿业，2019，28 (10)：13 – 18.

[19] 范振林，李晶，王磊. 矿产资源资产价值核算方法探究：以铁矿为例 [J]. 中国矿业，2020，29 (9)：50 – 55.

[20] 范振林. 矿产资源核算研究 [J]. 中国矿业，2014，23 (S1)：20 – 23.

[21] 封志明，杨艳昭，陈玥. 国家资产负债表研究进展及其对自然资源资产负债表编制的启示 [J]. 资源科学，2015，37 (9)：1685 – 1691.

[22] 封志明，杨艳昭，李鹏. 从自然资源核算到自然资源资产负债表编制 [J]. 中国科学院院刊，2014 (4)：449 – 456.

[23] 封志明，杨艳昭，闫慧敏，等. 自然资源资产负债表编制的若干基本问题 [J]. 资源科学，2017，39 (9)：1615 – 1627.

[24] 冯俊. 环境资源价值核算与管理研究 [D]. 广州：华南理工大学，2009.

[25] 甘泓，高敏雪. 创建我国水资源环境经济核算体系的基础和思路 [J]. 中国水利，2008 (17)：1 – 5.

[26] 甘泓，秦长海，汪林，等. 水资源定价方法与实践研究 I：水资源价值内涵浅析 [J]. 水利学报，2012，39 (3)：289 – 295.

[27] 甘泓，汪林，秦长海，等. 对水资源资产负债表的初步认识 [J].

中国水利，2014（14）：1 –7.

[28] 高敏雪.《环境经济核算体系（2012）》发布对实施环境经济核算的意义 [J]. 中国人民大学学报，2015，29（6）：47 –55.

[29] 高敏雪. SEEA 对 SNA 的继承与扬弃 [J]. 统计研究，2006，23（9）：18 –22.

[30] 高敏雪. 从联合国有关手册看环境经济核算的国际研究进程 [J]. 当代经济管理，2005，27（3）：73 –75.

[31] 高敏雪. 扩展的自然资源核算——以自然资源资产负债表为重点 [J]. 统计研究，2016，33（1）：4 –12.

[32] 高敏雪. 综合环境经济核算与计量分析 [M]. 北京：经济科学出版社，2012.

[33] 高敏雪. SEEA – 2012：第一部环境经济核算统计标准——写在《环境经济核算体系 2012 中心框架》中文本出版发行之际 [J]. 中国统计，2020（8）：40 –43.

[34] 高志辉. 基于现金流动制的自然资源资产负债表设计初探 [J]. 会计之友，2015（6）：5 –8.

[35] 葛家澍，杜兴强. 会计理论 [M]. 上海：复旦大学出版社，2005.

[36] 葛家澍，李若山. 九十年代西方会计理论的一个新思潮——绿色会计理论 [J]. 会计研究，1992（5）：1 –6.

[37] 葛家澍. 财务会计概念框架研究的比较与综评 [J]. 会计研究，2004（6）：3 –10.

[38] 葛家澍. 试评 IASB/FASB 联合概念框架的某些改进——截至 2008 年 10 月 16 日的进展 [J]. 会计研究，2009（4）：3 –11.

[39] 葛家澍. 论财务会计概念框架中的报告主体概念 [J]. 会计研究，2011（6）：3 –7.

[40] 葛家澍. 资产概念的本质、定义与特征 [J]. 经济学动态，2005（5）：8 –12.

[41] 葛振华，赵淑芹，王国岩. 多视角的我国矿产资源资产负债表研究 [J]. 中国矿业，2017，26（9）：49 –52.

[42] 耿建新, 房巧玲. 环境会计研究视角的国际比较 [J]. 会计研究, 2004 (1): 69 – 75.

[43] 耿建新, 胡天雨, 刘祝君. 我国国家资产负债表与自然资源资产负债表的编制与运用初探——以 SNA 2008 和 SEEA 2012 为线索的分析 [J]. 会计研究, 2015 (1): 15 – 24.

[44] 耿建新, 唐洁珑. 负债、环境负债与自然资源资产负债 [J]. 审计研究, 2016 (6): 3 – 12.

[45] 耿建新, 王晓琪. 自然资源资产负债表下土地账户编制探索——基于领导干部离任审计的角度 [J]. 审计研究, 2014 (5): 20 – 25.

[46] 耿建新, 黄炎兴, 吕晓敏. 编制我国土地资源平衡表的探讨——加拿大土地资源核算借鉴 [J]. 学习与实践, 2018 (3): 50 – 60.

[47] 郝向明. 金属矿产资源资产负债表编制方法与应用研究 [D]. 西安: 西安科技大学, 2021.

[48] 郝亚平. 陕西省自然资源资产负债表编制方法的研究 [D]. 西安: 西安石油大学, 2016.

[49] 何承耕, 林忠, 陈传明, 等. 自然资源定价主要理论模型探析 [J]. 亚热带资源与环境学报, 2002, 17 (3): 1 – 5.

[50] 何静. 环境经济核算的最新国际规范——SEEA—2012 中心框架简介 [J]. 中国统计, 2014 (6): 24 – 25.

[51] 胡石清, 乌家培. 外部性的本质与分类 [J]. 当代财经, 2011 (10): 5 – 14.

[52] 胡婷婷. 上海市崇明县试编实物量自然资源资产负债表研究 [D]. 上海: 华东理工大学, 2014.

[53] 胡文龙, 史丹. 中国自然资源资产负债表框架体系研究——以 SEEA2012、SNA2008 和国家资产负债表为基础的一种思路 [J]. 中国人口·资源与环境, 2015, 25 (8): 1 – 9.

[54] 胡清乐, 熊继传. 关于固体矿产资源储量分类 GB/T 17766—2020 与 GB/T 17766—1999 对接问题的探讨 [J]. 资源环境与工程, 2020, 34 (2): 293 – 298.

［55］黄溶冰，赵谦．自然资源资产负债表编制与审计的探讨［J］．审计研究，2015（1）：37－43．

［56］季曦，刘洋轩．矿产资源资产负债表编制技术框架初探［J］．中国人口·资源与环境，2016，26（3）：100－108．

［57］贾玲，甘泓，汪林，等．论水资源资产负债表的核算思路［J］．水利学报，2017a，48（11）：1324－1333．

［58］贾玲，甘泓，汪林，等．水资源负债刍议［J］．自然资源学报，2017b，32（1）：1－11．

［59］贾绍凤，王国，夏军，等．社会经济系统水循环研究进展［J］．地理学报，2003，58（2）：255－262．

［60］贾长青．拉林河流域水资源供需平衡分析与水量分配研究［D］．长春：吉林大学，2013．

［61］江东，付晶莹，封志明，等．自然资源资产负债表编制系统研究［J］．资源科学，2017，39（9）：1628－1633．

［62］姜昕，王秀娟．森林的最优采伐决策模型——一个新的林业经济政策分析框架［J］．林业科学，2013，49（9）：178－185．

［63］蒋洪强，王金南，吴文俊．我国生态环境资产负债表编制框架研究［J］．中国环境管理，2014，6（6）：1－9．

［64］蒋洪强，张宏亮．生态环境资产负债表编制技术与应用［M］．北京：中国环境出版社，2017．

［65］蒋萍，刘渊．可持续范式与可持续发展测度［J］．江西财经大学学报，2012（1）：11－17．

［66］孔繁文，高岚．挪威的自然资源与环境核算［J］．林业经济，1991（4）：47－51．

［67］孔含笑，沈镭，钟帅，等．关于自然资源核算的研究进展与争议问题［J］．自然资源学报，2016，31（3）：363－376．

［68］雷明．资源—经济—环境投入产出核算应用研究——中国能源—资源—经济—环境综合分析（1992－2020）［J］．数量经济技术经济研究，1998（11）：59－63．

[69] 雷明. 中国环境经济综合核算 [J]. 中国软科学, 1999 (11): 95-101.

[70] 雷明. 中国环境经济综合核算体系框架设计 [J]. 系统工程理论与实践, 2000, 20 (10): 17-26.

[71] 李代鑫, 叶寿仁. 澳大利亚的水资源管理及水权交易 [J]. 中国水利, 2001 (6): 41-44.

[72] 李丰杉, 成思思, 杨世忠. 区域自然资源资产负债表编制研究 [J]. 经济与管理研究, 2017, 38 (4): 124-132.

[73] 李金昌. 关于环境价值的探讨 [J]. 林业经济, 1993 (4): 1-9.

[74] 李金昌. 我国资源问题及其对策 [J]. 管理世界, 1990 (6): 46-53.

[75] 李金昌. 要重视森林资源价值的计量和应用 [J]. 林业资源管理, 1999 (5): 43-46.

[76] 李金华. 论中国自然资源资产负债表编制的方法 [J]. 财经问题研究, 2016 (7): 3-11.

[77] 李金华. 中国环境经济核算体系范式的设计与阐释 [J]. 中国社会科学, 2009 (1): 53-57.

[78] 李静江. 企业环境会计和环境报告书 [M]. 北京: 清华大学出版社, 2003.

[79] 李丽娟, 郑红星. 海滦河流域河流系统生态环境需水量计算 [J]. 地理学报, 2000, 55 (4): 6-8.

[80] 李荣昉, 丁永生, 程丽俊, 等. 基于水量分配方案的抚河流域最小控制需水量研究 [J]. 长江流域资源与环境, 2012, 21 (1): 58-63.

[81] 李文华. 《中国自然资源通典》介绍 [J]. 自然资源学报, 2016, 31 (11): 1969-1970.

[82] 李心合, 汪艳, 陈波. 中国会计学会环境会计专题研讨会综述 [J]. 会计研究, 2002 (1): 58-62.

[83] 李鹏辉, 张茹倩, 徐丽萍. 基于生态足迹的土地资源资产负债核算 [J]. 自然资源学报, 2022, 37 (1): 149-165.

[84] 林大仪, 谢英荷. 土壤学 [M]. 北京: 中国林业出版社, 2011.

[85] 林森. 自然资源定价及补偿问题研究 [D]. 大连: 东北财经大

学，2006.

[86] 林万祥，肖序. 环境成本管理论 [M]. 北京：中国财政经济出版社，2006.

[87] 刘灿. 我国自然资源产权制度构建研究 [M]. 成都：西南财经大学出版社，2009.

[88] 刘明辉，孙冀萍. 论"自然资源资产负债表"的学科属性 [J]. 会计研究，2016 (5)：3 - 8.

[89] 刘树，许秋起. 关于 EDP 核算思路的若干思考——兼与杨缅昆教授商榷 [J]. 统计研究，2002，19 (9)：45 - 49.

[90] 刘欣超，翟琇，赛希雅拉，刘亚红，孙海莲，刘雪华. 草原自然资源资产负债评估方法的建立研究 [J]. 生态经济，2016，32 (4)：28 - 36.

[91] 刘尚睿，耿建新，吕晓敏. 自然资源资产核算与管理——以 A 县土地资源核算实践为例 [J]. 复旦学报：社会科学版，2020，62 (6)：165 - 173.

[92] 刘茜. 生态系统核算的基本框架——《环境经济核算 2012—实验生态系统核算》简介 [J]. 中国统计，2017 (4)：32 - 34.

[93] 罗栋燊. 自然资源资产负债编制研究——以福建水资源为例 [J]. 经营管理者，2017 (25)：4 - 5.

[94] 罗素清. 环境会计研究 [M]. 上海：上海三联书店，2014.

[95] 罗英. 劳动价值论和效用价值论之比较 [J]. 当代经济研究，2004 (11)：50 - 52.

[96] 裴辉儒. 资源环境价值评估与核算问题研究 [D]. 厦门：厦门大学，2007.

[97] 彭武珍. 环境价值核算方法及应用研究 [D]. 杭州：浙江工商大学，2013.

[98] 乔晓楠，崔琳，何一清. 自然资源资产负债表研究：理论基础与编制思路 [J]. 中共杭州市委党校学报，2015，1 (2)：73 - 83.

[99] 秦大庸，陆垂裕，刘家宏，等. 流域"自然—社会"二元水循环理论框架 [J]. 科学通报，2014 (4)：419 - 427.

[100] 秦长海，甘泓，张小娟，等. 水资源定价方法与实践研究Ⅱ：海

河流域水价探析［J］．水利学报，2012，39（4）：429－436．

［101］盛明泉，姚智毅．基于政府视角的自然资源资产负债表编制探讨［J］．审计与经济研究，2017，32（1）：59－67．

［102］施志源．生态文明背景下的自然资源国家所有权研究［D］．福州：福建师范大学，2014．

［103］施发启．联合国的生态系统核算国际统计标准简介［J］．中国统计，2022（2）：31－32．

［104］石薇，李金昌．生态系统核算研究进展［J］．应用生态学报，2017，28（8）：2739－2748．

［105］石薇，徐蔼婷．自然资源资产负债表"为何"与"何为"问题探讨［J］．中国统计，2017（5）：68－69．

［106］石薇，李金昌．生态系统核算研究进展［J］．应用生态学报，2017，28（8）：2739－2748．

［107］石薇，程开明，汪劲松．基于核算目的的生态系统服务估价方法研究进展［J］．应用生态学报，2021，32（4）：1518－1530．

［108］石薇，汪劲松．水资源资产负债表的编制方法［J］．统计与决策，2021，37（12）：24－28．

［109］史丹，胡文龙．自然资源资产负债表编制探索［M］．北京：经济管理出版社，2015．

［110］施镓，程璐，仲冰，张博．煤炭资源资产负债表编制方法及应用［J］．资源科学，2021，43（9）：1711－1727．

［111］宋旭光．关于EDP核算思路的若干补充——兼与杨缅昆教授、刘树教授等商榷［J］．统计研究，2003，20（12）：46－50．

［112］宋军花．探索县级自然资源资产负债表编制方法——以安吉县试点为例［J］．统计科学与实践，2021（3）：56－58．

［113］宋晓谕，陈玥，闫慧敏，杨艳昭，封志明．水资源资产负债表表式结构初探［J］．资源科学，2018，40（5）：899－907．

［114］孙金华，陆桂华．水资源属性与水资源问题强相关分析［J］．水资源保护，2007，23（5）：87－90．

[115] 孙米强. 我国资源城市可持续发展若干问题研究 [D]. 天津：天津大学，2006.

[116] 孙萍萍. 实物型水资源资产核算研究 [D]. 邯郸：河北工程大学，2017.

[117] 孙亚丽，闫军印. 基于 SEEA 框架的河北省矿产资源资产负债表编制研究 [J]. 河北地质大学学报，2020，43（6）：94 – 100.

[118] 宋夏云，罗璐霞. 矿产资源的价值评估模式研究 [J]. 中国注册会计师，2018（7）：60 – 63.

[119] 汤姆·蒂滕伯格. 环境与自然资源经济学 [M]. 北京：中国人民大学出版社，2011.

[120] 魏蓝. 生态文明建设背景下企业环境会计发展现状及优化探究 [J]. 环境工程，2022，40（7）：301.

[121] 王海洋. 森林资源核算及纳入国民经济核算体系研究 [D]. 北京：中国地质大学（北京），2013.

[122] 王浩，贾仰文. 变化中的流域"自然—社会"二元水循环理论与研究方法 [J]. 水利学报，2016，47（10）：1219 – 1226.

[123] 王浩，阮本清，沈大军. 面向可持续发展的水价理论与实践 [M]. 北京：科学出版社，2003.

[124] 王浩. 基于流域水循环的水污染物总量控制 [M]. 北京：中国水利水电出版社，2012.

[125] 王金南，蒋洪强，曹东等. 绿色国民经济核算 [M]. 北京：中国环境科学出版社，2009.

[126] 王立彦，蒋洪强. 环境会计 [M]. 北京：中国环境出版社，2014.

[127] 王立彦. 环境成本与 GDP 有效性 [J]. 会计研究，2015（3）：3 – 11.

[128] 王秋兵. 土地资源学 [M]. 北京：中国农业出版社，2003.

[129] 王姝娥，程文琪. 自然资源资产负债表探讨 [J]. 现代工业经济和信息化，2014，4（9）：15 – 17.

[130] 王舒曼，王玉栋. 自然资源定价方法研究 [J]. 生态经济，2000

（4）：25 – 26.

[131] 王西琴，张远，刘昌明. 基于二元水循环的河流生态需水水量与水质综合评价方法——以辽河流域为例 [J]. 地理学报，2006，61（11）：1132 – 1140.

[132] 王湘湘. 环境资源的边际机会成本定价研究 [D]. 福州：福建农林大学，2012.

[133] 王小龙. 马克思劳动价值论若干热点问题研究 [D]. 西安：西安科技大学，2012.

[134] 王永瑜. 环境经济综合核算问题研究 [D]. 厦门：厦门大学，2006.

[135] 王永瑜. 资源租金核算理论与方法研究 [J]. 统计研究，2009，26（5）：47 – 53.

[136] 王泽霞，江乾坤. 自然资源资产负债表编制的国际经验与区域策略研究 [J]. 商业会计，2014（17）：6 – 10.

[137] 王俊杰. 中国国家自然资源资产负债表编制——基于生态足迹方法 [J]. 当代财经，2022（6）：123 – 138.

[138] 王湛，刘英，殷林森，潘安娥. 从自然资源资产负债表编制逻辑到平行报告体系——基于会计学视角的思考 [J]. 会计研究，2021（2）：30 – 46.

[139] 汪劲松，石薇. 生态文明背景下土地资源资产负债表编制研究 [J]. 统计与决策，2021，37（23）：32 – 36.

[140] 汪劲松，石薇. 我国水资源资产负债表编制探讨：基于澳大利亚水资源核算启示 [J]. 统计与决策，2019，35（14）：5 – 9.

[141] 吴新民，潘根兴. 自然资源价值的形成与评价方法浅议 [J]. 经济地理，2003，23（3）：323 – 326.

[142] 吴优. 德国的环境经济核算 [J]. 中国统计，2005（6）：46 – 47.

[143] 吴优，李锁强，任宝莹. 加拿大资源环境统计与核算的主要内容和方法 [J]. 统计研究，2007，24（6）：70 – 74.

[144] 武音茜. 编制自然资源资产负债表的几点思考 [J]. 中共贵州省委党校学报，2014（5）：49 – 51.

[145] 向书坚，黄志新．SEEA 和 NAMEA 的比较分析［J］．统计研究，2005，22（10）：18 – 22．

[146] 向书坚，张俊霞．ENRAP 与 SEEA 体系中环境服务核算的比较分析［J］．中南财经政法大学学报，2005（6）：3 – 7．

[147] 向书坚，郑瑞坤．自然资源资产负债表中的负债问题研究［J］．统计研究，2016，33（12）：74 – 83．

[148] 向书坚，郑瑞坤．自然资源资产负债表中的资产范畴问题研究［J］．统计研究，2015，32（12）：3 – 11．

[149] 向书坚．2003 年 SEEA 需要进一步研究的主要问题［J］．统计研究，2006，23（6）：17 – 21．

[150] 向书坚．包含环境账户的国民经济核算矩阵［J］．统计研究，2001，18（5）：17 – 22．

[151] 肖继辉，张沁琳．论我国编制自然资源资产负债表的制度创新［J］．暨南学报（哲学社会科学版），2018，228（1）：27 – 35．

[152] 肖序，王玉，周志方．自然资源资产负债表编制框架研究［J］．会计之友，2015，31（19）：25 – 28．

[153] 肖序，郑玲．低碳经济下企业碳会计体系构建研究［J］．中国人口·资源与环境，2011，21（8）：55 – 60．

[154] 肖序，周志方．企业环境风险管理与环境负债评估框架研究［J］．审计与经济研究，2012，27（2）：33 – 40．

[155] 肖序．环境成本论［D］．成都：西南财经大学，2002．

[156] 徐渤海．中国环境经济核算体系（CSEEA）研究［D］．北京：中国社会科学院研究生院，2012．

[157] 徐泓．环境会计理论与实务的研究［M］．北京：中国人民大学出版社，1998．

[158] 徐若愚．非金属矿产资源资产负债表编制方法和应用研究［D］．西安：西安科技大学，2021．

[159] 许成安，杨青．劳动价值论、要素价值论和效用价值论中若干问题辨析——兼评《劳动价值论与效用价值论的辨证关系》一文［J］．经济评

论，2008（1）：3 – 8.

[160] 许家林，蔡传里 . 中国环境会计研究回顾与展望 [J]. 会计研究，2004（4）：87 – 92.

[161] 许家林，王昌锐 . 论环境会计核算中的环境资产确认问题 [J]. 会计研究，2006（1）：25 – 29.

[162] 许家林 . 环境会计：理论与实务的发展与创新 [J]. 会计研究，2009（10）：36 – 43.

[163] 薛智超，闫慧敏，杨艳昭，等 . 自然资源资产负债表编制中土地资源核算体系设计与实证 [J]. 资源科学，2015，37（9）：1725 – 1731.

[164] 闫慧敏，封志明，杨艳昭，等 . 湖州/安吉：全国首张市/县自然资源资产负债表编制 [J]. 资源科学，2017，39（9）：1634 – 1645.

[165] 杨桂元，宋马林 . 影子价格及其在资源配置中的应用研究 [J]. 运筹与管理，2010，19（5）：39 – 44.

[166] 杨海龙，杨艳昭，封志明 . 自然资源资产产权制度与自然资源资产负债表编制 [J]. 资源科学，2015，37（9）：1732 – 1739.

[167] 杨俊青，王淑娟 . 马克思劳动价值论与西方经济学效用价值论的根本分歧 [J]. 山西财经大学学报，2001，23（6）：5 – 8.

[168] 杨缅昆 . 环境资源核算的若干理论问题 [J]. 统计研究，2006a，23（11）：15 – 19.

[169] 杨缅昆 . SEEA 框架：资源价值理论基础和核算方法探究 [J]. 当代财经，2006b（9）：120 – 124.

[170] 杨缅昆 . EDP 核算理论问题的再探讨——与刘树、许秋起两学者商榷 [J]. 统计研究，2003，20（12）：51 – 54.

[171] 杨缅昆 . SEEA 框架：资源价值理论基础和核算方法探究 [J]. 当代财经，2006（9）：120 – 124.

[172] 杨缅昆 . 关于 EDP 核算思路的若干质疑 [J]. 统计研究，2002，19（3）：35 – 38.

[173] 杨晓慧，崔瑛 . 自然资源资产负债表的编制——基于土地资源核算的研究 [J]. 当代经济，2016（17）：44 – 45.

[174] 杨艳昭, 封志明, 闫慧敏, 等. 自然资源资产负债表编制的 "承德模式" [J]. 资源科学, 2017, 39 (9): 1646 – 1657.

[175] 杨永生, 许新发, 傅国儒等. 江西省初始水量分配技术要点 [J]. 江西水利科技, 2009, 35 (1): 1 – 5.

[176] 杨世忠, 谭振华, 王世杰. 论我国自然资源资产负债核算的方法逻辑及系统框架构建 [J]. 管理世界, 2020, 36 (11): 132 – 144.

[177] 于新. 劳动价值论与效用价值论发展历程的比较研究 [J]. 经济纵横, 2010 (3): 31 – 34.

[178] 袁广达. 基于环境会计信息视角下的企业环境风险评价与控制研究 [J]. 会计研究, 2010 (4): 34 – 41.

[179] 苑昕茹. 中国环境会计现状及发展研究 [D]. 长春: 吉林大学, 2013.

[180] 中国森林资源核算研究项目组编. 生态文明制度构建中的中国森林资源核算研究 [M]. 北京: 中国林业出版社, 2015.

[181] 张宏亮. 自然资源估价理论与方法研究——基于宏观环境会计的视角 [J]. 山西财经大学学报, 2007, 29 (3): 15 – 20.

[182] 张建华. 环境经济综合核算问题研究 [D]. 厦门: 厦门大学, 2002.

[183] 张景华. 经济增长中的自然资源效应研究 [D]. 成都: 西南财经大学, 2008.

[184] 张五常. 经济解释 [M]. 北京: 商务印书馆, 2000.

[185] 张颖, 高淑媛, 杜婷. 森林绿色核算中不同林地林木估价方法的比较 [J]. 自然资源学报, 2006, 21 (4): 661 – 669.

[186] 张颖. 欧洲森林资源核算的估价方法 [J]. 林业经济, 2004 (5): 46 – 48.

[187] 张颖. 我国林木核算模型及其最优核算价格计算 [J]. 林业经济, 2009 (12): 49 – 52.

[188] 张颖, 潘静. 中国森林资源资产核算及负债表编制研究——基于森林资源清查数据 [J]. 中国地质大学学报: 社会科学版, 2016, 16 (6):

46 – 53.

［189］张友棠，刘帅，卢楠. 自然资源资产负债表创建研究［J］. 财会通讯，2014（10）：6 – 9.

［190］张志涛，戴广翠，郭晔，张宁，张欣晔. 森林资源资产负债表编制基本框架研究［J］. 资源科学，2018，40（5）：929 – 935.

［191］张志强，徐中民，程国栋. 生态系统服务与自然资本价值评估［J］. 生态学报，2001，21（11）：1918 – 1926.

［192］张海明，魏炜. 机构改革后省级自然资源资产负债表编制探析——以 D 省为例［J］. 中国国土资源经济，2020，33（9）：12 – 18.

［193］张茹倩，李鹏辉，沈镭，徐丽萍，钟帅. 生态足迹视角下的陕西省土地资源资产核算研究［J］. 干旱区资源与环境，2022，36（4）：47 – 55.

［194］章铮. 边际机会成本定价——自然资源定价的理论框架［J］. 自然资源学报，1996，11（2）：107 – 112.

［195］赵学刚，林文轩，郭俊琳. 资本存量估算的再讨论——非土地资本与土地价值的区别［J］. 技术经济，2017，36（9）：92 – 97.

［196］中国森林资源核算研究项目组编. 生态文明制度构建中的中国森林资源核算研究［M］. 北京：中国林业出版社，2015.

［197］周守华，陶春华. 环境会计：理论综述与启示［J］. 会计研究，2012（2）：5 – 12.

［198］朱婷，施从炀，陈海云，等. 自然资源资产负债表设计探索与实证——以京津冀地区林木资源为例［J］. 生态经济（中文版），2017，33（1）：159 – 166.

［199］朱学义. 我国环境会计初探［J］. 会计研究，1999（4）：26 – 30.

二、英文部分

［1］Accounting Standards Board. Statement of principles for financial reporting［M］. London：Accounting Standards Board，1999.

［2］Alfsen K H，Greaker M. From natural resources and environmental accounting to construction of indicators for sustainabledevelopment［J］. Ecological Economics，2007，61（4）：600 – 610.

［3］ Alfsen K H, Bye T, Lorentsen L. Natural resource accounting and analysis ［M］. Statistics Norway, 1987.

［4］ Allen K E. Moving beyond the exchange value in the nonmarket valuation of ecosystem services ［J］. Ecosystem Services, 2016, 18: 78 – 86.

［5］ Allen V K, James L S. Handbook of natural resources and energy economics, Volume 2 ［M］. Amsterdam: North Holland, 1985.

［6］ Ansink E, Hein L, Hasund K P. To value functions or services? An analysis of ecosystem valuation approaches ［J］. Environmental Values, 2008, 17 (4): 489 – 503.

［7］ Atkinson G, Gundimeda H. Accounting for India's forestwealth ［J］. Ecological Economics, 2006, 59 (4): 462 – 476.

［8］ Acharya R P, Maraseni T, Cockfield G. Global trend of forest ecosystem services valuation—An analysis ofpublications ［J］. Ecosystem Services, 2019, 39: 100979.

［9］ Balmford A, Fisher B, Green R E, et al. Bringing ecosystem services into the real world: An operational framework for assessing the economic consequences of losing wildnature ［J］. Environmental and Resource Economics, 2011, 48 (2): 161 – 175.

［10］ Barth A, Lind T, Petersson H, et al. A framework for evaluating data acquisition strategies for analyses of sustainable forestry at nationallevel ［J］. Scandinavian Journal of Forest Research, 2007, 21 (S7): 94 – 105.

［11］ Barbier E B. Natural resources and economic development ［M］. Cambridge University Press, 2005.

［12］ Barbier E B. Valuing ecosystem services as productiveinputs ［J］. Economic Policy, 2010, 22 (49): 177 – 229.

［13］ Barbier E B. Valuing the environment as input: Review of applications to mangrove-fisherylinkages ［J］. Ecological Economics, 2000, 35 (1): 47 – 61.

［14］ Bartelmus P. Beyond GDP—New approaches to applied statistics ［J］. Review of Income & Wealth, 1987, 33 (4): 347 – 358.

[15] Bateman I J, Harwood A R, Mace G M, et al. Bringing ecosystem services into economic decision-making: Land use in theunited kingdom [J]. Science, 2013, 341 (6141): 45 – 50.

[16] Bateman I J, Mace G M, Fezzi C, et al. Economic analysis for ecosystem serviceassessments [J]. Environmental & Resource Economics, 2011, 48 (2): 177 – 218.

[17] Bishop J T. Valuing forests: A review of methods and applications in developing countries [M]. London: International Institute for Environment and Development, 1999.

[18] Bockstael N E, Mcconnell K E. Environmental and resource valuation with revealedpreferences [J]. The Economics of Non-Market Goods and Resources, 2006, 7 (1): 133 – 135.

[19] Boyd J. Nonmarket benefits of nature: What should be counted in green GDP? [J]. Ecological Economics, 2006, 61 (4): 716 – 723.

[20] Buchanan J M, Stubblebine W C. Externality [J]. Economica, 1962, 29 (116): 371 – 384.

[21] Campos P, Caparrós A. Social and private total Hicksian incomes of multiple use forests inSpain [J]. Ecological Economics, 2006, 57 (4): 545 – 557.

[22] Carlsson F, Frykblom P, Lagerkvist C J. Consumer benefits of labels and bans on GM Foods—Choice experiments with Swedish consumers [J]. American Journal of Agricultural Economics, 2010, 89 (1): 152 – 161.

[23] Commission of the European Communities-Eurostat, International Monetary Fund, Organization for Economic Co-operation and Development, et al. System of National Accounts 1993 [M]. New York: United Nations, 1993.

[24] Costanza R, D'Arge R, De Groot R, et al. The value of the world's ecosystem services and naturalcapital [J]. Nature, 1997, 387 (1): 3 – 15.

[25] Costanza R, Patten B C. Defining and predictingsustainability [J]. Ecological Economics, 1995, 15 (3): 193 – 196.

[26] Daily G C, Söderqvist T, Aniyar S, et al. The value of nature and the

nature of value [J]. Science, 2000, 289 (5478): 395 – 396.

[27] Dasgupta P. The welfare economic theory of green nationalaccounts [J]. Environmental & Resource Economics, 2009, 42 (1): 3 – 38.

[28] De Groot R, Brander L, Der Ploeg S V, et al. Global estimates of the value of ecosystems and theirservices in monetary units [J]. Ecosystem Services, 2012, 1 (1): 50 – 61.

[29] Dickson B, Blaney R, Miles L, et al. Toward a global map of natural capital: Key ecosystem assets. [EB/OL] (2014 – 01) [2022 – 08 – 01]. https://www. researchgate. net/publication/266391660_Toward_a_Global_Map_of_Natural_Capital_Key_Ecosystem_Assets.

[30] Dietz S, Neumayer E. Weak and strong sustainability in the SEEA: Concepts andmeasurement [J]. Ecological Economics, 2007, 61 (4): 617 – 626.

[31] Dutta D, Vaze J, Kim S, et al. Development and application of a large scale river system model for national water accounting inAustralia [J]. Journal of Hydrology, 2017, 547: 124 – 142.

[32] Edens B, Graveland C. Experimental valuation of dutch water resources according to SNA and SEEA [J]. Water Resources & Economics, 2014, 7: 66 – 81.

[33] Edens B, Hein L. Towards a consistent approach for ecosystemaccounting [J]. Ecological Economics, 2013, 90 (9): 41 – 52.

[34] Ekins P, Simon S, Deutsch L, et al. A framework for the practical application of the concepts of critical natural capital and strongsustainability [J]. Ecological Economics, 2003, 44 (2 – 3): 165 – 185.

[35] Ellis G M, Fisher A C. Valuing the environment asinput [J]. Journal of Environmental Management, 1986, 25 (2): 149 – 156.

[36] European Commission, International Monetary Fund, Organization for Economic Co-operation and Development, et al. System of National Accounts 2008 [M]. NewYork: United Nations, 2009.

[37] EuropeanCommunities (a). The European framework for integrated environmental and economic accounting for forests [EB/OL] (2002 – 03 – 20) [2022 –

08 – 01]. http: //ec. europa. eu/eurostat/documents/3859598/5859829/KS-BE-02-003-EN. PDF/5d0687cc-d770-4183-80b5-b684a62a8917.

[38] EuropeanCommunities (b). Natural resource accounts for forests [EB/OL] (2002 – 12 – 17) [2022 – 08 – 01]. http: //ec. europa. eu/eurostat/documents/3217494/5633257/KS-47-02-430-EN. PDF/145140dc-6a1d-4078-9db1-790a4701868f.

[39] European Environment Agency. An experimental framework for ecosystem capital accounting in Europe technical report. [EB/OL] (2011) [2022 – 08 – 01]. http: //unstats. un. org/unsd/envaccounting/seeaLES/egm/EEA_bk1. pdf.

[40] Eurostat, International Monetary Fund, Organisation for Economic Co-operation and Development, United Nations, World Bank. System of national accounts 1993 [EB/OL] (1993) [2022 – 08 – 01]. https: //unstats. un. org/unsd/nationalaccount/docs/1993sna. pdf.

[41] Eurostat. The European framework for integrated environmental and economic accounting for forests-IEEAF [M]. Luxembourg: Office for Official Publications of European Communities, 2002.

[42] Eurostat. The European framework for integrated environmental and economic accounting for forests-Results of pilotapplications [M]. Luxembourg: Office for Official Publications of European Communities, 1999.

[43] Farber S C, Costanza R, Wilson M A. Economic and ecological concepts for valuing ecosystemservices [J]. Ecological Economics, 2002, 41 (3): 375 – 392.

[44] Financial Accounting Standards Board, Statement of Financial Accounting Concepts No. 6 original pronouncements asamended [EB/OL] (2008) [2018 – 02 – 23]. http: //www. fasb. org/jsp/FASB/Document_C/DocumentPage? cid = 1218220132831&acceptedDisclaimer = true.

[45] Fisher B, Turner R K. Ecosystem services: Classification for valuation [J]. Biological Conservation, 2008, 141 (5): 1167 – 1169.

[46] Fridman J, Stahl G. A three-step approach for modelling tree mortality in Swedish forests [J]. Scandinavian Journal of Forest Research, 2001, 16

(5): 455 - 466.

[47] Gundimeda H, Sukhdev P, Sinha R K, et al. Natural resource accounting for Indian states—illustrating the case of forest resources [J]. Ecological Economics, 2007, 61 (4): 635 - 649.

[48] Gutés M C. The concept of weaksustainability [J]. Maite Cabeza-Gutes, 1996, 17 (3): 147 - 156.

[49] Gao X. Wang J, Li C X, et al. , Land use change simulation and spatial analysis of ecosystem service value in Shijiazhuang under multi-scenarios [J]. Environmental Science and Pollution Research International, 2021, 28 (24): 31043 - 31058.

[50] Hamilton K, Ruta G. Wealth accounting, exhaustible resources and socialwelfare [J]. Environmental & Resource Economics, 2009, 42 (1): 53 - 64.

[51] Heal G. Valuing ecosystemservices [J]. Ecosystems, 2000, 3 (1): 24 - 30.

[52] Hein L, Koppen K V, De Groot R S, et al. Spatial scales, stakeholders and the valuation of ecosystemservices [J]. Ecological Economics, 2006, 57 (2): 209 - 228.

[53] Hein L, Obst C, Edens B, et al. Progress and challenges in the development of ecosystem accounting as a tool to analyse ecosystem capital [J]. Environmental Sustainability, 2015, 14: 86 - 92.

[54] Hermes J, Van Berkel D, Burkhard B, et al. Assessment and valuation of recreational ecosystem services of landscapes [J]. Ecosystem Services, 2018, 31: 289 - 295.

[55] International Accounting Standards Board. Conceptual framework for financial reporting (exposure draft) [EB/OL] (2015 - 05 - 28) [2018 - 02 - 23]. http: //www. ifrs. org/-/media/project/conceptual-framework/exposure-draft/published-documents/ed-conceptual-framework. pdf.

[56] International Public Sector Accounting Standards Board. Handbook of international public sector accounting pronouncements [EB/OL] (2018 - 02 - 22)

[2022 - 08 - 01]. https://www.ifac.org/system/files/publications/files/IP-SASB-2017-Handbook-Volume-1.pdf.

[57] Kuuluvainen T, Tahvonen O, Aakala T. Even-aged and uneven-aged forest management in boreal Fennoscandia: A review [J]. Ambio, 2012, 41 (7): 720 - 737.

[58] Kubiszewskia L, Costanza R, Franco C, et al. Beyond GDP: Measuring and achieving global genuine progress [J]. Ecological Economics, 93: 57 - 68.

[59] Liu D, Tang R, Xie J, et al. Valuation of ecosystem services of rice-fish coculture systems in Ruyuan County, China [J]. Ecosystem Services, 2020, 41: 101054.

[60] Mali K P, Singh K, Kotwal P C, et al. Application of forest resource valuation and accounting system: A case of forest resources of Sikkim, India [J]. International Journal of Technology Management & Sustainable Development, 2012, 11 (2): 155 - 175.

[61] Martin J C, Mongruel R, Levrel H. Towards the construction of an ecosystem satellite account more consistent with the principles of the System of National Accounts [C] // AFSE Conference, 2015.

[62] Mathur A S, Sachdeva A S. Towards an economic approach to sustainable forestdevelopment [J]. Working Papers, 2003.

[63] Millennium Ecosystem Assessment. Ecosystems and human well-being: A framework for assessment [M]. Washington: Island Press, 2003.

[64] Millennium Ecosystem Assessment. Ecosystems and human well-being: Synthesis [M]. Washington DC: Island Press, 2005.

[65] Nasi R, Wunder S, Campos A. J J. Forest ecosystem services: Can they pay our way out of deforestation? [J]. Cifor for the Global Environmental Facility, 2002.

[66] Niedzwiedz A, Montagné-Huck C. Past, present, and future of forest accounting: An overview of the Frenchexperience [J]. Annals of Forest Science, 2015, 72 (1): 1 - 7.

[67] Nikodinoska N, Buonocore E, Paletto A, et al. Wood-based bioenergy value chain in mountain urban districts: An integrated environmental accounting-framework [J]. Applied Energy, 2016, 186 (2): 197 -210.

[68] Obst C G. Reflections on natural capital accounting at the nationallevel [J]. Sustainability Accounting Management & Policy Journal, 2015, 6 (3): 323 -339.

[69] Obst C, Hein L, Edens B. National accounting and the valuation of ecosystem assets and their services [J]. Environmental & Resource Economics, 2016, 64 (1): 1 -23.

[70] Obst C, Vardon M. Recording environmental assets in the nationalaccounts [J]. Oxford Review of Economic Policy, 2014, 30 (1): 126 -144.

[71] Offer A. Economic Welfare Measurements and Human Well-Being [J]. Oxford University Economic & Social History, 2000.

[72] Office for NationalStatistics (ONS). UK natural capital, natural capital accounting 2020 roadmap: Interim review and forward look [EB/OL](2015 - 03 - 20) [2022 - 08 - 19]. http: //webarchive. nationalarchives. gov. uk/ 20160106130009/http: //www. ons. gov. uk/ons/rel/environmental/uk-natural-capital/natural-capital-accounting-2020-roadmap--interim-review-and-forward-look/ index. html.

[73] Pearce D W, Atkinson G D. Capital theory and the measurement of sustainable development: An indicator of "weak" sustainability [J]. Ecological Economics, 1993, 8 (2): 103 -108.

[74] Pearce D W, Pearce C G. The value of forestecosystems [J]. Ecosystem Health, 2001, 7 (4): 284 -296.

[75] Pearce D W, Warford J. World without end: Economics, environment and sustainabledevelopment [M]. Washington D. C: The World Bank, 1993.

[76] Pearce D W. Public policy and natural resource management: A framework for integrating concepts and methodologies for policyevaluation [J]. Open Access Publications from University College London, 2000.

［77］ Pearce D W. The economic value of forestecosystems ［J］. Ecosystem Health, 2001, 7 (4): 284 - 296.

［78］ Pearce D, Markandya A. Marginal opportunity cost as a planning concept in natural resourcemanagement ［J］. Annals of Regional Science, 1987, 21 (3): 18 - 32.

［79］ Pearce D, Putz F E, Vanclay J K. Sustainable forestry in the tropics: Panacea or folly? ［J］. Forest Ecology & Management, 2003, 172 (2 - 3): 229 - 247.

［80］ Pedro-Monzonís M, Jiménez-Fernández P, Solera A, et al. The use of AQUATOOL DSS applied to the System of Environmental-Economic Accounting for Water (SEEAW) ［J］. Journal of Hydrology, 2016, 533: 1 - 14.

［81］ Peskin H M, Angeles M S D. Accounting for environmental services: Contrasting the SEEA and the ENRAPapproaches ［J］. Review of Income & Wealth, 2001, 47 (2): 203 - 219.

［82］ Pittini, M. Monetary valuation for ecosystemaccounting ［EB/OL］. 2011 ［2018 - 03 - 01］. http: //unstats. un. org/unsd/envaccounting/seeaLES/ egm/Issue10_UK. pdf.

［83］ Pukkala T, Lähde E, Laiho O. Growth and yield models for uneven-sized forest stands in Finland ［J］. Forest Ecology & Management, 2009, 258 (3): 207 - 216.

［84］ Rämö J, Tahvonen O. Economics of harvesting uneven-aged forest stands inFennoscandia ［J］. Scandinavian Journal of Forest Research, 2014, 29 (8): 777 - 792.

［85］ Remme R P, Edens B, Schröter M, et al. Monetary accounting of ecosystem services: A test case for Limburg Province, the Netherlands ［J］. Ecological Economics, 2015, 112: 116 - 128.

［86］ Repetto R. Comment on environmentalaccounting ［J］. Ecological Economics, 2007, 61 (4): 611 - 612.

［87］ Salo S, Tahvonen O. On the economics of forestvintages ［J］. Journal of Economic Dynamics & Control, 2003, 27 (8): 1411 – 1435.

［88］ Salo S, Tahvonen O. On the optimality of a normal forest with multiple land classes ［J］. Forest Science, 2002, 48 (3): 530 – 542.

［89］ Sekot W. European forest accounting: General concepts and Austrianexperiences ［J］. European Journal of Forest Research, 2007, 126 (4): 481 – 494.

［90］ Serafy S E. Green accounting and economic policy ［J］. Ecological Economics, 1997, 21 (3): 217 – 229.

［91］ Smith R. Development of the SEEA 2003 and itsimplementation ［J］. Ecological Economics, 2007, 61 (4): 592 – 599.

［92］ Sumarga E, Hein L, Edens B, et al. Mapping monetary values of ecosystem services in support of developing ecosystemaccounts ［J］. Ecosystem Services, 2015, 12: 71 – 83.

［93］ Tahvonen O, Pukkala T, Laiho O, et al. Optimal management of uneven-aged Norway sprucestands ［J］. Forest Ecology & Management, 2010, 260 (1): 106 – 115.

［94］ TEEB, The economics of ecosystems and biodiversity: Mainstreaming the economics of nature: A synthesis of the approach, conclusions and recommendations ofTEEB ［M］. Malta: Progress Press, 2010.

［95］ Terama E, Milligan B, Jiménez-Aybar R, et al. Accounting for the environment as an economic asset: Global progress and realizing the 2030 Agenda for Sustainable Development ［J］. Sustainability Science, 2016, 11 (6): 945 – 950.

［96］ Turner R K, Morsejones S, Fisher B, et al. Ecosystem valuation: A sequential decision support system and quality assessment issues ［J］. Annals of the New York Academy of Sciences, 2010, 1185 (1): 79.

［97］ Tanner M K, Moity N, Costa M T, et al. Mangroves in the Galapagos: Ecosystem services and their valuation ［J］. Ecological Economics, 2019, 160: 12 – 24.

［98］ United Nations Statistics Division. SEEA experimental ecosystem accounting, background document to the forty-fourth session of theunited nations sta-

tistical commission ［EB/OL］（2013 - 1 - 15） ［2022 - 08 - 01］. http：//un-
stats. un. org/unsd/envaccounting/seearev/Chapters/SEEA_EEA_v1. pdf.

［99］ United Nations Statistics Division. System of environmental-economic ac-
counting for water ［M］. New York：United Nations，2012.

［100］ United Nations，European Commission，Food and Agriculture Organi-
zation of the United Nations，et al. System of environmental-economic accounting
2012：Central framework ［M］. New York：United Nations，2014a.

［101］ United Nations，European Commission，Food and Agriculture Organiza-
tion of the United Nations，et al. System of environmental-economic accounting 2012：
Experimental ecosystem Accounting ［M］. New York：United Nations，2014.

［102］ United Nations. Department of Economic. Indicators of sustainable de-
velopment：Guidelines andmethodologies ［M］. Indicators of sustainable develop-
ment ：United Nations，2001.

［103］ United Nations. SEEA Experimental Ecosystem Accounting：Consulta-
tiondraft ［EB/OL］（2013 - 1 - 04）［2022 - 08 - 01］. http：//unstats. un. org/
unsd/envaccounting/seearev/Chapters/SEEA_EEA_v1. pdf.

［104］ United States Environmental Protection Agency. An introduction to en-
vironmental accounting as a business management tool：Key concepts and terms
［M］. Washington DC：United States Environmental Protection Agency，1995.

［105］ Uusivuori J，Kuuluvainen J. The harvesting decisions when a standing
forest with multiple age-classes hasvalue ［J］. American Journal of Agricultural
Economics，2005，87（1）：61 - 76.

［106］ Vardon M，Lenzen M，Peevor S，et al. Water accounting inAustralia
［J］. Ecological Economics，2007，61（4）：650 - 659.

［107］ Vicente D J，Rodrã-Guez-Sinobas L，Garrote L，et al. Application of
the system of environmental economic accounting for water SEEAW to the Spanish
part of the Duero basin：Lessons learned ［J］. Science of the Total Environment，
2016，s 563 - 564：611 - 622.

［108］ Wackernagel M，Onisto L，Bello P，et al. National natural capital accounting with the ecological footprintconcept ［J］. Ecological Economics, 1999, 29（3）: 375 – 390.

［109］ Wang J S, Shi W. Compilation and economic justification of China's water resources balance sheets: A case study of Zhejiang Province ［J］. Transformations in Business & Economics, 2021, 20（2）: 131 – 150.

［110］ Water Accounting Standards Board. Australian Water Accounting Standard 1—Preparation and Presentation of General Purpose Water Accounting Reports ［EB/OL］ （2012a）［2022 – 08 – 01］. http: //www. bom. gov. au/water/standards/documents/awas1_v1. 0. pdf.

［111］ Water Accounting StandardsBoard. Illustrative water accounting reports for Australian Water Accounting Standard 1 ［EB/OL］ （2012b）［2022 – 08 – 01］. http: //www. bom. gov. au/water/standards/documents/modrep_awas1_v1. 0. pdf.

［112］ Water Accounting Standards Board. Australian Water Accounting Standard 2—Assurance Engagements on General Purpose Water AccountingReports ［EB/OL］ （2014 – 2 – 24）［2022 – 08 – 01］. http: //www. bom. gov. au/water/about/publications/document/awas2. pdf.

［113］ Water Accounting Standards Board. Water Accounting Conceptual Framework for the Preparation and Presentation of General Purpose Water AccountingReports ［EB/OL］ （2009）［2018 – 02 – 27］. http: //www. bom. gov. au/water/standards/wasb/documents/WACF_August09. pdf.

［114］ Watson R, Albon S, Aspinall R, et al. UK national ecosystem assessment: Synthesis of key findings ［M］. Cambridge: World Conservation Monitoring Centre （UNEP-WCMC）, 2011.

［115］ Weber J L. Implementation of land and ecosystem accounts at the European EnvironmentAgency ［J］. Ecological Economics, 2007, 61（4）: 695 – 707.

［116］ World Bank. The changing wealth of nations: Measuring sustainable development in the new millennium ［M］. Washington DC: The World Bank, 2011.

［117］ World Commission on Environment and Development. Our commonfuture ［M］. Oxford: Oxford University Press, 1987.

［118］ Wang J S, Shi W. Compilation and economic justification of China's water resources balance sheets: Acase study of Zhejiang Province ［J］. Transformations in Business & Economics, 2021, 20 (2): 131 – 150.

［119］ Zhang D, Stenger A. Value and valuation of forest ecosystemservices ［M］. Journal of Environmental Economics and Policy, 2015, 4 (2): 129 – 14.

［120］ Zhang X Q, He S Y, Yang Y. Evaluation of wetland ecosystem services value of the yellow riverdelta ［J］. Environmental Monitoring and Assessment, 2021, 193 (6): 1 – 10.